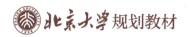
北京大学规划教材

# 地道俄语
# Русский как
# РУССКИЙ

〔俄罗斯〕叶莲娜·马尔卡索娃
　　　　　陈思红　编著

北京大学出版社
PEKING UNIVERSITY PRESS

图书在版编目 (CIP) 数据

地道俄语 / (俄罗斯) 叶莲娜·马尔卡索娃, 陈思红编著. —北京 : 北京大学出版社, 2022.9

ISBN 978-7-301-33038-8

Ⅰ. ①地… Ⅱ. ①叶… ②陈… Ⅲ. ①俄语 – 教材 Ⅳ. ① H359.39

中国版本图书馆 CIP 数据核字 (2022) 第 086219 号

| | |
|---|---|
| 书　　　名 | 地道俄语<br>DIDAO EYU |
| 著作责任者 | 〔俄罗斯〕叶莲娜·马尔卡索娃（Маркасова Е.В.）　陈思红（Чэнь Сихон）编著 |
| 责任编辑 | 李　哲 |
| 标准书号 | ISBN 978-7-301-33038-8 |
| 出版发行 | 北京大学出版社 |
| 地　　　址 | 北京市海淀区成府路 205 号　100871 |
| 网　　　址 | http://www.pup.cn　新浪微博：@ 北京大学出版社 |
| 电子信箱 | pup_russian@163.com |
| 电　　　话 | 邮购部 010-62752015　发行部 010-62750672　编辑部 010-62759634 |
| 印 刷 者 | 北京宏伟双华印刷有限公司 |
| 经 销 者 | 新华书店 |
| | 787 毫米 ×1092 毫米　16 开本　16.25 印张　400 千字<br>2022 年 9 月第 1 版　2022 年 9 月第 1 次印刷 |
| 定　　　价 | 78.00 元 |

未经许可，不得以任何方式复制或抄袭本书之部分或全部内容。
**版权所有，侵权必究**
举报电话：010-62752024　电子信箱：fd@pup.pku.edu.cn
图书如有印装质量问题，请与出版部联系，电话：010-62756370

# Оглавление

Предисловие .................................................................................................. 1

Читателю от авторов .................................................................................... 1

致读者 ............................................................................................................. 1

Урок 1   Знакомство. Место рождения. Семья. Профессия ..................... 1

Урок 2   Документы. Паспорт. Удостоверение. Виза. Фотография ........ 16

Урок 3   Учёба. Университет. Библиотека. Экзамен и зачёт ................... 31

Урок 4   Город. Транспорт и поездки ........................................................ 48

Урок 5   Этикет. Повседневное общение .................................................. 63

Урок 6   Еда. Столовая. Ресторан. Кафе .................................................... 78

Урок 7   Покупки. Магазин. Рынок ........................................................... 93

Урок 8   Дом. Домашние дела. Ремонт обуви. Химчистка. Парикмахерская ......... 107

Урок 9   Искусство. Театр и кино. Музей ................................................. 123

Урок 10   Свободное время. В гостях. Экскурсии. Развлечения ............ 140

Урок 11   Здоровье. Болезни. Аптека. Спорт ........................................... 156

Урок 12   Праздники. Поздравления. Тосты. Подарки ........................... 172

Урок 13   Телефон. Вичат. Вайбер. Скайп ................................................ 189

Урок 14   Почта. Интернет. Банк ............................................................... 203

Урок 15   Поиск работы. Договор и договорённость .............................. 218

Словарь ........................................................................................................ 235

# Предисловие

Каждый урок состоит из двух частей, первая из которых является обязательной, вторая - факультативной. Уроки предваряются словарными материалами, состоящими из незнакомых слов. Сознательно отступая от принципов лексикографии, мы даём лишь значение, в котором слово употреблено в материалах урока, а также включаем сюда словосочетания, обозначающие реалии, неизвестные китайским студентам. Словообразовательные связи не отражены.

Диалоги различаются по уровню сложности: есть элементарные, а есть сложные как с лингвистической точки зрения (лексически, синтаксически, интонационно), так и экстралингвистически (с точки зрения реалий, мотивов и особенностей поведения человека). Выбор диалогов для занятия остается за преподавателем.

Следующие за диалогами тексты могут быть использованы и для чтения, и как повод для дискуссии, и для самостоятельной работы над языком. Например, очень полезны задания типа: "Выпишите из текста словосочетания, которые вас рассмешили/ удивили, уместны в повседневном общении/в письменной речи» и т.д. Особое внимание следует уделить последнему разделу первой части, где даны фразы, знание которых важно для пребывания в России.

Вторая часть каждого урока предполагает возможность ознакомиться с фактами истории, культуры, языка, полезными для кругозора. Уровень сложности здесь в целом выше, чем в первой части. В этом разделе вы найдёте неадаптированные тексты, а также анекдоты и сведения о литературных произведениях, прямо или косвенно связанных с темой урока.

В конце учебника размещён словарь, который будет очень полезен для повторения материала.

# Читателю от авторов

Учебник «Русский как русский» ориентирован на студентов 2-3 курсов, обучающихся по специальности «русский язык», но может быть полезен всем, кто хочет окунуться в языковую среду. Количество таких учебников с каждым годом растёт. Нужен ли ещё один? А если нужен, то чем он отличается от других? Ответ на этот вопрос есть в названии. Тавтологические конструкции типа *работа как работа*, *дом как дом* выражают семантику «обычности», соответствия стереотипным представлениям. Тавтология *русский как русский* имеет значение обычный русский, то есть русский язык повседневного общения. Эта конструкция также имеет значение «в качестве» (по типу *Иванов как врач заслуживает уважения*). Иными словами, мы не предлагаем учебник русского языка как иностранного: данные в учебнике материалы не адаптированы для студентов-иностранцев.

Наш учебник нужен по многим причинам. Во-первых, за последние десять-пятнадцать лет изменились представления о повседневном общении. Новейшие исследования живой спонтанной речи показывают, что русский язык отличается от того, каким был вчера. Современные студенты-иностранцы слышат в основном речь, существенно отличающуюся от стандартизованного языка учебников по РКИ. В этой живой речи отражаются все особенности современного разговорного стиля: обилие дискурсивных слов, хезитативов, неполных предложений и т.п. Во-вторых, благодаря международным программам расширяются контакты китайских студентов со студентами из России и других государств постсоветского пространства. Отсюда конкуренция носителей языка, в условиях которой аргумент «я обращался к носителю, поэтому так сказать можно» не всегда достаточен. В-третьих, благодаря развитию корпусного подхода у студентов и преподавателей расширились возможности самостоятельного изучения нормы и узуса. В наше время обращение к данным «Национального корпуса русского языка» стало массовым явлением не только в кругу специалистов-русистов, но и среди студентов (в Пекинском университете даже второкурсники активно пользуются НКРЯ). Такой подход дает возможность не только увидеть вариативность языковых средств, но и проверить на собственном опыте справедливость утверждения «язык – это система». Изменились потребности и возможности студентов, изучающих русский язык и выезжающих в Россию на языковые стажировки, в магистратуру или аспирантуру. Меняется жизнь – должен меняться и учебник.

В нашей книге пятнадцать тем, которые расположены в соответствии с гипотетическим порядком событий и ситуаций в жизни человека, приехавшего в Россию: от первой встречи с носителем языка до устройства на работу.

Студенческая жизнь в Китае отличается от вузовской реальности в России. Китайские студенты в силу возраста и небольшого жизненного опыта не всегда готовы к ситуациям, которые их ожидают за границей. Поэтому в каждой теме есть диалоги, участники которых ведут себя не по сценарию: не хотят знакомиться со случайными людьми, наступают соседу на ногу, отказываются идти в кино. И здесь уместно вспомнить о различиях в этикете русских и китайцев. Знание особенностей этикета даёт возможность правильно оценить ситуацию и верно понять намерение собеседника.

Материалы учебника отражают эпизоды современной российской действительности, а раздел «Расширяем кругозор» содержит информацию об истории и искусстве, о культуре и литературе. Этот раздел имеет и практическое значение: в нём даны речевые формулы (с переводом на китайский язык), необходимые для ориентации в определённом функциональном и культурном пространстве (вокзал, библиотека и др.) или для общения с представителями различных учреждений (визовая служба, отдел кадров и др.). Этот коммуникативный минимум придаст уверенности тем, кто собирается в Россию не только на экскурсию, но и на учёбу.

Мы включили в учебник пословицы и поговорки, анекдоты, диалоги из русских кинофильмов (старых и новых), задания, связанные с чтением русской литературы, и лингвистические игры. Эта развлекательная часть книги украсит ваши вечера и поможет почувствовать себя внутри языковой стихии.

В диалогах по каждой теме вы найдёте множество примеров естественного речевого общения. В предлагаемом учебнике всё «по-русски», но без пуризма. Меньше всего мы хотели угодить борцам за чистоту и правильность русской речи. Напомним пословицу о зеркале, на которое «неча пенять».

Учёба – это удовольствие. Наслаждайтесь процессом, и результат не заставит себя ждать! И – вдогонку – секрет. Все литературные произведения, которые мы советуем прочитать в разделе «Читаем по-русски», очень маленькие, но ценность литературного текста не определяется количеством слов. Там есть о чём подумать!

Мы искренне благодарны коллегам-филологам М.Б.Елисеевой, Т.А.Кругляковой,

М.В.Копотеву за обсуждение особенностей освоения русского языка иностранцами. Бесценными были советы первых читателей: В.И.Бескровных (Штутгарт, Германия), А.А.Абиевой (Санкт-Петербург, Россия), Н.С.Касюк (Минск, Беларусь – Далянь, Китай), А.Г.Степанова (Тверь, Россия – Ланчжоу, Китай).

Мы учли критические замечания преподавателей Пекинского университета Ван Синьи и Шань Жунжун, студентов Ши Юнпина, Хэ Хуэйцзе, Ли Куньи, Гу Синья, Лю Гаоченя, Лю Юань. Без их участия в апробации материалов в нашем учебнике было бы больше ошибок и недочётов. Мы благодарны Артёму Ли (Киев, Украина – Пекин, Китай) за помощь на последнем этапе работы.

20 августа 2020<br>
Елена Маркасова, Чэнь Сихон

# 致读者

　　《地道俄语》是一本面向本科俄语专业2—3年级学生的教材,对其他希望能体验沉浸式语言环境的俄语学习者也能有所助益。这类教材的数量与年俱增,是否还需要再来一本呢?如果需要的话,它与同类教材又有怎样的不同?

　　对本教材的需求主要产生于以下原因。首先,近10—15年来,人们日常交际的观念已经发生了改变。对活生生的自然口语的最新研究表明,今日的俄语已不是昨日的俄语了。当代的外国学生听到的言语大多与标准化的俄语外语教科书中的内容有着显著的不同。这种活生生的言语反映出了当代俄语口语语体的特点:存在大量的话语词、支吾其词的现象,存在大量不完整的句子,等等。其次,随着国际交流项目的发展,中国的年轻人与来自俄罗斯和原苏联其他加盟共和国的学生的交流不断增加。由此产生了本族语者之间的竞争,在这种情况下,"我跟本族语者交流过,因此可以这样说"之类的说法已经不一定站得住脚了。再次,随着语料库研究的发展,学生和教师有了更多的机会去独立研究规范和习惯用法。如今,俄语国家语料库的资料已经成为广泛使用的对象,且使用者不限于俄语专家,还包括学生(在北京大学,就连本科二年级的学生都经常使用国家语料库)。利用这种方法,使用者不仅能观察到语言手段的变异性,还能通过亲身体会来验证"语言是一个系统"这一论断的正确性。

　　学生们学习俄语,前往俄罗斯交换、攻读硕士或副博士学位,他们的需求、机会和自主性都发生了改变。生活在改变——教材也应当改变。

　　本教材有15个主题,主题安排顺序的构思依据是:假想某人前往俄罗斯,按其生活中的事件和情境的发生顺序排列,最开始是初见本族语者,最后是找到工作。

　　中国学生的生活与俄罗斯高校的现实并不相同。由于年龄较小,生活经验不足,中国学生在国外碰上各种情境时并不是都做好了应对的准备。因此每个主题中都安排有不按"剧本"进行的对话:摆脱陌生人的搭讪、不小心踩到了邻居的脚、拒绝去看电影等。这里最好回忆一下俄罗斯人和中国人在言语礼节方面的差异。了解这些文化特点,才能正确地评估情境,正确地理解对方的意图。

　　教材中使用的材料反映了当代俄罗斯社会现实的片断,"扩展视野"部分还会介绍俄罗斯历史、艺术、文化和文学方面的知识。这部分同样具有现实意义：其中提供了在特定功能空间或文化空间（火车站、图书馆等）中明确方向时所需的信息，或与各种机构的代表（签证处、人事部等）打交道时所需的言语套路（附有中文翻译）。这种最低限度的交际手段能帮助前往俄罗斯求学或工作（而不只是旅游）的人树立信心。"学俄语"学的是涉及俄罗斯人生活方式和行为定式的一切内容。

我们还在教材中编入了歌曲、谚语、俗语、笑话、俄罗斯电影的片段（新旧电影均有）、俄罗斯文学阅读题，以及语言游戏。书中的娱乐部分能为晚间的学习和活动增色，令人如临其境，感受语言的强大力量。

俄语教师都很熟悉这样一句话："语法是对的，但俄语不这样说，俄罗斯人会用别的说法。"在每个主题的对话中，你都能找到许多自然的言语交际的例子。书中的一切都是"俄语的说法"，但并没有纯语主义的思想。我们不愿去迎合那些捍卫语言纯洁性和正确性的"斗士"。俗话说得好："脸歪莫怪镜子斜。"

现在来点建议。学习是件乐事。享受过程，很快就能看到成果！

还有一点小秘密。"读俄语"部分中建议阅读的文学作品都非常短小，但作品的价值并不取决于字数。值得好好思考！

诚挚感谢М. В. 科波捷夫、М. Б. 叶利谢耶娃和Т. А. 克鲁格利亚科娃，他们与作者讨论了外国人学习俄语的特点。感谢本书最早的读者В. И. 别斯克罗夫内赫（德国，斯图加特）、А. 阿比耶娃（俄罗斯，圣彼得堡）、Н. 卡玖克（白俄罗斯，明斯克，在大连工作）、А. 斯捷潘诺夫（俄罗斯，特维尔，在兰州工作），他们提出了非常宝贵的建议。

诚挚感谢北京大学俄语系的老师王辛夷、单荣荣，学生史勇平、何会泽、李坤逸、顾新亚、刘高辰和柳媛，书中吸取了他们的批评建议。没有他们的审核工作，本书难免会有更多的错漏和疏忽。我们对李斯（乌克兰，基辅，在北京学习）在工作最后阶段给予的帮助表示感谢。

叶莲娜·马尔卡索娃<br>
陈思红<br>
2020年8月20日

# Урок 1. Знакомство. Место рождения. Семья. Профессия

## Часть I. ЭТО НАДО ЗНАТЬ

### 1. ЛЕКСИКА

- абсолю́тно 绝对地
- автоно́мный 自治的
- алкого́ль м. 酒精、乙醇
- архео́лог 考古工作者
- бард 弹唱诗人
- безда́рно 无才、平庸地
- безду́шно 无情地、麻木不仁地
- бе́режно 小心翼翼地
- бомж 流浪汉
- виртуа́льный 虚拟的、假想的
- возни́кнуть 产生、出现
- демографи́ческий 人口统计的、人口学的
- депорта́ция 驱逐出境
- дура́к 傻子
- зерка́льно 颠倒是非地

- инсцени́ровать 改编为剧本、假装
- интелле́кт 智力、智能、才智
- коллективиза́ция 集体化
- коэффицие́нт 系数、因数
- манья́к 躁狂者、狂人
- миграцио́нный 迁移的、移民的
- насле́дство 遗产
- ня́нчить 照顾、照看
- пивна́я 啤酒馆
- призва́ть в а́рмию 征兵
- прити́хнуть 沉寂、安静下来
- прито́к 涌入、增长
- репута́ция 名望、声誉
- рове́сник 同龄人

- рю́мочная 小酒馆（用小杯喝烈酒的酒馆）
- сканда́лить 寻衅滋事
- Созда́тель м. 造物主
- соста́риться 衰老
- ста́тус 地位、身份、状况
- схо́дство 相似
- террори́ст 恐怖主义者
- тре́звый 清醒的
- удочери́ть 收为养女
- усынови́ть 收为养子
- утону́ть 沉没、沉溺于
- фана́т 粉丝、狂热者
- цита́та 引文
- эзотери́ческий 密宗的

1

*Русский как русский*

## 2. ДИАЛОГИ

听录音
请扫二维码

### Диалог 1

Макс: Ир, видишь там в углу за столиком двое, один в свитере?

Ирина: А кто это?

Макс: Это Дима. Я его знаю, мы с ним в клубе иногда встречаемся. Пойдём, поздороваемся... Привет, Дима!

Дима: Здорово, Макс! Какая у тебя очаровательная спутница!

Макс: Да, познакомься, – это моя жена Ира.

Дима: Очень приятно. Дмитрий.

Ирина: Очень приятно.

Дима: А это мой друг Евгений. Мы вместе учились в Пекине. Знакомьтесь.

Евгений: Ну, это ты учился, а я больше по музеям ходил.

Ирина: Очень приятно, Женя. Ирина.

Макс: А я Максим, или можно просто Макс.

### Диалог 2

— Девушка, не подскажете, где тут площадь Островского?

— Нет. Не знаю. Давайте посмотрим по карте.

— А у вас бумажная? О-о-о! Я привык пользоваться Гугл-мэпс①, но сегодня телефон забыл дома. А меня, кстати, зовут Василий. А вас?

— А меня Варвара.

— Какое красивое имя! Как в сказке «Варвара-краса, длинная коса».

— Вы всегда такой болтливый?

— Нет, только когда с красивыми девушками знакомлюсь!

— Видно, у вас большой опыт! В нашем городе много красивых девушек!

— Нет, вы единственная и неповторимая! А можно телефончик записать?

— Зачем?

— Ну, вдруг я снова буду искать площадь Островского.

---

① Гугл-мэпс 即 Google Maps，谷歌地图。

Урок 1.   Знакомство. Место рождения. Семья. Профессия

## Диалог 3

— Витя, тебя откуда призвали в армию?
— Из Барнаула, я там родился.
— А где это?
— Это Алтайский край, недалеко от Китая и Казахстана.
— Никогда не слышал.
— Нет, это место известное. Например, фанаты Рериха до сих пор ищут на Алтае Ша́мбалу①.
— А что такое Шамбала?
— Я точно не знаю, что-то эзотерическое, по-моему. Там алтайцы живут, такая народность. К счастью, это забытое богом место.
— Почему «к счастью»?
— Там ещё есть нетронутая природа.

## Диалог 4

Маша:  Оль, я к Олегу на день рождения иду. Можно мне твою футболку надеть?
Оля:  Она тебе мала́.
Маша:  Ну дай, я только примерю. Вот. Не мала.
Оля:  Ладно, надевай, но только один раз, а то будут говорить, что у нас на всех сестёр одна футболка.
Маша:  Не будут. Ири́шка ещё от горшка́ два вершка́②, Анечка в этой футболке утонет, а Таня мала ещё на дни рождения к парням ходить.
Таня:  Во-первых, я уже большая, а во-вторых, твой Олег мне совсем не нравится. У него уши как пельмени.
Аня:  А мне Олег нравится. У него усы! Вот Машка состарится, я за него замуж выйду!
Маша:  Девочки, не болтайте ерунды! Давайте жить дружно!

---

① Рерих (1874—1947)，通常译为罗瑞克或洛里奇（音译列里赫），俄罗斯画家，其画作中东方题材居多。
　　Шамбала：香巴拉，或译香格里拉。
② от горшка два вершка 俗语，指娃娃或者矮个子的人。

# Русский как русский

### Диалог 5

— Какая фотография! Это ты и твои сёстры?
— Нет, это я, моя мама и её сестра, то есть моя тётя.
— Боже мой! Как вы похожи! Просто все на одно лицо!
— Ты бы видела ещё мою бабушку в молодости! Четверо на одно лицо!
— Тётя так хорошо выглядит! Сколько ей лет?
— Не поверишь! Ей 24 года.
— Не понимаю. Ведь тебе 25! Ты старше своей тёти? Так бывает?
— Конечно! Когда родилась моя мама, бабушке было 19 лет. Когда маме было 20 лет, родилась я. А через год родилась вторая дочь моей бабушки, тётя Ира. На этой фотографии маме 45, мне 25, а Ире 24.
— Бабушка вас не путала?
— Нет, но мы обе иногда называли бабушку мамой или маму бабушкой.
— А сейчас бабушка жива?
— Конечно! Она ещё в лес на велосипеде ездит! Говорит, что приятно быть и молодой мамой, и молодой бабушкой!

### Диалог 6

— Таня! Почему ты не позвонила в выходные? Опять, наверное, в интернете сидела?
— Я на выходных была занята. Ходила на свидание.
— Ты что, с мальчиком познакомилась?
— Мы с ним в субботу были на катке.
— И она молчит! Кто он? Красивый? Сколько ему лет? И как вы познакомились?
— По интернету. Ещё два месяца назад, в «Контакте». Он лайкнул мои фотографии и написал, что тоже любит коньки. Я посмотрела его страничку и ответила. Вчера решили встретиться.
— Ну ты даёшь! А я не умею знакомиться.
— Ты попробуй. Не понравится переписываться – бросишь. Виртуальный мир проще реального.

Урок 1. Знакомство. Место рождения. Семья. Профессия

### Диалог 7

— Катя, а почему у тебя в статусе в «Контакте» написано «Национальность – советская». Я слышала про СССР, но ведь такой национальности нет!
— Конечно, нет. У нас в Конституции РФ написано: каждый человек имеет право определять свою национальность сам. Просто я родилась в последний год существования СССР. Вот и написала так в шутку.
— Я вижу, многие шутят: я видела в статусах в «Контакте» национальность «хоббит» и «эльф». А сколько в России русских?
— Русских в России 83 процента.
— А сколько всего национальностей?
— Больше ста девяноста. А знаешь, что китайцев в России около 34 тысяч человек?

### Диалог 8

— Ох, деточка, старость не радость. Ты торопишься? Сам-то откуда?
— Из Китая. Я студент.
— А-а… Вот я и вижу, что ли́чико-то не наше, не русское. Глазки чёрненькие. Китай-то большой?
— Большой, бабушка! А вы вышли на улицу воздухом подышать?
— Да, надо подышать, а то дома сидеть плохо… Тебя как звать-то?
— У меня русское имя Коля. А вас как зовут? Вы давно в этом городе живёте?
— Татьяна Ивановна. Зови меня баба Тата. Живу-то давно, с шестидесятого года. Ты тут квартиру снимаешь? Я тебя уже давно заметила.
— Да, с подругой, на третьем этаже. А вы на пенсии, наверное? А раньше где работали?
— Раньше медсестрой была, а сейчас дома сижу.
— Внуков нянчите?
— Нет, внуки выросли, уже правнуки есть. Ты заходи, чаю попьём.

### Диалог 9

— Девушка, вы такая симпатичная! Можно с вами познакомиться?
— Извините, я очень занята.
— Что, прямо каждый день с утра до вечера? И в воскресенье?
— Да, и в выходные.

*Русский как русский*

地道俄语

- — Вы останетесь одинокой, в старости никто стакан воды не поднесёт.
- — От судьбы не уйдёшь.
- — Вот-вот! И я так думаю! А в субботу? Пойдёмте в кино?
- — Во-первых, я замужем. Если муж не будет против, вы можете пригласить в кино нас обоих. А во-вторых, я никогда ни с кем не знакомлюсь на улице.
- — Эх, повезло же вашему мужу!

### Диалог 10

- — Вы студент четвёртого курса? Не могли бы вы дать нам небольшое интервью?
- — Для меня это большая честь!
- — Преподаватели считают, что вы блестяще учитесь. Скажите, вы планируете заниматься научной деятельностью?
- — Нет, я об этом не думаю. Хочу работать на производстве.
- — Останетесь на родине? Или будете искать работу за рубежом?
- — Я считаю, что нужен здесь, в родном городе.
- — Вам близка русская пословица «Где родился, там и пригодился»?
- — По-моему, точнее не скажешь.

## 3. ТЕКСТЫ

听录音
请扫二维码

### Текст 1

Сегодня у Макаровых важный день. Их дочь собирается выходить замуж. Они с женихом подали заявление в ЗАГС, уже назначен день свадьбы. Кого из родственников и друзей пригласить на торжественную регистрацию и в ресторан? Это нужно обсудить всей семьёй.

Отец: Мать, дочь, идите за стол. Будем думать, кого приглашать на свадьбу.

Мать: Надо пригласить обоих моих братьев с жёнами, давно хочу увидеть племянника и обеих племянниц. Позовём Олю Пирогову, Козло́вых с сыном. Прекрасные люди!

Дочь: Я против Козловых.

Мать: Почему? Близкий сосед лучше дальнего родственника.

Дочь: Против – и всё!

Мать: Ладно, тогда без сына.

Дочь: И вообще, мам, это моя свадьба. А то придут одни старики.

Отец: Погоди, Наташа, не скандаль. Твоих гостей позже обсудим. Мать, как ты думаешь, дедушек-бабушек надо позвать на свадьбу любимой внучки?

Мать: Тут и разговору быть не может. Конечно, да.

Отец: Значит, два деда и две бабки. Ну и сестру мою с дочками и их крёстной. Крёстная им очень помогла, когда сестра с мужем разошлась; я бы ещё Сашу позвал...

Дочь: Я против.

Отец: Почему, дочь? Он поёт хорошо.

Дочь: Когда ты его позвал на юбилей, он такие скучные песни пел… Всё барды, барды… Я хочу нормальную музыку на свадьбе, например, хип-хоп, рэп!

Отец: Наташенька! Свадьба – это единственный повод собрать вместе всех родственников, чтобы все увидели друг друга, понимаешь? А ты кого хочешь позвать?

Дочь: Ну много кого! Люду с Юрой, Настю, Тимку, Быстрову с Нечаевой, Манюсю с Лёшей, Веру, Риту, Артура, Виталика, Ленку, Михаила Яковлевича, Ванечку с Наташей…

Отец: Общительная ты наша! Значит, примерно полгорода.

## Текст 2

Итак, вы хотите попробовать познакомиться с кем-то на улице? Конечно, сейчас в нашем обществе растёт недоверие друг к другу: кто-то боится террористов, кто-то маньяков, но… Поверьте, открытым и честным людям интересны такие же, как они сами. Конечно, нужно включить мозг①, если вы вступили в разговор с незнакомцем, но не надо подозревать каждого встречного в злом умысле!

Во-первых, прежде всего постарайтесь одеться аккуратно. Если вы больше похожи на бомжа, чем на студента, приличная девушка просто перейдёт на другую сторону улицы до того, как вы попытаетесь что-то сказать. Не надо одеваться вызывающе. Девушка в юбке «короче некуда» может произвести ложное впечатление, и ей предложат весело провести вечер. Не надо удивляться: ваша одежда создала вам репутацию.

Не каждое место подходит для знакомства. Например, на вокзале, в рюмочной или в пивной вы легко встретите человека, который захочет с вами познакомиться и поговорить. Но зачем вам знакомство с тем, кто не очень трезв, или с тем, кому просто скучно? Подумайте, где можно встретить ровесников, у которых такие же интересы, как у вас.

Знакомство на улице даёт свободу в выборе первой фразы. Например, спросите,

---

① включить мозг 开动脑筋。

## Русский как русский

сколько времени. Узнайте, как найти музей, театр, метро, остановку третьего трамвая... Да какая разница? Главное – начать разговор. Если человек, к которому вы обратились, не занят и не торопится, он ответит на ваш вопрос и продолжит общение с вами.

Не бойтесь обращаться к людям на улице! Помните, что вы вызываете уважение уже тем, что умеете говорить по-русски. Вам нужна языковая практика, правда? Если вам не ответили, извинитесь и отойдите. Может, проблема в том, что у вашего собеседника плохое настроение, а не в том, что вы сделали ошибку.

### Текст 3

Правда, приятно, когда кто-то говорит вам комплименты? Я очень люблю! «Какой вкусный торт ты испекла! Пальчики оближешь[①]!» Или: «Умница!» Или: «Красавица!»

Но иногда, услышав комплимент, я жалею, что не могу рассмеяться или даже сказать в ответ что-нибудь резкое. Например: «И в кого ты такая умная?» Кажется, человек хотел похвалить меня, а на самом деле получилось, что мне не в кого быть умной: мама и папа глупые. Или такой вариант: *«Я и не предполагал, что ты умеешь варить суп!»* А что ты предполагал? Что я не умею готовить? Или – ещё лучше: *«Ты сегодня очень красивая»*. Спасибо! Неужели только сегодня? Интересно, о чём думает человек, который говорит такие комплименты?

А ещё есть люди, которые боятся принимать комплименты. А дело-то простое: скажите «спасибо» и улыбнитесь! Только искренне!

### Текст 4

Сегодня в университете день открытых дверей. В этот день здесь собираются ребята, которые планируют сюда поступать. Школьники могут услышать выступления преподавателей, поговорить со студентами, узнать, где учиться труднее, где проще, куда поступить легко, а куда просто невозможно. Сейчас здесь так много специальностей, что не всякий абитуриент может разобраться, где чем занимаются. Понятно, что изучают на отделении «русский язык и литература». А что такое, например, «малые языки»? Оказывается, в России живут 63 малых народа, численность которых не выше 50 тысяч человек. Эти народы считаются «малыми». Наверное, я пойду поступать на это отделение! Буду спасать исчезающие языки.

Сегодня я увидел здесь людей, счастливых своей профессией. Мне кажется, они чем-то похожи на супругов, живущих в счастливом браке. Знаете, в чём сходство?

---

[①]（好吃到）舔手指头。

> В любви. Счастливые в браке любят живого человека таким, какой он есть. Счастливые в профессии любят своё дело таким, какое оно есть. Я тоже буду счастливым.

## 4. УПРАЖНЕНИЯ

**Представьте себе, что…**

1. К вам пришли гости. Не все знают друг друга. Познакомьте гостей друг с другом.
2. Вы пришли к преподавателю, под руководством которого хотите писать статью. Расскажите, кто вы и зачем пришли.
3. Вы преподаватель. Представьтесь, познакомьтесь со студентами. Расскажите, что вы будете изучать.
4. Вы познакомились с молодым человеком (с девушкой) в интернете, перепи́сывались три месяца, вчера встретились. Инсцени́руйте диалог.
5. К вам на улице подошёл незнакомый человек, чтобы познакомиться. Но вы совсем не хотите с ним знакомиться! Что делать?

**Знаете ли вы …**

1. Какие имена популярны в России? Как переводится на русский ваше имя?
2. Как называются жители разных стран мира и государственные языки этих стран?
3. Какие профессии самые популярные в России и в Китае?
4. Как называют всех родственников по-русски?
5. Сколько вариантов имеет ваше русское имя?

**Как это по-китайски?**

1. Сейчас в России модно называть детей старыми именами: Никита, Данила, Тимофей.
2. Что значит это имя? Как возникла эта фамилия?
3. Спасибо за комплимент. Мне очень приятно.
4. Укажите ваше семейное положение: замужем, женат, холост, разведён, не замужем, не женат, вдова, вдовец.
5. По профессии я учитель. Моя специальность – математика.
6. На юбилей придут и близкие родственники, и дальняя родня, и бывшие сослуживцы

*Русский как русский*

отчима.

7. Для заключения брака необходимо подать заявление в ЗАГС.
8. Проблемы, связанные с расторжением брака, обычно решают в суде.
9. Когда женщина вышла замуж второй раз, её муж усыновил (удочерил) ребенка.
10. Вы здесь надолго?
11. Я здесь на стажировке, на практике, на лечении...
12. Я не местный, я приезжий. Я приехал из Шеньженя, Харбина, Шанхая, Даляня...
13. Где ваша малая родина?
14. Мой город находится на севере Китая. Мой город знаменит тем, что...

1. 如今在俄罗斯时兴给孩子们起些古老的名字：尼基塔、丹尼尔、季莫菲。
2. 这个名字有什么含义？这个姓氏有何由来？
3. 感谢您的夸奖。我很高兴。
4. 请标注您的家庭状况：已婚（嫁人、娶妻）、单身、离异、未婚（未嫁、未娶）、寡妇、鳏夫。
5. 我的职业是教师。我的专业是数学。
6. 前来祝寿的既有近亲和远亲，也有继父过去的同事。
7. 需向婚姻登记处提交申请方可结婚。
8. 与离婚相关的问题一般由法院裁决。
9. 女人再嫁后，她的丈夫会将孩子收为养子（养女）。
10. 您打算在这儿待很长时间吗？
11. 我是来进修、实习、治疗的……
12. 我不是本地人，我是外地人。我来自深圳（哈尔滨、上海、大连）……
13. 您的出生地是哪里？
14. 我的城市坐落于中国北方。我们城市以……闻名。

# Часть II. РАСШИРЯЕМ КРУГОЗОР

## 1. СТАТЬИ

### ДЕМОГРАФИЧЕСКАЯ СИТУАЦИЯ В РОССИИ

В конце XIX – начале XX века в России был самый высокий уровень рождаемости в Европе. Население увеличивалось на 1,7 % в год. В XX веке Россия было несколько демографических кризисов. Они связаны с Первой мировой войной (1914 – 1918), гражданской войной (1917 – 1922), коллективизацией (1927 – 1937) и голодом (1932 – 1933). На рождаемость повлияли Вторая мировая война, депортация народов, послевоенный голод. Резко сократилось число мужчин, поэтому рождаемость в годы войны составила 20 – 30% от уровня 1938 года.

С 1925 по 2000 год коэффицие́нт рождаемости в России на одну женщину снизился с 6,8 до 1,21 ребёнка. Новый спад рождаемости произошёл в начале 1990-х: смертность в России стала превышать рождаемость в 1,5 раза. Особенно велика была смертность среди российских мужчин, средняя продолжительность жизни которых была 61,4 года. Средняя продолжительность жизни женщин в тот же период составила 73,9 года. Это было связано с низким уровнем жизни, сокращением рабочих мест, ростом потребления алкоголя.

С 2004 года начался рост миграционного притока в Россию: в 2009 году 247 тыс. мигрантов получили российское гражданство. По данным Федеральной службы государственной статистики, на 1 января 2019 года численность населения РФ – 146,8 миллиона человек. В 2019 году миграционный прирост снизился.

### И ДЫМ ОТЕЧЕСТВА НАМ СЛАДОК И ПРИЯТЕН

Это цитата из комедии «Горе от ума» А. С. Грибоедова (1795 – 1829). Чацкий говорит: «Когда ж постранствуешь, воротишься домой, / И дым отечества нам сладок и приятен».

Грибоедов процитировал стихотворение «Арфа» Г.Р. Державина (1743 – 1816): «Мила нам добра весть о нашей стороне. Отечества и дым нам сладок и приятен». Что значит «Отечества и дым нам сладок и приятен»? «И» — это частица, которая означает «даже». То есть даже дым (сам по себе неприятный) сладок и приятен, если это дым Отечества, а особенно, если давно не был в родных краях.

«Дым отечества», вероятно, впервые появился у Гомера (荷马, IX в. до н. э.). Одиссей（奥德修斯）, герой поэмы «Одиссея» (《奥德赛》), мечтает увидеть «дым, от родных берегов вдалеке восходящий».

*Русский как русский*

## 2. ПОСЛОВИЦЫ И ПОГОВОРКИ

ХОРОШИЙ ДРУГ НЕ РОДИТСЯ ВДРУГ. 日久见人心。

СВЯЖИСЬ С ДУРАКОМ — САМ ДУРАКОМ СТАНЕШЬ. 近墨者黑。

БЛИЗКИЙ СОСЕД ЛУЧШЕ ДАЛЬНЕЙ РОДНИ. 远亲不如近邻。

ЖЕНИТЬСЯ — НЕ ВОДЫ НАПИТЬСЯ. 结婚并非儿戏（结婚可不像喝饱水）。

## 3. АНЕКДОТЫ

① Девушки, мужа надо искать не на сайтах знакомств, а на сайтах по трудоустройству. Анкеты такие же, только фото и резюме в них реальные.

② Через месяц после знакомства. — Дорогой, не пора ли тебе познакомить меня со своими родными? — Даже не знаю, как быть. Дети в лагере, жена в отпуск уехала...

③ Сын жалуется отцу: — Пап, я познакомился с очень милой девушкой, и она меня спросила:— Ты учишься в МГУ? Я говорю — Нет. — А у тебя есть мерседес? Я отвечаю — Нет. — А двухэтажный дом? Я говорю — Нет. И она меня бросила. Отец: — Ну, сынок, ты, конечно, можешь бросить Оксфорд и перейти в МГУ. Можешь продать феррари, и купить мерседес. Но сносить третий этаж ради этой дуры я не разрешу!

④ Когда говорят: «Не связывайся с ним, он СУМАСШЕДШИЙ...» Так и хочется познакомиться... для обмена опытом.

⑤ — Опиши себя в двух словах. — До свидания.

⑥ Знакомство в интернете. Парень: «Скажи, а ты такая же красивая в жизни, как на фото?» Девушка: «Я слишком скромная, чтобы сказать да, и слишком красивая, чтобы сказать нет».

⑦ Хочешь познакомиться в компании с незнакомой девушкой? Скажи ей: «Мы виделись на дне рождения у Саши!» У всех девушек есть знакомый Саша.

⑧ Покатать девушку на машине может каждый. А ты попробуй обаянием и чувством юмора заставить её поехать с тобой на троллейбусе. Вот это уже уровень!

⑨ — Девушка, а сколько вам лет? — Немного за 20. — А поточнее? — Ну... 35.

⑩ В ресторане два парня наблюдают за двумя девушками. — Может, пойдём, познакомимся? — спрашивает один. — Да, но позже. Пускай расплатятся!

12

## 4. ВИДЕОМАТЕРИАЛЫ. ФРАГМЕНТ КИНОФИЛЬМА

«Москва слезам не верит». Драма. 1980. Реж. В. Меньшов.
Время: 1:35:27 — 1:39:36

— Кому чайку? Тут на всех хватит.

— Всё, дальше не иду!

— Семейная ценность. Поставь. Спасибо, сынок.

— Я сам терпеть не могу грязную обувь.

— Мне нет никакого дела до вашей обуви.

— Но это вам неприятно. Это написано у вас на лице.

— А вы читаете по лицам?

— Конечно. И довольно неплохо. Я даже могу сказать, что вы, например, не замужем.

— Если я не ношу обручального кольца, это ещё ни о чём не говорит.

— Даже если бы вы носили три обручальных кольца. Всё равно вы не замужем. У вас взгляд незамужней женщины.

— А незамужние женщины смотрят как-то по-особенному?

— Конечно. Они смотрят оценивающе. Так смотрят милиционеры, руководящие работники и незамужние женщины.

— А я милиционер.

— Нет.

— Нет? Руководящий работник?

— Не, не... Вы работаете на заводе. Вы мастер. Так? Хотя не исключено, что в последнее время вас стали продвигать по профсоюзной линии. Есть такое?

— Да, что-то в этом роде.

— Да, это всё несложно. Я сам мастер, слесарь высшего разряда. Кстати, тоже не женат.

— А вот это скорее говорит о ваших недостатках, чем о достоинствах.

— Это ни о чём не говорит. Просто мне не повезло.

— А, ну да, она, конечно, была стерва.

— Нет, она прекрасная женщина. Вышла замуж. Счастлива.

— Значит, вы плохой человек?

— Я? У меня практически нет недостатков.

— А как насчёт...①

— Это я люблю! Но только в нерабочее время и под хорошую закуску. Я живу на Вернадского,

---

① В этот момент героиня делает характерный жест (рука у горла), обозначающий склонность к выпивке. 这个时候女主人公做了个特别的动作（用手指弹弹脖子），这个动作代表嗜酒贪杯。

## Русский как русский

там недалеко эти Воронцовские пруды, берёзки. А так хорошо, сядешь в тени...

— А вокруг гуляют дети...

— Какие дети? Нет никаких детей. Мы уходим подальше от всех. И вообще, не портим окружающую среду. После нас всегда всё чисто. У меня есть приятель, он, вообще, язвенник, ему ничего нельзя. Он приходит посмотреть и порадоваться за нас. Понимаете, когда кусок хлеба посыплешь лучком, а сверху балтийскую килечку...

— У меня уже слюнки потекли.

— Договорились. В следующий раз беру тебя с собой.

— Спасибо, но на «ты», по-моему, мы ещё не переходили, так мне кажется.

— Так перейдём.

— Всего хорошего!

— Сыночек, самоварчик-то, сыночек!

— Только, бабуля, бегом!

— Ты знаешь, я подумал и всё-таки решил проводить тебя.

— С чего бы это?

— У меня есть 5 рублей. Почему я не могу довезти понравившуюся мне женщину до дома?

— До дома хватит, а обратно нет.

— Пешком дойду. Гулять так гулять.

— Ты хоть сказал бы, как тебя зовут?

— Гога.

— Как?

— Можно Гоша.

— Значит, Гога. Только этого мне не хватало.

### 5. ПОЧИТАЕМ ВМЕСТЕ

Прочитайте рассказ В.Ю. Драгунского «Он живой и све́тится». Как вы думаете, это рассказ для взрослых или для детей? Почему?

# ИГРЫ

Можно поиграть в «Ассоциации». Это игра почти детская, но хорошее настроение всем обеспечено. Для игры нужен мячик (если нет мячика, возьмите любой предмет, который можно кидать). Садитесь в кружок и кидайте любому участнику, при этом называя любое слово. Второй, кто ловит, сразу говорит свою ассоциацию на это слово и бросает мячик другому игроку, который так же называет свою ассоциацию на слово второго участника. Держать мячик в руках и думать запрещено. На счет «три» тот, кто ничего не сказал, выбывает из игры. Это не экзамен! Говорите всё, что пришло в голову! Неожиданные ассоциации – отличный повод посмеяться.

可以玩一个叫"联想"的游戏。这个游戏有些幼稚，但肯定给大家带来好心情。做这个游戏需要一个皮球（如果没有皮球，那就随便拿一个可以扔的东西）。围圈坐好，把球随便抛给某人，一边抛球一边随意说个词。那个抓住球的人，马上说出由这个词汇联想到的一个词，然后把球抛给下一个游戏者，那人要说出跟第二个游戏者说的词汇相关的一个词。禁止拿着球在那里想。数到三下还没说出来的人，被判出局。这不是考试，随便说出你想到的那个词，出乎意料的联想可能引起哄堂大笑哦。

# Урок 2. Документы. Паспорт. Удостоверение. Виза. Фотография

## Часть I. ЭТО НАДО ЗНАТЬ

### 1. ЛЕКСИКА

- администра́тор 管理员、负责人
- батаре́я 电池组、暖气组
- биометри́ческий 生物统计学的、生物计量学的
- бла́нк 表格
- ви́за 签证 однокра́тная (многокра́тная) 单次（多次）
- води́тельское удостовере́ние 驾照
- гиперони́м 上义词
- декре́т 法令、指令
- докуме́нт действи́телен (недействи́телен) 证件有效（无效）
- еди́ный центр докуме́нтов 证照集中办理中心
- заблаговре́менно 预先地、事前、及时地
- заве́рить (что) по́дпись, докуме́нт, ко́пию 确认（什么）签字、文件、复印件正确无误
- клише́ 陈词滥调

- комплиме́нт 恭维话、赞美之词
- коннота́ция 含义、伴随意义
- ли́чное прису́тствие 本人在场
- миграцио́нная ка́рта 移民卡
- миграцио́нный бла́нк 入境登记表
- мигра́ция 迁移、移民
- направле́ние 介绍信、派遣证
- ночёвка 过夜
- па́спортно-ви́зовая слу́жба 护照及签证办理
- повто́рное наруше́ние 再次违章
- посре́дник 中间人、经纪人、媒介
- поста́вить печа́ть 盖章
- предста́ть 出现在……眼前
- приви́вка 接种疫苗、嫁接
- приём платеже́й 付款方式
- прика́з о зачисле́нии 录取书、录用书
- прика́з 命令、指令、通知

- пропи́ска 户口、登记
- про́пуск 通行证
- ре́тушь 修（底）片，修饰
- своевре́менный 及时的，несвоевре́менный 不按时的、不合时宜的
- спра́вка о дохо́дах 收入证明
- срок де́йствия 有效期
- страхо́вка 保险 страхово́й по́лис 保险单
- тамо́женная деклара́ция 报关单
- тре́тье лицо́ 第三方
- туберкулёз 结核病
- удостовере́ние ли́чности 身份证明
- чини́ть 修理，小修小补
- штра́ф 罚款
- шту́ка 一个、一件
- экстрасе́нс 有特异功能者
- этике́т 礼仪

Урок 2. *Документы. Паспорт. Удостоверение. Виза. Фотография*

## 2. ДИАЛОГИ

听录音
请扫二维码

### Диалог 1

— Девушка! Предъявите документы.
— Вот.
— Так. Паспорт. Виза. Цель прибытия?
— На учёбу. В аспирантуру.
— Миграционная карта заполнена? Валюту везёте?
— Да. 8000 долларов.

### Диалог 2

— Ян Ди! Ты почему такая серьёзная? Ты на экзамен идёшь?
— Нет. Хуже.
— То есть?
— Хочу подать документы на шенгенскую визу. Мне немного страшно. Все говорят, что там сложные правила.
— Ты не переживай. Сходи в международный отдел, попроси их посмотреть твои документы, там объяснят, если что-то непонятно.
— Кстати, как я буду жить без паспорта?
— Это не проблема. Тебе просто дадут справку, заменяющую паспорт.
— Да, конечно! Что-то я об этом не подумала! Только бы успеть! Завтра последний день, ведь у них начинаются праздники, а во время праздников посольство не работает.
— И если ты не сдашь документы завтра, то это можно будет сделать только через неделю?
— Да! А билет на самолёт я уже купила!
— Ты просто любитель приключений! Разве можно оформлять визу так поздно?

### Диалог 3

— Здравствуйте. Вы по какому вопросу?
— Я учусь на втором курсе. Мне нужна многократная виза. Какие документы надо собрать?
— Паспорт, миграционную карту, медицинскую страховку, четыре цветных фотографии и копию приказа о зачислении. Заявление на имя начальника международного отдела напишете здесь.

17

# Русский как русский

— А как оно пишется?
— Образец возьмёте у секретаря.
— А это надо сделать срочно?
— Хорошо бы до конца этой недели. Мы работаем с 9:00 до 17:00. Перерыв с 13:00 до 14:00. Пятница — короткий день. Работаем без обеда до 15:00.

### Диалог 4

— Скажите, а можно оформить регистрацию в общежитии через 5 дней, а не сейчас?
— По правилам это делается в течение трёх дней, иначе придётся платить штраф.
— Большой? За что?
— За нарушение регистрационного режима. Пять тысяч рублей.
— А сколько надо платить за регистрацию?
— Это символические деньги: 400 рублей. Возьмите бланк. С этим бланком надо прийти в банк и заплатить деньги.
— А это постоянная регистрация? Или временная?
— Временная. На время учёбы. Квитанцию принесёте сюда. Я жду.

### Диалог 5

— У меня куча документов! Может, что-то можно оставить дома, а то сумка тяжёлая!
— Что там у тебя?
— Паспорт, студенческий билет, медицинская страховка, пропуск в общежитие, карта скидок «Пятёрочка», три карты разных банков, квитанция об оплате проживания, квитанция из обувной мастерской, карта города, приглашение на презентацию книги моего друга, билеты в театр…
— Слушай, это невозможно!
— Подожди, я ещё не всё перечислила…
— Зато я уже всё поняла. Ты куда собираешься?
— На концерт.
— Вот возьми билет на концерт и проездной.
— А паспорт?
— На концерт у нас ходят без паспорта.

— А вдруг меня милиция остановит? Ведь видно, что я иностранка!
— Пожалуй, ты права. И студенческий тоже надо.

### Диалог 6

— Я хочу зарегистрироваться. Ты мне поможешь?
— Сначала скажи, что ты хочешь. Зарегистрироваться в качестве кого? Или где?
— Где. В качестве пользователя. На трёх сайтах.
— О! Наша Маша решила взяться за учёбу! Наконец это произошло!
— Я серьёзно. Мне нужны сайты e-library, academia.edu и «Искусство.ру».
— С «Искусством» проще всего: зайди на сайт, он автоматически предложит подписку, ты впишешь свой мейл в строку – и готово!
— А с остальными что?
— На e-library надо указывать имя, фамилию, год рождения, место учёбы на бакалавриате и в аспирантуре, место работы, сферу научных интересов. На «Академии» почти так же.
— А регистрация там сразу проходит, или нужно ждать?
— Нужно ждать, но зато потом ты сможешь читать на этих сайтах разные научные работы, и за это не надо ничего платить. Можно даже писать письма авторам, потому что там обычно указывают их электронный адрес.
— Сначала надо разобраться, как всё это работает, а потом уже писать что-то…

### Диалог 7

— Давай я прочитаю тебе своё резюме? Я его уже составила, но отправлять боюсь! Вдруг что-то неправильно написала?
— Давай. Правда, я не редактор, но опыт в составлении резюме у меня есть. О господи! Ты молодец! Желаемая должность – переводчик технич. лит-ры, переводчик худ. лит., учитель кит. яз.
— А что тебе не нравится? Я могу и то, и другое, и третье! Ещё можно дописать «синхронный перевод».
— Да мне-то всё нравится, только твои сокращения в резюме показывают, что либо у тебя нет времени, чтобы нормально оформить резюме, либо у тебя нет определённой цели: ты не знаешь, чего хочешь.
— Ладно. Что ты предлагаешь?

## Русский как русский

— Предлагаю полностью написать слова. А где ты собираешься это разместить?
— Там, где я смотрела вакансии: на сайте «Трудоголик».
— Этот сайт никто не знает! Может, поищешь что-то другое? Вот, например, на сайте «Работа» 473 176 вакансий, 32 656 965 резюме.

### Диалог 8

— Смотри, что я нашёл, когда ходил в театр! Студенческий билет и пропуск в общежитие! Константин Вознесенский. Студент третьего курса.
— Господи! Где ты это нашёл?
— В туалете. Открыл дверь и увидел на полу. Нужно заявить в полицию! Он, наверное, ищет!
— В полицию? Нет, давай сначала поищем его в соцсетях. Константин Вознесенский всё-таки не Иванов, можно попробовать.
— Вот! Точно! Он сейчас он-лайн. Чёрт. У него заблокировано получение писем от незнакомцев. Надо подать заявку в друзья.
— Пишу. Ага. Принял. Что писать?
— Пиши: «Константин, Вы когда были в оперном театре?»
— Тебе не кажется, что мы похожи на идиотов?
— Если документы потерял он, то догадается, почему мы его спрашиваем. А если это не тот Константин, не ответит. Тогда сходим в МГУ. Ведь в студенческом написано, что он оттуда.

### Диалог 9

— Нин, хочешь посмотреть анкету на китайскую визу?
— Мне очень интересно, покажи!
— Смотри. Интересно, у вас те же вопросы? Сначала ФИО[①], другие и бывшие имена и фамилии, гражданство и бывшее гражданство…
— Что значит «бывшие имена»?
— У нас бывает, что человек оформляет себе новое имя, отчество, фамилию. При заключении брака или при разводе часто меняют фамилию. Иногда имя меняют, потому что своё не нравится. А у вас?
— А у нас тоже иногда меняют имя, но редко. Но как же можно поменять отчество?

---

① ФИО即 фамилия, имя, отчество（姓、名字、父称）之缩写。

— Это делают, например, при удочерении и при усыновлении. Или при установлении отцовства.

— А в этой анкете есть вопрос о судимости и тяжёлых заболеваниях?

— Да, конечно! Здесь спрашивают, нет ли психических заболеваний или туберкулёза.

### Диалог 10

— Куда ты собираешься идти? Это твоя курсовая работа в папке?

— Что ты! Какая курсовая! Это мои документы! Иду устраиваться на работу.

— Не понял. Почему столько документов? Разве паспорта мало?

— Ты, я вижу, совсем не представляешь, что нужно для устройства на работу. Паспорт – само собой. Это просто. А дальше идут СНИЛС[1], ИНН[2], диплом о высшем образовании, справка о несудимости, санитарная книжка, сертификат о прививках, справка с места регистрации, трудовая книжка.

— Да… А что будет, если ты не принесёшь, например, сертификат о прививках?

— Ничего не будет. Просто не примут на работу.

## 3. ТЕКСТЫ

听录音
请扫二维码

### Текст 1

Чтобы сделать фотографию на визу, нужно знать размеры, цвет фона, рекомендуемый цвет одежды. Сегодня Таня идёт в фотоателье.

Фотограф: Здравствуйте! Вам нужны фотографии на визу?

Таня: А вы откуда знаете?

Фотограф: Я экстрасенс. Шучу. Просто сейчас в фотоателье ходят только за фотографиями на документы.

Таня: Правда? А портреты уже не заказывают, как раньше?

Фотограф: Это было раньше, а теперь у всех камеры, телефоны. Все сами фотографы.

Таня: А вы делаете фото на любую визу? И на финскую?

Фотограф: А как же! Цветная фотография на светлом фоне, рекомендуется серый. Размер 36 на 47 миллиметров.

---

[1] СНИЛС, страховой номер индивидуального лицевого счёта 个人保险账户。

[2] ИНН, идентификационный налоговый номер 纳税人识别号（税号）。

Таня: Какая у вас память!

Фотограф: Не жалуюсь, спасибо.

Таня: А вы знаете, какая должна быть голова?

Фотограф: Конечно. 25 на 35 миллиметров. Иначе фотографию не примут, а вам придётся снова идти к фотографу.

Таня: У меня сегодня вид немного усталый и под глазами тёмные круги. Вы можете сделать так, чтобы я была красивая на фотографии? Вы умеете исправлять недостатки?

Фотограф: Я-то умею, только лучше этого не делать.

Таня: Почему?

Фотограф: Во-первых, в правилах сказано: «Ретушь не допускается». А во-вторых, вы прекрасно выглядите!

Таня: Спасибо за комплимент.

## Текст 2

Вы когда-нибудь писали объявления? Например, объявление о потере какой-нибудь вещи или документа? Хорошо, если не приходилось это делать. Ещё лучше будет, если никогда не придётся. А я писал. И написал его настолько глупо, что до сих пор смеюсь, вспоминая этот случай.

В объявлении я написал: «Объявление. В парке им. Бабушкина вчера вечером были потеряны документы. Просьба позвонить в любое время суток по номеру +7(911)123-45-67». Я повесил объявление в парке, около метро, около автобусной остановки. Через полчаса началось! Мне звонили и звонили… предлагали и предлагали… Через два часа я знал, что в этот вечер в этом парке были потеряны три пенсионных удостоверения, два студенческих, один загранпаспорт, водительские права, свидетельство о браке. Только моего паспорта никто не находил.

Отец сказал, что лучше написать так: «Утерян паспорт на имя Николая Андреевича Богданова. Просьба позвонить по номеру +7(911)123-45-67. Вознаграждение гарантирую». А ещё лучше сразу обратиться в полицию.

Паспорт я нашёл сам, потому что… не терял. Он просто оказался в книге, которую я читал в парке. Но в тот вечер я понял, как часто люди что-то теряют и что-то находят.

## Текст 3

Как тяжело оформлять документы… Я это делать совсем не люблю. Мама смеётся: «Ты же взрослый человек! Образованная девушка!» А я всегда боюсь сделать ошибку,

Урок 2. Документы. Паспорт. Удостоверение. Виза. Фотография

принести не ту справку или что-нибудь забыть.

Вот, например, вчера я заполняла анкету на финскую визу. Её можно найти на сайте визового центра Финляндии. Я заполняла-заполняла, и вдруг вижу: «Посольство Финляндии в Москве и Визовые Центры Финляндии в России принимают только анкеты, заполненные латинскими буквами». Это значит, что надо писать по-русски, но латинскими буквами. Ох! Столько работы... И всё зря!

Но и это не всё. Заграничный паспорт должен быть действителен ещё 3 месяца после окончания визы и иметь две свободные страницы. Я хочу получить многократную визу на полгода. С 1 мая 2019 по 1 декабря 2019 года. А паспорт действителен до 3 марта 2020 года. Может быть, надо оформить новый загранпаспорт? Или можно съездить в Финляндию с этим паспортом? Ничего не понимаю.

Обязательно нужно иметь копию страницы заграничного паспорта с личными данными. Я пошла делать копию в супермаркет. Там есть отдел «Фото. Печать.Ксерокопии». Оказалось, что он сегодня закрыт, потому что у них что-то сломалось. У меня сегодня не день, а тридцать три несчастья![1]

## Текст 4

Не думаю, что вы часто составляете деловые бумаги на русском языке, но всё-таки расскажу о некоторых особенностях официально-делового стиля. Вдруг пригодится?

Сразу предупреждаю: в документах много речевых формул, или клише, которые в живой речи не употребляются. Эти клише иногда называют «канцеляризмами». Выбор клише отражает намерение автора: если он хочет о чём-то сообщить, то напишет: «*Сообщаем о...*», если хочет попросить, то напишет: «*Просим Вас рассмотреть вопрос о...; просим Вас явиться; просим перевести пятьсот рублей; просим предоставить информацию о...*»; хочет извиниться – напишет «*Приносим извинения за...*».

В официально-деловом стиле обычно используются гиперонимы: вместо слов «*приплыть, прилететь, приехать, прийти*» напишут «*прибыть*». Например: «*Делегация прибыла в МГУ на экскурсию*». Характерны для этого стиля производные предлоги *в связи, за счёт, в силу, по мере, в отношении, на основании, в течение*. Полезно знать, что у некоторых предлогов на конце пишется И: *по истечении договора, по окончании работы, в соответствии с решением, на протяжении конференции*. Постарайтесь запомнить предлоги, у которых на конце Е: *в течение часа, в отличие от конкурентов, вследствие задержки рейса*.

---

[1] 电影《雷蒙·斯尼奇的不幸历险》改编自丹尼尔·汉德勒的系列小说《一系列不幸事件》，俄译名为：《Тридцать три несчастья》（《三十三场不幸》）。

*Русский как русский*

地道俄语

## 4. УПРАЖНЕНИЯ

**Представьте себе, что...**

1. Вы пришли в деканат, потому что хотите продлить пребывание в России. О чём вы будете спрашивать, какие советы сотрудника вам нужны?
2. Вы потеряли паспорт. Обсудите с другом, что нужно написать в объявлении.
3. Позвонил человек, который нашёл ваши документы. Поговорите с ним.
4. Вы собираетесь поехать на экскурсию в Финляндию (Грецию, Россию...). Обсудите с другом, как надо оформлять визу.

**Знаете ли вы ...**

1. Что нельзя перевозить через русско-китайскую границу?
2. Какие документы понадобятся для оформления туристической (или учебной) визы?
3. К кому нужно обратиться, если вы хотите оформить студенческий билет, продлить визу, продолжать учёбу?
4. Какие пункты надо заполнить на бланке для получения визы?

**Как это по-китайски?**

1. При подаче заявления необходимо сдать биометрические данные: 10 отпечатков пальцев и фотографию.
2. Для заполнения анкеты онлайн, пожалуйста, перейдите по ссылке.
3. Для ускоренного рассмотрения заявления на визу необходимо обоснование.
4. Документы не принимаются по почте, через курьерскую службу, по электронному письму или через факс.
5. Неправильно и небрежно заполненная анкета может быть причиной отказа в визе.
6. Необходимым условием для рассмотрения заявления является оплата визового сбора. Оплата производится в рублях после подачи заявления.
7. При оплате визового сбора плательщик должен предоставить российский паспорт, граждане других стран – другое удостоверение личности.
8. Визовый отдел Посольства выдает паспорта с готовыми решениями без предварительной записи по будням с 9 по 12 часов.
9. Получить паспорт можно по жёлтой квитанции, от третьих лиц не требуется доверенность.

10. Страховые компании не имеют права оказывать визовые услуги.

11. Третьи лица, в том числе посредники, не имеют права подавать такое заявление.

12. Для подачи документов в Посольство необходимо записаться заранее.

13. Визовый центр обслуживает клиентов в порядке общей очереди.

14. Заявление необходимо подавать заблаговременно, за 1–3 месяца до начала стажировки.

15. К заявлению следует прилагать приглашение от принимающей стороны.

16. Если препятствий для выдачи визы нет, то виза выдается на срок, не превышающий указанный в приглашении.

1. 进行提交申请时需采集生物信息：录入十指指纹并拍照。
2. 请点击进入链接，在线填写表格。
3. 需有充分理由方可办理签证加急。
4. 材料不可通过邮局、快递服务、电子邮件或者传真提交。
5. 错误或潦草地填写表格可能成为拒签的理由。
6. 交纳签证费后方会对申请进行受理（审批）。签证费按提交申请当日的卢布汇率折算。
7. 付款者交纳签证费时需出示俄国护照，如为其他国家公民则出示其他身份证明。
8. 使馆签证处工作日每天9点至12点发放审核通过的护照，无需预约。
9. 领取护照需凭黄色收据联，委托他人无需委托信。
10. 保险公司无权提供签证服务。
11. 包括中间人在内的第三方无权提出此类申请。
12. 去使馆提交材料需提前预约。
13. 签证中心按照统一顺序接待到访客人。
14. 申请需事先提交，在进修期前1个月至3个月。
15. 申请时需附上接待方的邀请函。
16. 如果没有拒签的理由，签证将在邀请函标注时间之前发放。

*Русский как русский*

# Часть II. РАСШИРЯЕМ КРУГОЗОР

## 1. СТАТЬИ

### ПРОПИСКА

Этим словом обычно называют регистрацию по месту постоянного проживания, систему контроля миграции населения, которая была в Российской империи и получила применение в СССР. Её смысл в том, что человек привязан к своему постоянному месту жительства.

В 1917 году советская власть отменила паспортную систему, существовавшую в дореволюционной России. Это было сделано в соответствии с позицией В.И. Ленина. В статье «К деревенской бедноте» он написал, что человек не должен зависеть от воли чиновника, который может разрешить или не разрешить ему жить в каком-либо месте. Каждый человек может свободно перемещаться по родной стране. После гражданской войны декретом Президиума ВЦИК (Всероссийский центральный исполнительный комитет, 全俄中央执行委员会) от 24 января 1922 года гражданам РСФСР было предоставлено право свободного передвижения по всей территории РСФСР.

В 1932 году были восстановлены внутренние паспорта, отменённые в 1917 году, а затем в СССР появилась Паспортно-визовая служба (ПВС), которая стала частью органов внутренних дел. Служба занималась учётом населения. Решением власти 27 декабря 1932 года была введена обязательная прописка. Многим гражданам (например, бывшим дворянам) паспорта не выдавали. Их выселяли из больших городов.

### ЧИНЫ ЛЮДЬМИ ДАЮТСЯ, А ЛЮДИ МОГУТ ОБМАНУТЬСЯ...

Чиновник – слово, имеющее в России отрицательную коннотацию, хотя ничего плохого в его значении изначально не было: слово связано со словом «чин», то есть «порядок». Человека, который следил за соблюдением установленного порядка, вёл документацию, называли чиновником. Чиновники служат в различных государственных организациях: министерствах, ведомствах, департаментах. Они заняты в сфере управления государством.

У слова «чин» есть и значение «должность, служебное место». «Получить чин» значило «получить должность, место». При Петре I был создан специальный документ – «Табель о рангах» (1722), где определялся порядок получения чинов. Принадлежность к определенному чину воспринималась как показатель достоинств человека. Понятно, что погоня за чинами плохо совмещалась с искренним интересом к делу. У многих чиновников формировалось цинично-равнодушное отношение к службе. Так и возникла отрицательная коннотация: чиновник –

Урок 2.    Документы. Паспорт. Удостоверение. Виза. Фотография

человек, равнодушно исполняющий служебные обязанности.

Ироничное отношение к чинам запечатлено во многих пословицах и поговорках: «Кто попал в чин лисой, будет в чине волком»; «Не всегда та первая голова, что первая по чину».[1]

## 2. ПОСЛОВИЦЫ И ПОГОВОРКИ

НЕ ВСЯКИЙ ПРУТ ПО ЗАКОНУ ГНУТ. 曲线救国。

БЕЗ БУМАЖКИ ТЫ БУКАШКА, А С БУМАЖКОЙ — ЧЕЛОВЕК. 没证件，你是虫；有证件，你是人。

НА ТО И ЗАКОН, ЧТОБ ЕГО ОБОЙТИ. "所谓法律，就是用来规避的。"

ПОЛОЖИТЬ В ДОЛГИЙ ЯЩИК 拖了又拖；束之高阁。

## 3. АНЕКДОТЫ

① — Здравствуйте! Вы выдаёте кредиты? — Да. — А поручитель нужен? — Нет. — А документы? — Нет. — Хорошо, а если я кредит не верну? — Получится, что вы нас обманули. Когда вы предстанете перед Господом Богом, вам будет очень стыдно. — Ну, когда я ещё перед ним предстану... — Если пятого не вернёте, то шестого предстанете.

② «Банк вам доверяет», — гласит реклама. Однако в банке у вас требуют документы, чтобы принять ваши деньги, и предлагают подписать бланк привязанной ручкой.

③ Полицейский останавливает машину. — Девушка, предъявите ваши документы! — Вот. — А где техпаспорт? — Каких это тех? Я одна еду!

④ Судья: Вы должны попробовать стать другим человеком.
Подсудимый: Я уже пробовал, меня сразу посадили за подделку документов.

⑤ Полицейский спрашивает у студента документы. Тот говорит: — Вот, только пропуск в университет. — Запрещённые предметы есть? — В нашем университете?!

⑥ При замене паспорта, отдавая свой старый паспорт и новую фотографию сотруднице паспортного стола, женщина грустно произнесла: — Да, и всё-таки первая фотография мне нравится больше... — Поверьте, через десять лет вам и эта будет нравиться.

⑦ — Девочка! А ты не боишься так поздно одна возвращаться домой? — Ещё как боюсь!

---

① 官职高却未必绝顶聪明（才不配位）。

*Русский как русский*

Вдруг кто-нибудь остановит, а я сегодня без разрешения на оружие!

⑧ На допросе: — Где вы купили диплом о высшем образовании? — Нашёл на дороге! — Вы нашли на дороге диплом на своё имя??? — Совершенно верно! — И как вы объясните такое совпадение? — Это не совпадение. Просто паспорт на своё имя я купил позже...

⑨ — Маш, поехали на выходные в Тулу? — А в Тулу виза нужна? — Маш, ты дура что ль, позвони в посольство Тулы и спроси!

⑩ У блондинки не приняли анкету на визу, потому что она в самом конце, в графе «Не заполнять», написала «Хорошо».

## 4. ВИДЕОМАТЕРИАЛЫ. ФРАГМЕНТ КИНОФИЛЬМА

«Кококо». Драма, комедия. 2012. Реж. А. Смирнова.
Время: 3:20 — 5:06

— Девушка! Девушка, проснитесь!

— Чо, приехали уже?

— Девушка, вы мою сумку не видели? А?

— Какую сумку?

— У меня сумка пропала. Там всё... там деньги, документы, всё!..

— А я тут причём? Ё-моё... Так и моей сумки нету...

— Я же вам сказала вчера! Заприте дверь!

— Так я заперла!

— Ну, правильно, вы её сначала заперли, а потом вас позвали и вы её открыли!

— И чо?

— И то, что потом вы её не закрыли! И всё! И теперь нас ограбили!

— А вы-то чо её не заперли?

— А я, между прочим, пыталась заснуть!

— Ну чо? Заснула? Поспала?

...

— Значит, вы говорите, ваша соседка открыла дверь и договорилась о чём-то с мужчиной?

— Нет, вы не так поняли!

...

— Ты чо, тупой?

— Данные в паспорте, паспорт в сумке, сумку украли!

Урок 2. Документы. Паспорт. Удостоверение. Виза. Фотография

...

— А! А дверь, значит, не заперла?

— Слушайте, я не знаю, я лежала лицом к стенке.

...

— Где живём?

— В Ёбурге!

— Место проживания полностью!

— Екатеринбург. Уральская дом 16, квартира 85.

...

— Нет, за кассами налево, там увидишь.

...

— Цель приезда в Петербург?

— Да просто так.

— Просто так не бывает!

— Слушай, ты будешь сумку мою искать или нет? На тебя приехала посмотреть, на героя.

...

— Так. Заявление мы у вас принимаем. Только учтите, что это кража, а не утеря. И это будет долго, и вас будут к следователю вызывать!

...

— Паспорт, одна штука. Деньги 35 тысяч. Телефон мобильный «Нокиа», одна штука. Кредитная карта Visa, фотоаппарат, помада губная и две упаковки презервативов. Всё?

— Всё.

## 5. ПОЧИТАЕМ ВМЕСТЕ

Прочитайте рассказ М. М. Зощенко «История с переодеванием». Как вы думаете, это смешно? Какие литературные герои выдавали себя не за тех, кем были на самом деле?

*Русский как русский*

地道俄语

# ИГРЫ

Стоя в очереди на подачу документов, не тратьте время зря! Можно поиграть в игру «Верю – не верю» или «Бывает – не бывает». К ней можно не готовиться: главное – желание сообщить другу что-то неожиданное. Например, вы спрашиваете: «Веришь ли ты, что в Санкт-Петербурге есть памятник Чижику-пыжику?» Если ответ «Не верю», то вы отвечаете: «Зря! Он там есть!» и начисляете себе одно очко. А если друг говорит: «Верю!», очко достается ему.

Это бесконечная игра, а уж будет ли она интересной, зависит от эрудиции участников. Вы верите в то, что в Санкт-Петербурге есть ковёр-самолёт? А в то, что в Мурманске дети ездят в школу на собаках? А в то, что Дед Мороз из Великого Устюга? Открою секрет: ковер-самолёт можно увидеть в Петербурге в музее «Эрарта», Великий Устюг – родина Деда Мороза, а вот насчет мурманских школьников – это, конечно, шутка...

即便在排队等候提交证件的时候，也别浪费时间哦。可以做个"信——不信"或者"有——没有"的游戏。这个游戏无需准备，重点在于告诉对方某件意想不到的事情。比如，您问："你是否相信在圣彼得堡有座小鸟的铜像叫'齐日科—裴日科'？"如果对方回答"不信"，您就说："还不信呢！真有这么个铜像！"自己得一分。如果对方说："信！"那这分就归他。

这个游戏可以无止境地玩下去，是否有趣，得看参加者有没有学问。你相信圣彼得堡有条飞毯吗？相信在摩尔曼斯克学生们骑着狗雪橇去上学吗？相信冰雪老人来自大乌斯秋格吗？下面公布谜底：在彼得堡的"艾拉尔塔"博物馆可以看见飞毯，而大乌斯秋格——则是冰雪老人的故乡，但是关于摩尔曼斯克的学生们——那当然只是个玩笑。

# Урок 3. Учёба. Университет. Библиотека. Экзамен и зачёт

## Часть I. ЭТО НАДО ЗНАТЬ

### 1. ЛЕКСИКА

- архи́в 档案
- аспиранту́ра 研究生、研究生部
- аттеста́ция 考查、鉴定
- бакала́вр, бакалавриа́т 本科生、本科教育
- бе́шено 疯狂地
- библио́граф 图书馆馆员、图书学家
- вы́сшее образова́ние 高等教育
- выпускни́к 毕业生
- гипо́теза 假定、前提
- декляри́ровать 宣布、声明
- дипло́мник 做毕业论文的大学生
- диску́рс 讲话、话语
- диссерта́ция 学位论文
- задо́лженность ж. 欠款、债务
- зачёт 考查、及格
- изда́тельство 出版社
- катало́г 目录
- ко́лледж 学院，专科学校
- колоти́ться 剧烈跳动，碰
- конспе́кт 摘要、笔记、梗概
- контро́льная рабо́та 小测验
- курсова́я рабо́та 学年论文
- лаборато́рная рабо́та 实验课
- лексикогра́фия 词典学

- лексиколо́гия 词汇学
- ле́кция 讲座
- магистра́нт, магистрату́ра 硕士研究生，硕士学制
- ме́сто изда́ния 出版地
- морфоло́гия 词法
- нама́зать 涂抹、弄脏
- нау́чная литерату́ра 科学文献
- основно́е о́бщее образова́ние 普及教育
- о́ттепель ж. 冰雪消融的日子、解冻
- перио́дика 期刊
- плагиа́т 剽窃、抄袭
- расписа́ние заня́тий, экза́менов 课程表，考试安排
- регистра́ция и перерегистра́ция 注册与重新注册
- рефера́т 文章或书籍、资料的概述、摘要
- рецензе́нт 评论者、审阅者
- самостоя́тельная рабо́та 课堂独立完成的小作业（老师为了解学习情况，往往不打分，也不影响总成绩）
- семина́р 讲习班
- се́рость ж. 灰色、单调乏味

- се́ссия 考期
- спра́вочная литерату́ра 参考书
- сре́днее образова́ние (о́бщее и специа́льное) 中等教育（普及教育及职业教育）
- статья́ 政论或者科研方面篇幅不长的文章，条款、项目
- стипе́ндия 助学金
- студе́нческий биле́т 学生证
- те́хникум 中等技术学校
- тре́бование 索书单、要求
- уче́бная литерату́ра 教学用书
- учи́лище（中等专业或高等专业）学校
- формуля́р 卡片、登记卡
- хвост 尾巴、未能按期完成的学业（如考试、测验）
- худо́жественная литерату́ра 文学书籍
- черновик 草稿、原图
- чита́льный зал 阅览室
- чита́тельский биле́т 阅览证
- шифр кни́ги 索书号
- эруди́рованный 博学的、有学问的
- юнио́р 青少年运动员，新手

# 2. ДИАЛОГИ

### Диалог 1

— Маша! Ты такая счастливая! Ты уже учишься на первом курсе!
— Ты тоже счастливая, Настенька! Ведь ты учишься в седьмом классе! У тебя ещё столько интересного впереди!
— Да, но у тебя такие большие каникулы после первого семестра! Целый месяц! А у нас в январе только две недели!
— Зато летом ты начинаешь отдыхать с 1 июня, а я с 1 июля.
— Да, но у тебя все предметы любимые, а у меня так много лишних!
— Лишних знаний не бывает! Без аттестата об окончании школы ты не сможешь поступить в университет.
— Ох, отдохнуть бы от школы!

### Диалог 2

— Маша, мы опаздываем на урок!
— Какая ты смешная, Ян Ди! Наши уроки уже давно кончились!
— Как? Не понимаю! Почему смешная? Почему кончились? Сейчас 8:30!
— Потому что у нас на уроки ходят только школьники, а у студентов занятия, лекции, семинары.
— Что? По-русски нельзя сказать «Студент пошёл на урок»?
— Просто так не принято.
— А какая разница между лекцией и семинаром?
— На лекции говорит только преподаватель, а на семинаре говорят и студенты, и преподаватель, причём студенты говорят даже больше.
— А практическое занятие – это что?
— А это такое занятие, на котором студенты на практике используют знания, полученные на лекциях. Например, сегодня мы будем анализировать записи устной речи.

### Диалог 3

— Пойдём в кино на этой неделе?
— Сначала посмотрим расписание. Какой вечер у нас свободен?
— Так. Завтра вторник. Боже мой! С 8:00 до 9:40 русский фольклор, с 9:50 до 11:30 философия, потом с 11:40 до 13:10 семинар по истории, а с 15:00 до 16:40 контрольная по истории русского языка.
— Да уж… Тут не до развлечений. Может, в среду?
— Шутишь? Смотри! В четверг у нас практическое занятие по стилистике.
— И что это значит?
— Это значит, что мы будем всю среду готовиться: писать конспекты и читать словари.
— Хорошо. А вечером в четверг, после занятий?
— Нам сказали, что надо слушать доклад на кафедре. Приедет какой-то гений из Москвы.

### Диалог 4

— Здравствуйте, коллеги! Тема сегодняшней лекции – «Дискурсивный анализ».
— Иван Сергеевич, а можно вопрос? Презентация будет?
— Нет. Я работаю без презентаций, потому что они мешают студентам сосредоточиться.
— А мне кажется, что с презентацией легче.
— Конечно, но презентация – это конспект лекции. Если я даю готовый конспект, то вы не учитесь выбирать главную информацию на слух самостоятельно.
— Спасибо за объяснение! А я думал, что в России преподаватели просто не хотят работать с техникой. Теперь ясно, что это тоже способ научить нас думать.

<стук в дверь>
— Да, войдите!
— Извините за опоздание. Можно?
— Да-да, пожалуйста. Итак, что такое дискурсивный анализ.

Русский как русский

### Диалог 5

— Я думала, не доживу до перерыва!
— Почему? Тебе не нравится этот предмет?
— Мне не нравится количество терминов. Я уже на десятой минуте перестала понимать, о чём речь.
— Не надо демонстрировать свою серость!
— А ты хочешь сказать, что всё понимаешь?
— Это было классно. И наш преподаватель, между прочим, об этом книгу написал. Так что информация из первых рук!
— Ну, знаешь, я в науку не пойду. Мне всё это абсолютно безразлично.

### Диалог 6

— Ты уже сдала все зачёты?
— Почти.
— Почти все? Или почти сдала?
— Я получила зачёт по фонетике, по лексикологии, по литературе, а на зачёте по немецкому со мной случилась глупая история.
— А что случилось?
— Я забыла принести на зачёт тетрадь с домашними заданиями, а Марина Юрьевна сказала, что не поставит зачёт, пока не увидит мою тетрадь. Бегу в общежитие за тетрадью! Надо успеть до закрытия деканата.
— Давай быстрее!

### Диалог 7

— Марина Юрьевна! Спасибо большое! Вот моя тетрадь! Здесь все задания!
— Вижу, Маша, вижу! Да, всё есть. Ты так быстро бежала! Посиди, отдохни.
— Да, я торопилась, потому что мне очень стыдно, что я такая неорганизованная! Надо же! Забыла тетрадь! Извините, пожалуйста!
— Ты должна меня понять, Маша. Я знаю, что ты хорошая студентка, но я должна убедиться в том, что все работы сделаны.
— Да, Марина Юрьевна, я всё понимаю.
— Давай зачётку. Так. Зачёт. Дата – 25 декабря 2020 года. Подпись. Теперь у тебя нет задолженностей, так? Ни пуха ни пера на экзаменах!

— А можно ответить преподавателю «К чёрту, к чёрту»?
— Мне можно!

### Диалог 8

— Сессия сдана! Ура! У меня в этом семестре без хвостов и без троек! Вот мама с папой обрадуются! А у тебя как, Юра?
— Могло быть лучше. У меня одна четвёрка, а остальные пятёрки.
— Ну ты даёшь! Куда уж лучше?
— Я хочу пересдать экзамен по физике, потому что из-за одной четвёрки мне не дадут повышенную стипендию.
— Может, и чёрт с ней, с повышенной стипендией? Лучше отдохнуть!
— Я ещё не решил. Просто обидно. Это первая четвёрка за три года.
— А у меня уже всё было: и двойки, и тройки, и четвёрки, и пятёрки. Но пересдавал я только двойки.

### Диалог 9

— Слушай, Артём, как ты готовился к экзамену по истории? У нас учебник такой маленький, а вопросов к экзамену так много!
— Я хожу в библиотеку. В учебнике минимум, а мне нужен максимум.
— А что ты там читаешь?
— Сначала я ищу по каталогу научную литературу. Потом я спрашиваю библиографа о том, что не смог найти сам. А когда устаю, прихожу в зал периодики и просматриваю новые научные журналы.
— Ты, наверное, будешь академиком! Мне кажется, это всё так трудно!
— К этому просто надо привыкнуть. Ты знаешь, что раньше в Публи́чку[①] была очередь?
— Как это?
— Мне рассказывал научный руководитель, что очередь в гардероб библиотеки стояла вдоль здания на площади Островского, потому что читателей было много.

---

① Публи́чка, 是圣彼得堡一家图书馆的简称。十月革命前这个图书馆叫作 Императорская публичная библиотека（皇家公共图书馆），苏联时期叫作 Государственная публичная библиотека（国立公共图书馆），现在称为 Российская национальная библиотека（俄罗斯国家图书馆）。

*Русский как русский*

### Диалог 10

— Здравствуйте! Как можно записаться в библиотеку? Я принесла фотографии, студенческий билет и паспорт. Правильно?

— Да, только фотографии оставьте себе. У нас сейчас всё делает компьютер. Прочитайте правила пользования читальными залами Российской национальной библиотеки (РНБ).

— Спасибо. Здесь всё понятно. Скажите, пожалуйста, а книги из читальных залов нельзя брать домой?

— К сожалению, нет. Давайте заполним читательский формуляр.

— Так… ФИО… год рождения… кем работает… Ой. Я ещё не работаю, я только учусь.

— Тогда пишите: «студентка».

— Извините, я не понимаю, какое у меня образование, ведь я ещё на третьем курсе.

— Значит, «неоконченное высшее». Поставьте подпись.

### Диалог 11

— Здравствуйте, Сергей Петрович! Я принёс свою статью.

— Статью? Так быстро? Дайте-ка… А-а! Понял. Это не статья, это обзор литературы.

— Да, я оговорился. Просто всё время думаю о ней.

— Я смотрю, получился хороший обзор. Если человек хорошо знает, что сделали его коллеги, он добьётся успеха!

— Правда? Вам понравилось?

— Конечно! Теперь пора начинать писать свой текст. Материал собран, гипотеза сформулирована. В добрый час!

### Диалог 12

— Люда! Вы пришли, чтобы поговорить о защите? Работа у вас отличная!

— Да, только я не знаю, о чём говорить. Мне всё непонятно.

— Как? Осталось сделать презентацию, подготовить речь и ответы на вопросы.

— А что надо включать в презентацию?

— Как всегда: тему, цели и задачи, характеристику материала, основные результаты работы и выводы. У вас всего 10 минут на выступление и 10 на обсуждение.

— Но это 90 страниц! Как же всё успеть за 10 минут? Я не успею даже слова сказать…

— Не мы первые, не мы последние. Я помогу, когда вы сделаете черновик. Договорились? Не надо бояться делать ошибки! Терпение и труд всё перетрут!

## 3. ТЕКСТЫ

听录音
请扫二维码

### Текст 1

Удивительное дело! Я наконец-то приехал в Россию! Не как турист, а как студент! Хорошо, что русский студент, который нас встречает, прекрасно говорит по-китайски. В нашей группе у всех китайских студентов были русские имена. Я, например, Сеня. А нас должен встретить Костя.

Костя: Здравствуйте! Вы из Пекинского университета? Сеня?

Сеня: Да! А вы Костя?

Костя: Почему так официально? Может, лучше на ты?

Сеня: Давай!

Костя: Мы сразу отправимся в университет, потому что нас ждут в деканате. Надо получить приказ о заселении в общежитие.

Сеня: На автобусе?

Костя: На маршрутке быстрее. Ты сам-то с какого факультета?

Сеня: С филологического, отделение русского языка и литературы.

Костя: Я думаю, надо сразу выбрать курсы, которые ты будешь слушать.

Сеня: Я хочу только один курс или два. Боюсь, что больше мне не успеть!

Костя: Это ты зря. Надо слушать больше. У нас много хороших преподавателей.

Сеня: А у тебя много лекций?

Костя: На нашем курсе 8 лекций в неделю, а ещё практические и семинары.

Сеня: Я буду ходить на лекции, а на практические и семинары, наверное, нет.

Костя: Ты не прав. Если что-то не понял на лекции, на практическом это обязательно будут обсуждать и ты всё поймёшь.

Сеня: Но я не очень хорошо говорю по-русски. А вдруг меня о чём-нибудь спросят, а я не смогу ничего сказать?

Костя: Брось,① не боги горшки обжигают!

---

① Брось, бросьте, в这里的意思是 "别想了，别管啦……"。

*Русский как русский*

### Текст 2

В русских вузах у каждого студента есть зачётная книжка, которую обычно называют «зачёткой». Она похожа на небольшой блокнот. Это такой документ, в котором указаны сведения о студенте. На первой странице имя и фамилия с фотографией, потом отделение, факультет, специальность, номер приказа о зачислении.

В зачётку преподаватель вписывает информацию об экзамене или зачёте: название предмета, ФИО преподавателя, дата экзамена, оценка, подпись. В конце зачётки есть сведения о курсовых работах, о практике, о дипломной работе. Говорят, что самое главное – хорошо сдать первые две сессии, потому что преподаватели, которые видят в зачётке хорошие оценки, обычно не хотят «портить» её плохими оценками. Неслучайно говорят: «Первый год ты работаешь на зачётку, а потом до диплома зачётка работает на тебя».

В университете учиться сложно: лекции и семинары каждый день, а студенту нужно и в кино сходить, и в спортзал, и на работу (если он работает), и в гости. И вот – как всегда внезапно! – сессия… Как сдать экзамен, если ничего не знаешь?

Во-первых, не надо паниковать! Ведь ничего не знать человек не может. Вы слушали лекции, читали книги, обсуждали с однокурсниками сложные темы. Значит, что-то в голове осталось.

Во-вторых, если человек правильно распределит своё время, он способен на многое. Сначала сосчитайте, сколько дней до экзамена, равномерно распределите объём информации, который нужно повторить. За неделю можно выучить всё, за день можно выучить самое главное. Если осталась последняя ночь, узнайте, какой предмет вы сдаёте, какого цвета учебник, и ложитесь спать. Свежая голова – хороший помощник. Помните: преподаватель всегда готов вас поддержать. Ведь он вас учил целый семестр? Или нет?

### Текст 3

Сеня приехал на стажировку. Все стажёры живут в общежитии и, естественно, часто встречаются. Это и хорошо, и плохо. Хорошо, потому что приятно видеть лица друзей. Плохо – потому что все говорят по-китайски, а по-русски мало разговорной практики.

Сегодня надо идти на лекцию по русской литературе. Будут рассказывать про какого-то русского поэта. Сеня решил, что надо подготовиться к лекции, хотя русские студенты уже сказали ему, что готовиться не надо: надо просто принести тетрадь и ручку, чтобы конспектировать. Нет, пожалуй, это русским не надо готовиться: ведь они проходили этого поэта в школе. Кстати, как зовут этого поэта? Забыл. Но преподаватель говорил, что будет подробно разбирать какое-то стихотворение про блудного сына. Ага! До лекции ещё четыре часа. Значит, можно залезть в интернет и там найти этого поэта.

Поиск. Надо набрать «блудный сын стихотворение». Что это? Боже мой! О блудном сыне, кажется, только ленивый не писал. И о ком из них сегодня пойдёт речь? Оказывается, стихотворение с названием «Блудный сын» есть и у Гумилёва, и у Слуцкого.

Надо зайти в библиотеку и спросить библиографа, что же имел в виду преподаватель.

— Здравствуйте. Вы не знаете, кто из русских поэтов писал о блудном сыне?

— Здравствуйте, молодой человек. Вы пишете научную работу? Какие источники информации вы уже использовали? Где искали ответ на вопрос?

— Нет, я ничего не пишу, я просто готовлюсь к занятию по литературе. Я искал в интернете, а там оказалось так много всего, что и не знаю, что с этим делать!

— А где вы учитесь? Кто преподаватель? Не помните его имя?

— В университете. Сергей Иванович… Кажется, Разумовский.

— Тогда понятно, что он имел в виду. Он специалист по «Оттепели»[1]. Вы знаете его последнюю книгу? Вот шифр. Там он анализирует стихотворение Бориса Слуцкого «Блудный сын».

— Спасибо большое! А вы знаете всё обо всех преподавателях?

— Нет, просто в библиотеке есть выставка новых поступлений. Там стоит эта книга.

### Текст 4

Человек уже в три года привыкает говорить: «Я сам». Но когда надо писать курсовую работу, почему-то не все помнят, что уже стали взрослыми и могут всё делать сами.

Вы какой путь выбираете? Можно написать самому. Это бесплатно и надёжно. Можно заказать работу в интернете. Это за деньги и всегда рискованно: а вдруг автор напишет плохо? Или, например, это будет плагиат?

Однажды у нас в университете произошла ужасная история. Даже не знаю, как её назвать: глупая, грустная, дурацкая… Расскажу с самого начала.

Наша Света очень любила Тургенева, поэтому никто не удивился, когда она решила писать магистерскую диссертацию о романе «Накануне». Но мы удивились, когда узнали, что ей удалось закончить работу за месяц. Мы ходили в библиотеки, в архивы, на консультации к научным руководителям, писали, переписывали, потом переписывали снова и снова. Мы же знали, что читать работу будет рецензент.

И вот настал день защиты. Света защищалась первой. У неё была прекрасная

---

[1] Оттепель 冰雪消融的日子，苏联 1950 年代中期到 1960 年代中后期常被称为 "解冻时期"。

*Русский как русский*

презентация! И сама она чувствовала себя на коне[①]: держалась спокойно и уверенно. Все ждали, что будет «отлично с отличием», как вдруг… Я увидел лицо рецензента… Ему дали слово. Он был краток.

— Работа посвящена актуальной теме, но заслуживают внимания лишь первые 15 страниц главной части. Мне неприятно об этом говорить, но 30 страниц списаны из моей монографии, которая вышла год назад.

Короче говоря, работу признали плагиатом. Света не защитилась.

Не знаю, почему, но мне тоже было стыдно, хотя я никогда ничего не списывал.

## 4. УПРАЖНЕНИЯ

**Представьте себе, что…**

1. Вам нужно договориться с преподавателем о консультации. Он предлагает время, которое вам совсем не подходит (в это время другая лекция). Что делать?
2. Вы звоните по телефону другу, который в это время стоит у расписания. Узнайте у него расписание на завтра.
3. Вы решили показать другу библиотеку. Объясните ему, как пользоваться каталогом, где искать журналы, к кому нужно обратиться, если не можешь найти нужную книгу.
4. Вы имеете право выбрать спецкурс. Как вы будете его выбирать? Обсудите разные варианты с однокурсником.
5. Вы готовы защищать свою диссертацию. Ваш друг уже защитился. Поговорите с ним! Его советы вам помогут.

**Как это по-китайски?**

1. Принесите в международный отдел паспорт, медицинскую страховку, копию приказа о зачислении на первый курс, сертификат о сдаче экзамена по русскому языку.
2. Сдавать документы на продление регистрации нужно до окончания семестра.
3. Уважаемые посетители! Предъявите документы в раскрытом виде!
4. Заранее ознакомьтесь с расписанием: обратите внимание на то, что к практическим занятиям и семинарам нужно готовиться заранее.
5. Центральный вход в университет закрыт на ремонт до 1-го июня. Просим пользоваться

---

① 如得胜回朝一般。

входом со стороны ул. Петрова.
6. В университетском книжном киоске можно приобрести новый сборник упражнений по морфологии. Студентам 2-го курса скидка!
7. Вниманию магистрантов! Последний срок сдачи магистерских диссертаций – 20 мая. Срок размещения работы на сайте университета – 30 мая. Не прошедшие регистрацию на сайте и не разместившие работу в срок к защите не допускаются.
8. Приглашаем всех желающих вступить в СНО (Студенческое научное общество).
9. В связи с проведением Международной филологической научной конференции с 12 по 15 марта все занятия на филфаке отменяются. Студенты обязаны посетить не менее трёх заседаний различных секций.
10. Внимание! Студенты, проживающие в общежитии, обязаны сообщить в деканат дату своего отъезда на каникулы. Комната на время отсутствия студента должна быть полностью освобождена от вещей.
11. В связи с болезнью профессора Л. В. Нестерова на I и II курсе занятия отменяются. Следите за объявлениями!
12. С 1 по 7 января 2018 года библиотека закрыта для посетителей. 30 – 31 декабря санитарные дни.
13. Гардероб филфака работает с 8:00 до 18:30. Просьба не задерживаться или забирать вещи заблаговременно.

1. 请将护照、医疗保险、一年级入学通知书复印件、俄语考试合格证交到对外合作部。
2. 请在学期结束前把延期注册所需的材料交上来。
3. 尊敬的参观者！请将证件打开出示。
4. 要提前了解课程安排。请注意，实践课和讨论课需事前准备。
5. 因施工，大学正门关闭至 6 月 1 日。请走彼得罗夫街一侧的入口。
6. 新版词法练习册可以在大学的书亭买到，二年级学生享受优惠。
7. 研究生们请注意！硕士研究生论文最后期限——5 月 20 日。论文学校网上提交时间 5 月 30 日截止。未在网上注册的以及未按时提交论文的同学不允许参加答辩。
8. 诚邀所有感兴趣的同学加入大学生科学社团。
9. 3 月 12 日至 15 日国际语言科学研讨会召开期间，语文系所有课程取消。学生们必须起码参加不同组别的三场会议。
10. 请注意！住宿的同学务必将自己假期离校日期告知系办。学生离校期间必须清空房间内的所有物品。
11. 因 Л.В. 涅斯捷连科教授患病，一、二年级的课程取消。请关注通知。
12. 2018 年 1 月 1 日至 7 日图书馆对读者关闭，12 月 30、31 日——卫生日。
13. 语文系存衣处上班时间为 8:00 至 18:30。请及时离校或及时前来取走衣物。

## Часть II. РАСШИРЯЕМ КРУГОЗОР

### 1. СТАТЬИ

#### СЕМЕЙНОЕ ОБРАЗОВАНИЕ

В России существует семейное образование (*homeschooling*). Эта форма предполагает изучение школьной программы вне школы. Семейное обучение – большая ответственность и каждодневный труд. Нужно не только изучить материал, но и пройти аттестацию по всем предметам. Ребёнок имеет право перейти на семейное обучение в любой момент, даже в середине года.

В Федеральном Законе об образовании сказано: «В Российской Федерации образование может быть получено в организациях, осуществляющих образовательную деятельность, и вне организаций, осуществляющих образовательную деятельность (в форме семейного образования и самообразования)».

В наши дни есть тенденция к росту количества школьников, предпочитающих семейное обучение. Причин много, и у каждого своя: кто-то не может ходить в школу по состоянию здоровья, у кого-то серьёзные психологические проблемы, кто-то имеет слишком большую нагрузку, связанную с конкретной сферой: например, с занятиями спортом, музыкой. Может ли спортсмен-юниор, вошедший в сборную страны[①], посещать школу и 6 – 8 часов в день присутствовать на тренировках? Сделайте вывод сами.

Кто же обучает ребёнка? В каждой семье этот вопрос решается индивидуально. Если родители образованны и эрудированны, они помогают ребёнку сами. Многие пользуются услугами репетиторов или смотрят онлайн–уроки в интернете.

#### ВЕК ЖИВИ – ВЕК УЧИСЬ...

... *дураком помрёшь*. Да, мы не ошиблись. Известная пословица «Век живи – век учись» имеет именно такое продолжение.

Конечно, хорошо много знать. Конечно, хорошо быть умным: умных все уважают. Ведь недаром говорят, что *лучше с умным дрова рубить, чем с глупым водку пить*. Посмотрите, как разнообразны русские пословицы. Есть совсем жестокие. Например: *дурака учить что мёртвого лечить* или *мозгов нет – сверху не намажешь*. Есть методические: *учи не рассказом, а показом* или *перо пишет, а ум водит*. Самые простые декларируют необходимость получения

---

① Сборная 这里是口语，指俄罗斯队，正式表达时才加 Российская。

образования. Например: *знание лучше богатства; не учись до старости, а учись до смерти.*

Всё знать невозможно, но само получение знаний доставляет столько удовольствия! *Не стыдно не знать, стыдно не учиться!*

## 2. ПОСЛОВИЦЫ И ПОГОВОРКИ

ВЕК ЖИВИ – ВЕК УЧИСЬ. 活到老学到老。

ПОПЫТКА НЕ ПЫТКА. 但试无妨。

ДУРНАЯ ГОЛОВА НОГАМ ПОКОЯ НЕ ДАЁТ. 草率行事，轻举妄动。

НЕ БОГИ ГОРШКИ ОБЖИГАЮТ. 事在人为。

## 3. АНЕКДОТЫ

① — Почему вы опоздали на лекцию? — Потому что она началась до того, как я вошёл в аудиторию.

② — В твоём возрасте, сынок, Наполеон был лучшим учеником в классе!

— А в твоём, папа, он был императором Франции.

③ Студент гуляет с девушкой, идут мимо ресторана. Девушка говорит: — Ой, как вкусно пахнет!

— Тебе понравилось? Давай ещё раз пройдём!

④ — Папа, ты помнишь, что обещал мне 1000 рублей, если я успешно закончу этот год и перейду в следующий класс? — Да, конечно. И как успехи? — Поздравляю тебя, папа! Ты сэкономил 1000 рублей.

⑤ 1-й курс: Выгонят! Точно выгонят!

2-й курс: А может, не выгонят?

3-й курс: Да не должны...

4-й курс: Теперь уже не выгонят.

5-й курс: А пусть только попробуют выгнать!

⑥ Контрольная. Преподаватель спрашивает: — Наверное, здесь есть любители списывать? Староста отвечает: — Любителей вы уже выгнали, остались профессионалы.

⑦ —Мама, знаешь, только при одной мысли о нём у меня сердце колотится, руки и ноги трясутся, я даже говорить не могу. — И как же его зовут, доченька? — ЕГЭ!

*Русский как русский*

⑧ Преподаватель в вузе: — Если я вам поставлю зачёт, вы получите диплом и станете инженерами. Если не поставлю — пойдёте в армию и будете меня защищать. Даже не знаю, что хуже...

⑨ Студенты спрашивают преподавателя: — Можно мы на вашу пару не придём? — Да. — А вы отмечать не будете? — Нет, я вообще не пью!

⑩ В трамвае сидит старушка. Рядом стоит студент.
— Ты чего же, милый, такой худой? Наверное, отличник? — спрашивает старушка. — Давай я плащ твой подержу, а то ведь тебе тяжело...
— Это не плащ, — отвечает студент, — это мой однокурсник, вот он – отличник.

## 4. ВИДЕОМАТЕРИАЛЫ. ФРАГМЕНТ КИНОФИЛЬМА

«Операция „Ы" и другие приключения Шурика». Комедия. 1965. Реж. Л.Гайдай.
Время: 32:48 — 45:40

— Сдал?

— Сдал!

— Сколько?

— Пять.

— Давай конспект... Горю.

— Нету, ребятам отдал, вон читают.

— Можно переворачивать.

— Билет номер 7, первый вопрос... Принцип работы синхрофазотрона. Костя, как слышимость? Как слышно? Как меня слышишь? Приём.

— Понял, понял. Слышу тебя нормально. Отвечаю на первый вопрос седьмого билета. В основу работы синхрофазотрона положен принцип ускорения заряженных частиц магнитным полем... полем. Идём дальше.

— Дуб! Конспект есть?

— Нету никаких конспектов, не мешай.

— А что ты слушаешь?

— Ван Клиберна. Иди!

— Здорово!

— Здорово!

— У тебя есть?

— Что?

— А, я у тебя уже спрашивал!
— Осторожней, гражданин.
— Не отвлекайся.
— Простите, пожалуйста.
— Следующая Садовая!
— Наша, пошли! Возьми.
— Кому?
— Здрасьте, тётя Зоя. Дайте, пожалуйста, ключ.
— У тебя же сегодня экзамен.
— Ещё целых 3 часа. Мы пока с подружкой позанимаемся.
— Горчички!
— Угу!
— Духота! Не переворачивай. Ира, расстегни. Жарко! Разденься. Пора.
— Ну как, сдала?
— 4!
— Ты что?
— Спокойно.
— Понятно.
— Берите билет!
— Профессор, можно ещё?
— Пожалуйста.
— Ещё!
— Бери!
— Себе!
— Что значит себе?
— Ой, простите, профессор.
— Нет уж, это Вы простите. Придёте в следующий раз.
— Перебор.
— Сердце красавицы склонно к измене и перемене... Раз, два, три, даю пробу. Костя, как слышно? Три, два, один, приём!
— Здравствуйте, профессор.
— Здравствуйте.
— Что с вами?
— Ухо болит.
— А это вам не помешает?

*Русский как русский*

— Нет, профессор, не беспокойтесь. Наоборот, помогает. Никакой шум не отвлекает от экзамена.

— А это в связи с чем? У вас сегодня какой-нибудь праздник?

— Экзамен... для меня... всегда праздник, профессор.

— Похвально.

— Пожалуйста... билет!

— Билет номер 9. Приём!

— Что-что вы сказали?

— Что?

— Какой приём?

— Я сказал не приём, а при нём. Билет номер 9, а при нём — задача.

— А… Понятно. Идите готовьтесь.

— Хорошо.

— Дуб, как слышно? Как слышишь меня? Лопух не догадался? Диктую ответ на первый вопрос девятого билета. Значит, так...

— Что с Вами?

— В ухе стреляет!

— Ай-ай-ай… Значит так. За изобретение ставлю 5, а по предмету – неуд. Профессор, конечно, лопух, но аппаратура при нём, при нём. Как слышно меня? Как слышно?

### 5. ПОЧИТАЕМ ВМЕСТЕ

Прочитайте «Письмо к учёному соседу» А. П. Чехова. О чём этот рассказ? Какие литературные герои были студентами или ходили в школу?

# ИГРЫ

На вечеринках, днях рождения, семейных праздниках, конечно, хочется повеселиться. Есть весёлая игра «Аргентина» (иногда игру называют «Африка»). Ведущий начинает: «Я поеду в Аргентину. Возьму с собой книжку, карты, карандаш. Кто со мной?» Как вы поняли, он назвал предметы, у которых первая буква К. Это сразу ясно. Но он мог выбрать и другой общий признак предметов: цвет, вкус, функцию... Следующий участник должен угадать, какой признак лежит в основе выбора, а после этого сказать: «Я тоже еду! Возьму с собой...» Если он правильно определил признак, который имел в виду ведущий, тот говорит: «Да!

*Урок 3. Учёба. Университет. Библиотека. Экзамен и зачёт*

Ты едешь в Аргентину!» Если признак определен неверно, ведущий говорит: «Нет, ты не едешь в Аргентину». Игра продолжается до тех пор, пока участники не сообразят, какой признак придумал ведуший. А если не догадаются, то сдадутся.

在晚会、生日会、家庭聚会上当然要玩得尽兴。有个令人开心的游戏叫作"阿根廷"（有时这个游戏又叫"非洲"）。主持人这样开场："我要去阿根廷。带着书、地图、铅笔。谁与我结伴同行？"您理解得没错，他说的物品都以字母 K 打头，这显而易见。但是他也可以按其他共性：颜色、味道、功能……来选择物品，下一个参加者必须猜到他选择的物品的特征，然后顺着他的思路说："我也去，我会带着……"如果他猜出主持人所言的特征，前者就说："行，你去阿根廷！"而如果特征猜得不对，主持人就说："不行，你不能去阿根廷。"游戏持续到大家猜出主持人所说特征为止。可如果大家都猜不出来，那就投降吧。

# Урок 4. Город. Транспорт и поездки

## Часть I. ЭТО НАДО ЗНАТЬ

### 1. ЛЕКСИКА

- асфальти́ровать 铺柏油
- боково́й 侧面的
- бро́нзовый 青铜的
- вы́веска 招牌
- выно́сливый 坚韧的、韧性强的
- грани́тный 花岗石的
- грунто́вый 沙土的、土壤的
- еди́ный проездно́й 公交一卡通
- жето́н 币
- зе́бра 斑马线
- интерва́л движе́ния 每趟车的间隔
- ка́рта «Тро́йка» 公交卡 "三套马车"
- карше́ринг 共享汽车
- кольцева́я ли́ния 环线
- кондиционе́р 空调

- маршру́тка 中巴
- переса́дка 换乘
- пересели́ться 搬家，换座位
- плака́т 宣传画，告示
- платфо́рма 站台
- плацка́рта 卧铺
- подзе́мный перехо́д 地下通道
- подкова́ть 钉马掌、深造
- подполко́вник 中校
- по́ручни 扶手、栏杆
- предупреди́ть 警告
- просторе́чие 俗话、俚语
- путеводи́тель 导游
- пьедеста́л 台座
- расписа́ние 时间表
- распространя́ться 传播、推广
- ре́йсовый 航班的、固定班次的
- сидя́чий 坐席

- ски́дка 折扣
- сосу́лька 冰柱
- тари́ф 定价、费用
- тра́сса 路线、公路
- тупи́к 死路、绝境
- турнике́т 闸机、旋转栅门
- филфа́к 语文系
- фонта́н 喷泉
- шоссе́ 公路
- штормово́е предупрежде́ние 风暴预警
- эксплуата́ция 应用、开发、经营
- электри́чка 电气列车
- эскала́тор 自动升降梯
- этимоло́гия 词源学

Урок 4.   Город. Транспорт и поездки

## 2. ДИАЛОГИ

听录音
请扫二维码

### Диалог 1

— Девушка, мне надо скоро выходить, а я плохо понимаю объявления водителя.
— На какой остановке вам надо?
— На «Железнодорожной».
— Значит, ваша через три. Я вам скажу.
— Спасибо!
— Не за что пока.
— Простите, а оттуда идёт что-нибудь до улицы Антонова?
— Прямого транспорта нет. Можно на метро с одной пересадкой до «Спортивной», а потом на трамвае. Кажется, двадцать третий. Но я могу ошибаться. Лучше там спроси́те, на «Спортивной».
— Спасибо! А можно как-нибудь без метро?
— Здесь садитесь на 191 автобус – и до конечной. Но там все равно придётся на трамвае.
— Это долго?
— Да, час точно потратите, так что лучше на метро.

### Диалог 2

— Мне два билета Москва – Санкт-Петербург на сегодня. На ближайший.
— Обратно надо?
— Да, обратно на завтра на вечерний.
— Есть купе, плацкарта, общий, сидячий.
— Можно плацкартный?
— Да. Есть. Места у туалета боковые — нижнее и верхнее.
— Ой, а другого ничего нет?
— Есть, но тогда не рядом. Одно нижнее в середине, одно в начале…
— Ладно. Давайте не боковые.
— Это правильно, а то там никакого покоя не будет. Люди ходят туда-сюда. Тысяча с вас. Документы давайте.
— Вот паспорта.
— Проверяйте всё. Туда сегодня, 15 июня, 21:00, с Ленинградского вокзала, поезд 609, вагон 3. Обратно 16 июня, 23:27, с Московского вокзала, поезд 610.

*Русский как русский*

### Диалог 3

— Женщина, проходите скорее, а то я не сяду. Вы заснули, что ли?
— Как я пройду? Вы что, не видите, что там чья-то сумка у меня под ногами?
— Как я могу её увидеть? Мне не видно!
— Вот и ждите, раз не видно. Сейчас её уберут, я войду, и вы за мной войдёте.
— Фу, успели. Тут всегда так много народу?
— По выходным всегда. Хорошо ещё, что дождь сегодня, а то бы вообще не сели.
— Так я и знал, что надо было ехать на машине! Обратно точно возьму такси!

### Диалог 4

— Вы не знаете случайно, где расписание движения электричек?
— Не знаю, я тут сам в первый раз еду.
— А давайте спросим у контролёра?
— Пожалуйста, идите, спрашивайте.
— Я ещё плохо говорю по-русски. Давайте пойдём вместе?
— Ну, пойдёмте, раз так. Вы откуда сами-то?
— Из Осаки（大阪）.

### Диалог 5

— Молодой человек, как добраться в аэропорт Пулково? Мы совсем опаздываем!
— Отсюда идёт рейсовый автобус и маршрутка. Я вас посажу. Чемодан давайте. Пошли.
— Спасибо, он лёгкий. Как считаете, мы успеем? Или никакой надежды?
— Успеете! Маршрутка 15 минут идёт! Давайте! Счастливо вам!

### Диалог 6

— Здравствуйте! Мне два билета на ближайший поезд до Новгорода.
— Нижний Новгород или Великий Новгород?
— Великий!
— На ближайший ничего нет. Есть на 2 часа ночи. Устраивает?
— Ой, нет, ни в коем случае! У нас дети. А больше совсем ничего нет?
— Вы хотите именно на поезде? Туда автобусы ходят каждые два часа. Там никаких

— проблем с билетами обычно.
— А у вас в кассе можно на автобус купить?
— Нет. Только на автостанции.

## Диалог 7

— Проходите, пожалуйста, в вагон, не задерживайтесь у входа.
— Да-да, простите. А не подскажете, можно потом перебраться в купейный вагон?
— Да, можно. Я к вам подойду.
— Мы сначала хотели купить плацкартный, купили, а потом подумали, что 48 часов в плацкарте по жаре ехать тяжело.
— В купе есть кондиционер, так что не переживайте. Переселитесь и поедете с комфортом.
— А чай у вас тут есть?
— Чай, кофе, соки только после отправления поезда. Потерпите. До отправления 5 минут.
— Хорошо. Подождём.

## Диалог 8

— Заказ такси. Здравствуйте. Куда едем?
— Здравствуйте! От проспекта Большевиков, 40 до Казанской, 35. Скажите, пожалуйста, сколько это стоит и сколько времени уйдёт на дорогу.
— Сейчас поедете?
— Нет, в одиннадцать вечера.
— Это ночной тариф. Скидка на него не распространяется. 750 рублей. Примерное время в пути – 20 минут.
— Спасибо! А какая машина придёт?
— Вы хотите люкс? Или эконом?
— Что это значит?
— Люкс – новая машина, не более 5 лет эксплуатации, а эконом – старая.
— Ну если на ней ехать можно, давайте эконом.
— Тогда поездка 600 рублей, шофёр вам позвонит, когда подъедет.

*Русский как русский*

### Диалог 9

— Ты что больше любишь: наземный транспорт или метро?
— Это зависит от маршрута. Например, если мне нужно с Ленинского проспекта на проспект Ветеранов, я иду пешком, если на Московский – еду на троллейбусе. А если в Девяткино надо, то нет ничего лучше метро.
— Ты так хорошо знаешь город!
— Просто у меня везде родственники, вот я и изучил здесь все пути-дороги.
— А я люблю метро! Там, конечно, шумно, зато пробок нет.
— Когда пешком ходишь, тоже пробок нет. Может, прогуляемся?

### Диалог 10

— День добрый! Позовите Колю к телефону, пожалуйста!
— Это я. Ты что, не узнал?
— Нет. Богатым будешь[①]. Прости. Слушай, я уже вхожу в метро.
— Давай на Гостином внизу, ладно? Я не понял, как кафе называется.
— «Агат»! Анна, Галина, Анна, Татьяна.
— О! Понял. Ты откуда едешь?
— С «Приморской»
— Тогда садись в последний вагон, я тебя встречу.
— В последний?
— Да, в хвосте поезда. Выйдешь – я сразу тебя встречу, только не уходи никуда.
— Понял. А может, лучше наверху?
— Да, лучше. Выйдешь из последнего вагона – смотри, где выход на канал Грибоедова. Я буду у эскалатора. Место встречи изменить нельзя.[②] Если что – звони.
— Не бойся, я не потеряюсь!

---

① 按俄国人的习俗，路上遇到熟人没有认出或者电话中没有听出熟人的声音，就说对方会变得富有。
② «Место встречи изменить нельзя»（《接头地点不变》）是苏联1979年上映的一部广受欢迎的电视剧（五集），导演为斯·格瓦鲁欣，参演的有著名演员、诗人符·维索茨基。

# 3. ТЕКСТЫ

听录音
请扫二维码

### Текст 1

Наконец-то Лици в Санкт-Петербурге, Петрограде, Ленинграде! Прилетел из Даляня на целую неделю! А вот и вывеска «Экскурсии».

Лици: Здравствуйте! Скажите, пожалуйста, у вас можно купить карту города?

Служащий: Лучше на русском? Или на английском?

Лици: На русском! Я хочу отправиться на экскурсию по пригородам уже сегодня.

Служащий: От канала Грибоедова и от Думской каждый час отправляются экскурсии в Пушкин, Павловск, Петродворец и Гатчину.

Лици: А как там искать экскурсовода и автобус?

Служащий: Очень просто. Выйдете из метро «Гостиный Двор», увидите человека с плакатом «Пригороды», подойдёте к нему, он покажет вам, где автобус.

Лици: Я успею, если поеду прямо сейчас?

Служащий: Сейчас 13:10. Автобус только что ушёл.

Лици: Обидно!

Служащий: Ничего страшного! Можно успеть на следующий. Кстати, вы надолго приехали? Не хотите посмотреть открытие фонтанов в Петергофе?

Лици: Я на неделю. А когда открытие?

Служащий: Через 2 дня, 25 мая.

Лици: Посоветуйте, пожалуйста, где лучше побывать сегодня.

Служащий: У нас есть подробный путеводитель по центру. Вы выйдете из здания вокзала и пойдёте по Невскому проспекту к Неве. Дойдёте до Аничкова моста…

Лици: Это мост с конями?

Служащий: Да! Потом пересечёте Садовую, дойдёте до Казанского собора…

Лици: А потом будет река Мойка, где жил Пушкин? И дальше Эрмитаж?

Служащий: Приятно, что вы так много знаете о нашем городе!

### Текст 2

Катя учится в аспирантуре. Все аспиранты живут в Старом Петергофе, в небольшом общежитии на улице Халтурина. Каждый день отсюда надо ездить в город, потому что аспиранты много занимаются в библиотеках, посещают лекции и заседания кафедры.

Сегодня Кате пришлось встать очень рано, потому что в 9 утра нужно быть на лекции в здании филфака. Это на Университетской набережной. Почти два часа дороги. Прямого сообщения между Старым Петергофом и университетом нет. Первый этап – электричка. Она отправляется в 7:13 и идёт до Балтийского вокзала 47 минут. Главное – сесть в тёплый вагон, иначе можно замёрзнуть в пути и заболеть. В тепле хорошо читается. Хотя и говорят, что читать в транспорте вредно, Катя всегда читает в электричке.

    Вот и Балтийский вокзал. Теперь нужно очень быстро обогнуть здание вокзала и войти в метро. В метро час пик: все спешат на работу. Люди торопятся: многие идут по эскалатору, хотя дежурный по станции уже трижды передавал объявление: «Не бегите по эскалатору! Держитесь за поручни!» Такое ощущение, что его никто не слышит.

    Катя делает пересадку на станции «Технологический институт». Пока всё хорошо. Даже есть 15 минут в запасе. На станции «Невский проспект» два выхода, но лучше выходить на канал Грибоедова, а не на Думскую, потому что так ближе к остановке автобуса. Можно доехать на десятом, одиннадцатом и первом. Ещё туда идут автобусы номер 7 и номер 24. В автобусе уже не почитаешь! Сегодня он битком набит[①]. Свободных мест нет, тут даже не повернуться. Летом можно было бы прогуляться пешком, но сегодня гололёд и ветер, поэтому лучше на автобусе.

— Девушка, что у вас? Билетик? – это контролёр.
— У меня проездной, но мне не достать из кармана!
— Ладно! Потом покажете!

Ещё 20 минут до лекции. Возвращаться будет легче: днём транспорт не так загружен.

## Текст 3

    Маршрутное такси в просторечии называют «маршруткой». Это очень удобный вид транспорта. Пассажиры должны оплачивать проезд водителю при входе или при выходе. Есть маршрутки, которые останавливаются только на остановках, а есть такие, которые могут останавливаться для посадки и высадки пассажиров в любом месте, где это не запрещено. Не забудьте заранее, громко и чётко предупредить шофёра, где вы хотите выйти. В некоторых маршрутках висят шуточные надписи: «Тише скажешь – дальше поедешь!»[②] или «Остановок ЗДЕСЬ и ТАМ не бывает!».

---

① битком набить 是成语，意思是塞得满满的。

② Тише едешь – дальше будешь 本是成语，有 "宁静致远" 之意。这里换了一个词，变为宁 "静" 致远：如果乘客声音太小，等司机听清再停车，离乘客本来要去的地方就很远了。

*Урок 4. Город. Транспорт и поездки*

**Текст 4**

Машина или велосипед? Какой вид транспорта вы предпочитаете? Автомобиль? Или метро? Мой друг Олег купил машину и пытается убедить меня в том, что это очень удобно. Во-первых, ни от кого не зависишь: захотел – поехал, раздумал – остался дома. Во-вторых, никто не толкается, можно спокойно сидеть и разговаривать. Разве это возможно в метро или в автобусе? В-третьих, это дёшево. Месячный проездной билет на все виды транспорта стоит 2800 рублей. А если в семье 4 человека? Машина ест бензин, но Олег тратит на бензин всего 3200 рублей в месяц. Я уже был готов согласиться с ним, начал читать каталоги и захаживать в автосалоны, но…

Тут произошло то, о чём я хочу рассказать. Меня отправили в командировку в Пекин. Сады, парки, дворцы, хутуны – всё поражало моё воображение! А когда я увидел китайских велосипедистов, то утратил интерес к вопросу о выборе машины. Оказывается, в Китае производится около 95% велосипедов в мире! Везде есть специальные велосипедные дорожки и стоянки, где можно оставить велосипед.

К выбору велосипеда я отнёсся серьёзно. Это почти как выбор спутника жизни. Оказывается, велосипеды бывают горные, шоссейные, спортивные, складные и ещё много других. Изучив модели, я купил велосипед, и это событие изменило мою жизнь: мне не нужен общественный транспорт, я не трачу время в пробках и стал физически сильнее.

## 4. УПРАЖНЕНИЯ

**Представьте себе, что...**

1. У вас только 4 часа. Вам нужно разработать маршрут. Итак, посмотрите на карту города и расскажите, куда вы отправитесь...
   - от Аничкова моста, от Московского вокзала, от Русского музея, от Летнего сада... (Санкт-Петербург);
   - от главного корпуса МГУ, от станции метро «Кропоткинская», от института имени Пушкина, от театра на Таганке... (Москва);
   - от памятника «Тысячелетие России» (Великий Новгород).
2. Вы решили поехать из Москвы в Мурманск. Что вы хотите увидеть в этом городе? Какой вид транспорта вы выберете? Что возьмёте с собой?
3. У вас есть 3 выходных дня: пятница, суббота, воскресенье. Куда можно поехать из Москвы, если известно, что в 9 утра в понедельник вам надо быть на лекции?

*Русский как русский*

4. Вы приехали в незнакомый город, но вас никто не встретил. Что вы будете делать? Куда обратитесь?

**Знаете ли вы ...**

1. Какие бывают авиабилеты? Какие билеты продают на железнодорожных вокзалах?
2. Какие сообщения вы услышите в аэропорту, на вокзале и в автобусе? Попробуйте найти звукозаписи этих сообщений в интернете.
3. Какие станции метро в Москве или в Санкт-Петербурге самые посещаемые?
4. Как планировать однодневный маршрут «Это Москва» или «Это град Петров», чтобы вы успели посетить как минимум пять мест, пользуясь общественным транспортом?

**Как это по-китайски?**

1. До отправления пассажирского поезда Москва – Саратов остаётся 5 минут. Просим провожающих выйти из вагона. Просим пассажиров занять свои места.
2. Уважаемые пассажиры! Не держите двери! Не задерживайте отправление поезда!
3. Уважаемые пассажиры! Не оставляйте свои вещи без присмотра. Не играйте в азартные игры со случайными знакомыми. Вы можете стать жертвой мошенничества.
4. Поезд прибывает на конечную станцию через тридцать минут. Температура воздуха в городе Архангельске минус тридцать градусов по Цельсию.
5. За тридцать минут до прибытия поезда туалеты будут закрыты.
6. Вниманию встречающих! Скорый поезд номер 21 Мурманск – Москва задерживается на 30 минут.
7. Скорый поезд Минск – Санкт-Петербург прибыл к платформе номер пять, правая сторона.
8. Начинается посадка на скорый поезд Москва – Белгород.
9. Внимание! Пассажира Хлебосолова Петра Алексеевича, потерявшего документы, ожидают у стойки информации.
10. Внимание! В связи с ремонтом касс продажа билетов на поезда дальнего следования осуществляется в левом крыле здания вокзала.
11. Не оставляйте вещи без присмотра! Круглосуточная камера хранения находится на первом этаже.
12. Регистрация билетов и оформление багажа начинается за два часа до вылета.
13. Вниманию встречающих. Рейс SU6462 Москва – Уфа авиакомпании «Россия» ожидается прибытием в 12:05, терминал 3.

14. Пассажиры рейса CA 3537 Пекин – Москва могут получить багаж у стойки номер 8.
15. Запрещается провозить в салоне самолёта острые, колющие, режущие предметы.

1. 由莫斯科开往萨拉托夫的列车还有五分钟就要出发了。送站的朋友请下车。旅客们请回到自己的座位上。
2. 尊敬的旅客们！请勿在车门处逗留！不要耽误列车出发！
3. 尊敬的旅客们，请看管好自己的行李！请勿与偶识者赌博，以免受骗上当。
4. 列车将于 30 分钟后到达本次列车的终点站。摩尔曼斯克市气温为摄氏零下 30 度。
5. 列车进站前 30 分钟卫生间将停止使用。
6. 接站的朋友请注意！由摩尔曼斯克开往莫斯科的 21 次快车晚点 30 分钟。
7. 由明斯克开往圣彼得堡的快车停在第 5 站台的右侧。
8. 由莫斯科开往别尔格罗德的快车可以上车了。
9. 请注意！旅客彼得·阿列克谢耶维奇·赫烈博索洛夫，您遗失了证件，问询台的工作人员正在等您。
10. 请注意！由于售票窗口正在维修，长途列车车票可在火车站左侧楼内办理。
11. 请看管好自己的行李！昼夜存包处位于一层。
12. 起飞前两小时开始办理登机和行李托运。
13. 接机的朋友请注意：由莫斯科前往乌法的俄罗斯航空 SU6462 航班将于 12：05 降落在 3 号航站楼。
14. 请乘坐航班 CA3637 由北京飞往莫斯科的旅客到 8 号行李领取处领取行李。
15. 严禁携带锋利、带刺或带刃的物品登机。

*Русский как русский*

# Часть II. РАСШИРЯЕМ КРУГОЗОР

## 1. СТАТЬИ

### АНИЧКОВ МОСТ

Один из самых известных мостов Санкт-Петербурга, Аничков мост – это мост через Фонтанку.

До конца XVIII века Фонтанка была границей города, поэтому у моста находился пропускной пограничный пункт. Мост строили в 1715 году по указу Петра I, а строительством командовал Михаил Аничков. Так что своим названием мост обязан вовсе не Анечке, как говорит народная этимология, а Михаилу Аничкову. При Петре I мост был деревянным. Фонтанка в те времена была широкой, не такой, как сейчас.

В 1841 – 1842 годах мост был перестроен. Появились гранитные пьедесталы, на которые установили две первые бронзовые скульптуры: «Конь с идущим юношей» и «Юноша, берущий коня под уздцы»,① созданные П. К. Клодтом. В 1851 году Клодт создал две новых скульптуры. В 1941 году во время блокады они были сняты и закопаны в саду Аничкова дворца, в 2000-м их увезли на реставрацию, а к 300-летию города вернули на место.

Если присмотреться, можно увидеть, что кони, которые «смотрят» в сторону Адмиралтейства, подкованы, а кони, которые смотрят в сторону площади Восстания, не подкованы. По легенде, в XVIII веке на Литейном проспекте были кузницы, где можно было подковать лошадей. Поэтому одни кони «идут» в кузницу, а другие – из кузницы.

### ПУТЬ-ДОРОЖКА

В русском языке *путь* и *дорога* – синонимы. Так написано в словаре синонимов.

У слова *дорога* много значений. Прямое значение – «полоса земли, служащая для езды и ходьбы». Есть шоссейная дорога, грунтовая дорога, асфальтированная дорога, железная дорога… А ещё есть железнодорожные пути.

Но куда интереснее русские словосочетания, включающие в себя эти слова! Не всегда слово *путь* можно заменить словом *дорога*. *Жизненный путь, оглянуться на пройдённый путь* — это о жизни человека. Никто не скажет *жизненная дорога*. А вот вместо *нам с ним не по пути* можно сказать *нам с ним не по дороге* – это о несовместимости взглядов на жизнь. Можно *идти по ложному пути* — действовать неправильно, ошибаться, но *идти по ложной дороге* нельзя. Так не говорят. Зато *можно идти своим путём* и *идти своей дорогой* – твёрдо следовать своей линии

---

① 桥上最早的两座青铜雕塑是："马匹与牵马少年""勒住缰绳的少年"。

поведения. Есть люди, *привыкшие идти по пути* (но не по дороге!) *наименьшего сопротивления.* Они выбирают самый лёгкий способ действий, избегая трудностей. *Лёгкий путь, окольный путь, прямой путь, непростой путь...* А в фольклоре есть удивительный образ: *путь-дороженька.*

Перемещение в пространстве связано с идеей поиска жизненного пути. Может, поэтому в русской поэзии так часто упоминаются не только пути-дороги, но и разные виды транспорта: поезд, паровоз, пароход, лодка, ледокол, автомобиль, автобус, мотоцикл, самолёт? Я знаю песню Булата Окуджавы «Синий троллейбус». А что помните вы?

## 2. ПОСЛОВИЦЫ И ПОГОВОРКИ

ДЛЯ ДРУГА СЕМЬ ВЁРСТ НЕ ОКОЛИЦА. 有缘千里来相会。
ДОМАШНИЕ СКАЗКИ В ДОРОГУ НЕ ГОДЯТСЯ. 家里设想的是一码事儿，上路（实际上）是另一码事儿。
ЗА СПРОС НЕ БЬЮТ И ДЕНЕГ НЕ БЕРУТ. 问问又无妨（问问既不挨打也不要钱）。
ЛУЧШЕ ПЛОХО ЕХАТЬ, ЧЕМ ХОРОШО ИДТИ. 走着怎么也没坐交通工具快（走着哪有坐车好）。

## 3. АНЕКДОТЫ

① — Простите, вы выходите? — А вам какое дело? — Так я выхожу! — А мне какое дело?

② — Все свои сбережения трачу на путешествия. — Что, опять маршрутка подорожала?

③ Бежит мужик за трамваем от остановки и кричит: — Граждане, задержите, трамвай! Я на работу опаздываю! Пассажиры стучат в кабину водителя, трамвай тормозит. Мужик прыгает в трамвай и говорит: — Всем приготовить проездные документы.[①]

④ Аэропорт. Таможенник осматривает багаж. Мужчина спрашивает: — Скажите, досмотр много времени отнимает? — Судя по вашему багажу, у вас он может отнять лет десять.

⑤ Разговаривают две подруги: — Слушай, я в метро первым делом смотрю на правую руку мужчин — это уже возраст? — Нет, возраст — это когда ты первым делом смотришь, где в вагоне свободное место.

⑥ — До свадьбы ты брал для меня такси, а сейчас говоришь, что можно ездить на метро.
— Просто я горжусь тобой. В такси тебя видит шофёр, а в метро — тысячи людей.

---

① 俄国的公交车基本上没有售票员，所以沿途有查票员抽查，他们上车后会对没有买票的乘客进行罚款，罚款一般是单程票价的数倍。

## Русский как русский

⑦ — Какая станция? — спрашивает в поезде пассажир. — Калинин! Тверь! — отвечают ему попутчики. — Всё-таки какая? — снова спрашивает пассажир. — Калинин или Тверь? — А это смотря откуда вы едете. Если из Ленинграда, то Калинин, а если из Санкт-Петербурга, то Тверь.①

⑧ Иногда водителей маршруток настигает ощущение нереальности происходящего, и они спрашивают: «Следующая остановка есть?»②

### 4. ВИДЕОМАТЕРИАЛЫ. ФРАГМЕНТ КИНОФИЛЬМА

«Девушка без адреса». Комедия. 1957. Реж. Э. Рязанов.
Время: 18:17 — 19:24

— Раз, два, три, четыре, пять...

— Бабушка, что же ты меня считаешь, я же не чемодан!

— Чистое наказание, Господи!

— Товарищ начальник, скажите пожалуйста, где останавливается десятый вагон?

— Десятый вагон, бабуся?

— Вот, конец платформы бачите③?

— Вижу.

— Так це④ он там. Будку⑤ бачите?

— Вижу.

— То тоже не там, вот дальше будки будет десятый вагон.

— Торопитесь, бабуся, поезд стоит одну минуту.

— Батюшки, дак как же я-то успею? Ведь там так высоко, пока вскарабкаюсь, а у меня столько вещей!

— Бабушка, я вам помогу.

— Спасибо, милая!

— А вы-то чего стоите?

— Чистое наказание!

— Платформу построить не можете, так хоть помогите!

— Це не наши заботы.

---

① 部分俄国城市在不同时期因各种历史原因有过不同名称，现在的圣彼得堡在 1924 年至 1991 年间叫列宁格勒，今天的特维里 1931 年至 1990 年间曾叫加里宁格勒。

② 司机说这句话本意是"下站有人下吗"，但从字面上也可以理解为"还有下一站吗"。

③ бачить 看（以俄语标的乌克兰语发音）。

④ це, цей 等于俄语的это, этот（这）（以俄语标的乌克兰语发音）。

⑤ будка 岗棚、岗亭、扳道房。

— Как это не ваши заботы? Берите-ка!

— Так что же это?

— Пошли!

…

— Почему это у вас такие платформы короткие? Это неправильно.

— Це не от нас зависит.

— А от кого же?

— От управления дороги.

— Мы цей вопрос уже не раз ставили.

— Бабушка, я хочу.

— Ну вот, что ты ещё надумал? Не вовремя! Ох, чистое наказание!

— Ну, садитесь, бабуся. Так.

— Поехали. Большое вам спасибо, только нужно не вопросы ставить, а платформы!

…

— Значит так, 66 на 23 в вашу пользу.

— Бабушка, если нужно будет, я помогу вам.

— Здравствуйте.

— Здравствуйте.

— Где тут четырнадцатое место?

— Здесь, здесь, пожалуйте.

...

— Молодой человек, это вагон для некурящих.

— Между прочим, это вагон для курящих. Но если вам не нравится, мы можем выйти.

— Скажите пожалуйста, вы везде порядки наводите или только на транспорте?

— А вы только на транспорте... нарушаете или везде?

— Везде.

— Оно и видно! Пойдём покурим. Какой-то документ. Справка. Дана Екатерине Ивановне Ивановой в том, что она работала в артели «Восход» и уволена по собственному желанию в связи с неуживчивостью характера. Предправления. Клячкин. Здесь билет, деньги.

— Так это нашей соседки.

— Ну что вы!

— Точно! Сразу видно, что неуживчивый характер.

— Позвольте. Гражданочка, это вы сейчас сели? Ваш билетик.

— Отдайте, отдайте!

— Тсс.

— Я просто не знаю, куда он делся! Мне что, штраф придётся платить, да?

Русский как русский

### 5. ПОЧИТАЕМ ВМЕСТЕ

> Прочитайте одно из стихотворений на выбор: «Железная дорога» Н. А. Некрасова, «На железной дороге» А. А. Блока, «Капитаны» Н. С. Гумилёва. Действительно ли там говорится о путешествии?

## ИГРЫ

Игра «Я знаю пять...» — весёлая и простая. Но лучше заранее подготовиться. Сегодня тема игры — Россия. Участники по очереди начинают свои реплики так: «Я знаю пять...», а потом начинают считать. Например: «Я знаю пять русских мультфильмов: "Ну, погоди!" — раз, "Ёжик и море" — два, "Каникулы Бонифация" — три, "Бременские музыканты" — четыре, "Двенадцать месяцев" — пять». Дальше очередь переходит к следующему. Кто на счёт «раз-два-три» не начал говорить, выбывает из игры.

Я знаю пять русских поэтов... Я знаю пять русских учёных... Я знаю пять советских фильмов... Я знаю пять музеев в Москве... Я знаю пять русских рек... Я знаю пять...

游戏"我知道五个……"轻松而简单，不过最好事先有所准备。今天游戏的主题是俄罗斯。参加者这样轮流开场："我知道五个……"然后挨个说出相关内容。比如："我知道五部俄罗斯动画片：一、《兔子等着瞧》；二、《刺猬与大海》；三、《波尼法齐狮子的假期》；四、《不莱梅城的乐师》；五、《十二个月》。此后轮到下一人。如果谁在"一、二、三"之后还没说出来，那就得出局。

"我知道五位俄国诗人……"，"我知道五位俄国学者……"，"我知道五部苏联电影……"，"我知道莫斯科的五座博物馆……"，"我知道俄罗斯的五条河……"，"我知道五个……"

# Урок 5. Этикет. Повседневное общение

## Часть I. ЭТО НАДО ЗНАТЬ

### 1. ЛЕКСИКА

- ассоциа́ция 协会、联想
- ба́бник 色鬼
- баловство́ 宠、娇惯
- барье́р 障碍物、屏障、栅栏
- безмяте́жный 平静的、安逸的
- бис 再来一次
- благоуха́ть 散发出……味道，发香气
- валида́тор 验票器、验证器
- ва́хта 值班、岗位
- вегетариа́нка 女素食主义者
- вытира́ть 擦拭、擦干、擦净
- га́дость ж. 讨厌的东西、废物
- гиперболиза́ция 扩大化、夸张
- гла́дить 烫平、熨平
- гуси́ный 鹅的
- затрудни́ть 使为难、麻烦
- игнори́ровать 忽略、漠视
- иера́рхия 官阶、级别
- извлека́ть 取得、提炼、萃取
- исче́знуть 失踪

- кла́няться 鞠躬、向……致意
- кримина́льный 刑事的、犯罪的
- кроссо́вки 运动鞋、旅游鞋、越野鞋
- лицеме́р 伪君子、伪善者
- наезжа́ть 撞上、碰上、来到
- одобри́тельно 赞许地、赞成地
- парфюме́рный 化妆品的、浮华的、好打扮的
- плева́ться 吐痰，唾弃
- повесели́ться 快活一阵，开开心
- подмета́ть 打扫干净、扫……下面，买空
- поно́с 腹泻
- прибо́р 仪器、仪表
- приса́живаться 坐下、坐一会儿
- приста́вка 附加装置，前缀
- прости́тельный 可饶恕的、情有可原的
- ра́ковина 水槽、贝壳

- разозли́ться 生气、发怒
- располага́ться 安顿、布置
- расстро́иться 溃乱、衰败、伤心
- рво́та 呕吐
- рёбрышко 肋骨、筋条
- рукопожа́тие 握手
- сема́нтика 词义、语义学
- ска́йп Skype
- ска́терть ж. 桌布、台布
- сморка́ться 擤鼻涕
- сопровожда́ться 陪同、伴随、引发
- сыпь ж. 疹、斑疹
- та́почки 便鞋、拖鞋（指小）
- теремо́к 小阁楼、顶楼
- тошнота́ 恶心、干呕、厌恶
- хло́пать 啪啪作响，鼓掌
- хрусте́ть 咯吱咯吱响
- чеса́ться 搔痒
- электроплита́ 电炉、电热板

## 2. ДИАЛОГИ

听录音
请扫二维码

### Диалог 1

— Алло! Здравствуйте! Это Ира?
— Здесь таких нет. Вы ошиблись номером.
— Я не ошибся! Представьтесь, пожалуйста, и позовите Иру!
— Молодой человек, попробуйте набрать номер ещё раз. Вы не туда попали.
— А как вас зовут?
— Простите, я не знакомлюсь по телефону.
— А вы попробуйте! Может быть, это судьба!
— Извините, в судьбу я не верю.

### Диалог 2 ‹в транспорте›

— Смотри, смотри! Бабушка зашла. Старушка.
— Где? Чья бабушка? Какая бабушка?
— Да вон там. Надо уступить место.
— Фан, сиди спокойно, не надо ничего делать! Ты можешь обидеть человека!
— Нет, я читала в учебнике. Так делают.
— Ты посмотри, сколько лет твоей «бабушке»! Ей не больше сорока. Если ты уступишь место, она расстроится и будет думать, что совсем плохо выглядит!
— Да нет, не может быть! Я всё-таки попробую!.. Садитесь, пожалуйста!

### Диалог 3

— Просто не знаю, что делать!
— А что случилось? Я могу тебе помочь?
— Вчера купил два билета на концерт, собирался пойти с подругой. В кассе не посмотрел, а сегодня вижу: ряд десять, место 22, ряд восемь, место 23. Вот чёрт!
— Ну, это не проблема.
— Это проблема… Больше билетов нет, я уже смотрел в интернете.
— Вы придёте в зал, займёте свои места, а потом посмотрите, кто рядом. Может быть, человек пойдёт вам навстречу.
— А что надо сказать?

— Надо спросить, не может ли он пересесть. Объясни, что ты не заметил, что места не рядом, что ты его просишь пересесть, если это его не затруднит. И обязательно предложи ему восьмой ряд, потому что там лучше видно.
— А если он тоже с девушкой?
— Ну, значит, не судьба. Нашёл о чём думать! Ты и так с Викой с утра до вечера!

### Диалог 4

— Чем это так вкусно пахнет из твоей сумки?
— Это пирожки с мясом! Жареные, ещё горячие! Надо их быстро съесть, а то будем в метро раздражать людей запахом.
— Давай здесь сядем, съедим, а потом пойдём. А насчёт запаха – это шутка?
— Что ты имеешь в виду?
— От тебя запах сильнее пирожков… Будто ты работаешь на парфюмерной фабрике.
— Правда, что ли? Это французские духи. Я просто иду сегодня на собеседование.
— Врёшь! Ещё чем-то пахнет.
— А-а-а! Это лак для волос! Он тоже пахнет.
— Значит, «тоже»… И пирожки тоже! Ты благоухаешь так, что на собеседовании все потеряют сознание, как только ты туда войдёшь.
— А что же делать?

### Диалог 5 ‹в театре›

— Не верю своим глазам! Видишь, кто там, на балконе? Свитер синий видишь?
— Не вижу. Свитер вижу, а лицо нет.
— Это же наша преподавательница! Она у нас литературу преподавала, когда мы были на втором курсе! Давай крикнем, чтобы она нас заметила! По-русски или по-китайски?
— Да что ты! Неудобно как-то.
— Почему? Она точно обрадуется, когда нас увидит. Не зря нас учила. Мы можем русские спектакли смотреть!
— Ну-ну. Скорее огорчится, что не научила нас вести себя в театре. Здесь даже громко говорить неприлично, не то что кричать. Перестань прыгать и махать руками. Уже третий звонок. Давай во время антракта подойдём к ней.
— Ой, я так обрадовалась, что прямо голову потеряла.

*Русский как русский*

### Диалог 6 ‹в театре›

— Всё! Мама, хватит хлопать, побежали! Давай! А то очередь в гардероб будет!
— Тихо ты! Успеем!
— Сколько можно! Уже три раз кричали бис!
— Мы сидим в углу, нам пока не выйти. Тебе не понравился спектакль?
— Понравился, и актёры хорошие, только я уже домой хочу.
— Смотри, они снова выходят кланяться. Думаешь, им приятно будет видеть, как ты к ним спиной поворачиваешься и бежишь к двери?
— Да им всё равно уже!
— Юля! Не стыдно?
— Тогда ты хлопай, а я пока яблоко съем!
— Господи! Что за дрянна́я девчонка! Больше тебя в театр не возьму! Сиди дома со своими яблоками!

### Диалог 7 ‹в общежитии›

— Представляешь, вчера ходила в гости. Это было невыносимо.
— В гостях – и невыносимо? Смешно! Скажи, дружище, у кого? Кто тебя обидел?
— Девчонки позвали в общежитие. А у них соседка – просто сумасшедшая.
— И что там было?
— Да ничего не было. Я вошла. Она говорит: «Вы должны понимать, что ваши однокурсницы тут живут не одни. У вас есть ровно час. Погода хорошая, идите гулять!»
— Оп-па! А как же это получилось? Твои подруги не знали, что у неё такой характер?
— Знали. Но она в это время должна была быть на лекции, а лекцию отменили. Вот она и пришла домой злая как собака.
— Понятно. А тут ты как раз со своим тортиком?
— Да! Из-за тортика она совсем разозлилась. Говорит: «Как можно есть торт с кремом! Какая гадость»! А девчонки для меня пельмени сварили с мясом.
— И?
— А она вегетарианка. Борется за здоровый образ жизни. Вы, говорит, звери, а не люди!
— Да… не смешно.

### Диалог 8

— Слушай, можно с тобой посоветоваться?
— Всегда пожалуйста! О чём?
— Сегодня была такая ситуация: я вышла из метро, ко мне пристал какой-то парень.
— Чего хотел? О чём спрашивал?
— Сказал, что хочет меня проводить до общежития. Но странный такой: в глаза не смотрит, руки в карманах, всё время оглядывается.
— А ты что? Откуда он узнал, что ты живёшь в общежитии?
— Я по телефону говорила с соседкой по комнате, что сейчас приду, спрашивала её, не надо ли чего-нибудь купить по дороге в общежитие.
— То есть он стоял рядом и слушал?
— Да. И сказал, что знает тут один маленький магазинчик, где всё дёшево. А я сказала, что меня встречает мой друг. И он сразу расстроился и куда-то исчез.
— Сразу исчез? И какой совет ты хочешь услышать?
— Может, я человека обидела?
— Ты правильно всё сделала! Даже не сомневайся!

### Диалог 9

— Хорошо, что сняли квартиру рядом с театром! До театра рукой подать!
— Ты это к чему?
— Я это к тому, что у меня урок в скайпе с учеником с шести до шести сорока пяти, спектакль начинается в семь, а наш поезд в 22:35. Везде успеем!
— Ты, конечно, здОрово придумала! Только в этом плане что-то явно лишнее.
— Что тебе не нравится?
— Мне? Да всё! Мы в зал прибежим за три минуты до начала. Места в середине ряда. Зрители будут в восторге, когда мы туда полезем! В десять бегом на вокзал? А вещи?
— А вещи с собой!
— С чемоданом в театр не пустят. Это точно. Сегодня премьера. На премьеру в свитере и спортивных штанах не ходят. Или ты собираешься нарядиться, а потом в своём чудесном платье до вокзала бежать?
— А мы незаметно выйдем из зала за десять минут до конца спектакля!
— Ну-ну! Незаметно! Это с третьего ряда незаметно? Чтобы все потом говорили, что студенты – хамы? Может, тебе всё равно, но мне нет.

*Русский как русский*

— Хорошо! Давай не будем ссориться. Что ты предлагаешь?
— Предлагаю отменить твой урок, заранее отвезти вещи на вокзал, прийти в театр за 25 минут до начала в приличном виде, а переодеваться будем в поезде.

### Диалог 10

— Мне кажется, что Витя в меня влюбился.
— Почему?
— Почему влюбился или почему кажется?
— Почему кажется...
— Мы вместе выходили из библиотеки, и он подал мне пальто, потом открыл мне дверь, а когда мы спускались на эскалаторе, он встал на ступеньку ниже и смотрел на меня...
— Нет, ты не Шерлок Холмс. Просто его хорошо воспитали родители, а ты тут ни при чём.
— Ты думаешь, что в меня нельзя влюбиться?!
— Влюбиться можно, но Витя всегда подаёт пальто девушкам, всегда открывает дверь и смотрит в глаза, когда разговаривает с другими.
— Он что, бабник?
— Нет, он просто знает правила хорошего поведения.

## 3. ТЕКСТЫ

听录音
请扫二维码

### Текст 1

Вчера я впервые ехал в русском автобусе и пытался понять, о чём говорят люди. Это было трудно: ведь раньше я никогда не слышал живую русскую речь. Я понимал не всё, но многое. Например, речь водителя. Наверное, этот человек раньше занимался в какой-нибудь театральной студии, а может быть, мечтал стать актёром или диктором центрального телевидения. Он громко и чётко произносил: «Осторожно! Двери закрываются! Следующая остановка – улица Семёнова-Тян-Шанского!». Кондуктора я тоже понимал: «Карточку приложите к валидатору! Билетик! Вот ваша денежка!» Но было немного смешно: огромный дядька говорит «билетик», «денежка»! Как будто в автобусе собрались малыши.

Кстати, малыши тоже были. Рядом со мной сидели бабушка, мама и двое детей лет пяти. Бабушка достала из кармана две конфеты и спросила: «А кто хочет конфетку?» Дети сразу закричали: «Я!». Но мама сказала очень строго: «Что за баловство! Не надо им никаких конфет! Только после обеда!» Бабушка явно была на стороне внуков: «От одной конфеты никакого вреда не будет! А после обеда ещё дам!» «Ладно, что с вами делать… — смирилась мама. — Саша, Коля, что надо сказать бабушке?» Дети молчали. И тогда я решил им помочь: «Се-се!» Но они меня не поняли… Почему я вдруг заговорил по-китайски? Наверное, вспомнил детство.

### Текст 2

Конечно, мне многое простительно, ведь я – иностранец. У русских правила поведения в гостях не всегда похожи на наши. К счастью, тебе обязательно скажут, если ты сделал что-то не так.

Я пришёл в гости. Юра открыл дверь.

— Привет, Юра, — сказал я, — и протянул ему руку.

— Через порог не здороваются, — ответил Юра и отступил на шаг в комнату, — заходи. Вот так, теперь давай поздороваемся, — и он протянул мне руку, — добрый вечер, Лю, заходи.

Я вошёл, снял кроссовки. Юра посмотрел, одобрительно и подал домашние тапочки.

— Знаешь, — сказал он, — у нас не всегда ходят дома в тапочках, — есть семьи, где могут позволить гостю не снимать обуви, но лучше, конечно, снять.

Я был в гостях 4 часа, и вот что я выяснил. Ни гостям, ни хозяевам в доме нельзя ходить в головных уборах. Их надевают у двери, когда прощаются. Многие русские, особенно пожилые, пользуются не ножом и вилкой, как в Западной Европе, а только вилкой. У русских на столе всегда много еды.

— Ешь, — говорил мне Юра, — давай ещё немножко, ешь! А это ты пробовал?

И только когда я оставил на тарелке лежать то, что уже не мог доесть, Юра перестал мне предлагать. И почему-то русские приглашают гостей прямо на кухню… Говорят, что кухня — сердце дома, поэтому все разговоры по душам у них происходят на кухне.

### Текст 3

Кто здоровается первым? Это зависит от возраста, от пола, от статуса, от количества людей, от типа отношений. Пожалуй, последнее – самое главное. По правилам первым здоровается младший, а если приветствие сопровождается рукопожатием, то руку

*Русский как русский*

протягивает старший. Если встречаются женщина и мужчина, первым здоровается мужчина. Если начальник и подчинённый, то первым здоровается подчинённый. Кстати, руку первым протягивает начальник (если протягивает). В больших организациях главный фактор – должностная иерархия, а возраст и пол второстепенны: сотрудники всегда здороваются первыми.

Но есть ситуации, когда здороваться просто неприлично. Если вы опоздали на лекцию, на совещание, на конференцию, ни в коем случае не приветствуйте своих друзей и знакомых вслух. Не надо рукопожатий! И не стоит заявлять на весь зал: «Извините, у меня трамвай сломался!» Постарайтесь потихоньку занять место, не привлекая к себе внимание.

### Текст 4

В каждом общежитии есть свои правила проживания. Мы с подругой поселились только вчера, но уже знаем, какие здесь правила.

Во-первых, нельзя шуметь после 23:00. Никаких танцев, никакого пения или громких разговоров. С 23:00 до 7:00 тишина. Это понятно: все учатся, многим надо рано вставать.

Во-вторых, каждая комната один раз в месяц дежурит по кухне. Всего у нас 30 комнат на этаже. Кухня одна на всех. Там есть 6 электроплит, 6 раковин для мытья посуды. Четыре больших стола. Дежурные приходят на кухню вечером, после 22:00, моют плиты, чистят раковины, вытирают столы, подметают пол.

В-третьих, если что-то сломалось (не включается свет, не греет батарея, сломался стул, не работает лампа), нужно обратиться за помощью на вахту или к администратору. Они объяснят, как оформить заявку на ремонт. Самостоятельно чинить приборы запрещено.

В-четвертых, каждый студент должен вовремя оплачивать проживание в общежитии. Например, у нас это надо делать каждый месяц. Почему нельзя заплатить за год? Это понятно: а вдруг тебя выгонят из университета? Ты потеряешь много времени, чтобы вернуть заплаченные вперёд деньги.

В-пятых, стирать бельё и гладить его можно только в специальном помещении на первом этаже.

В-шестых, в общежитие нельзя приглашать гостей с ночёвкой. Все гости должны уйти из твоей комнаты не позднее 23:30.

## 4. УПРАЖНЕНИЯ

**Представьте себе, что...**

1. Вы с подругой собираетесь пойти на премьеру спектакля. Обсудите, в чём вы пойдёте и как туда поедете.
2. Вам нужно отказаться от визита в гости, потому что вам не нравится эта компания.
3. Вам предстоит неприятный разговор с соседом о порядке в комнате. Что вы скажете?
4. Во время застолья ваш сосед неловко передал вам соус и вы пролили вино на платье. Что нужно сказать?

**Знаете ли вы ...**

1. Кто в какой ситуации здоровается первым?
2. Что можно оставлять в гардеробе театра, поликлиники, университета? Где можно договориться о хранении тяжёлой сумки или рюкзака?
3. Что нужно сказать, когда вы проходите по своему ряду на свое место? Как нужно проходить: лицом или спиной к зрителям?
4. В России не принято, объясняя преподавателю причины отсутствия на лекции, говорить о физиологических подробностях (понос, рвота, тошнота, сыпь). Что нужно сказать?

**Как это по-китайски?**

1. В помещении мужчина должен снять головной убор.
2. Передавайте верхнюю одежду в гардероб так, чтобы гардеробщику было удобно взять её через барьер.
3. Если салфетка (ложка, вилка) упала на пол, не поднимайте её, попросите официанта принести другую.
4. Бокал с вином держите тремя пальцами за ножку.
5. Нож держат в правой руке, а вилку - в левой.
6. Супы черпают ложкой от себя.
7. Курицу, мясо на ребрышках и хрустящие закуски берут руками. Кости от рыбы можно извлекать руками.
8. Неприлично тянуться через стол за добавкой. Попросите соседа о помощи.
9. Если вам попался кусок, который не прожевать, нужно поднести бумажную салфетку к губам и незаметно избавиться от него.

*Русский как русский*

地道俄语

10. Отказываться от фирменного блюда, которое предлагает сама хозяйка, неприлично. Даже если не хочется, попробуйте маленький кусочек.

11. В публичных местах неприлично плеваться, сморкаться, чесаться.

12. Открытие и закрытие окон в транспорте оговаривается с попутчиками.

13. Деньги и важные документы желательно держать при себе (не сдавать в камеру хранения).

14. Неприлично заниматься макияжем, наносить крем или причёсываться на глазах у публики: для этого надо выйти.

15. В общественных местах нельзя использовать слишком насыщенные духи с резким запахом. Наносится несколько капель духов на запястья и на шею.

1. 男人在室内需摘掉帽子。
2. 在寄存处把外衣递给服务人员时要注意便于他隔着柜子接取。
3. 如果餐巾（勺子、叉子）掉到地上……别去捡，请服务员另给你拿一件过来。
4. 应以三只手指捏住葡萄酒瓶脚杯。
5. 右手持刀，左手持叉。
6. 喝最后几口汤的时候勺子向外侧倾斜。
7. 鸡、肋排或酥脆的菜品可以用手抓着吃。鱼刺可以用手拿出。
8. 跨过桌子添菜是不礼貌的，可以请邻座帮忙。
9. 如果遇到嚼不动的东西，应该用纸巾捂住嘴，不引人注意地取出。
10. 拒绝女主人亲自推荐的拿手菜是不礼貌的。即便不想吃，也要尝一小块。
11. 公众场合下吐痰、擤鼻涕、挠痒都是不雅的。
12. 在公交上开关窗户要和邻座打招呼。
13. 现金及重要证件最好随身携带（不要交存到保管处）。
14. 当众化妆、抹油或梳头都是不雅的。应该回避众人。
15. 在公共场合避免使用味道过重的香水。在手腕或颈项上稍微喷几下即可。

# Часть II. РАСШИРЯЕМ КРУГОЗОР

## 1. СТАТЬИ

### КАК ДЕЛА?

Всем известно, что стиль «кип смайл», формирующийся в современном российском обществе под влиянием зарубежного этикета, приживается не во всех российских регионах, не в любом коллективе, не в каждой семье. Ни в Европе, ни в Америке не принято в ответ на вопросы «Как жизнь?» «Как дела?» сообщать друзьям или приятелям о том, что вчера подгорела каша, а сегодня не дали зарплату, да и вообще всё «как-то не очень».

В России так можно. Можно даже спросить о чём угодно: «Как здоровье бабушки? Купили в аптеке витамин С? Как сын сдаёт экзамены?» В ответ собеседник расскажет вам массу подробностей: «Бабушка сейчас стала сама выходить на прогулку; Витамины? Нет! А сын всё сдал, по философии тройка… Сосед вчера ругался с женой, поэтому спать не могли до утра…»

Не ищите логики в этом полёте мысли! Просто в России абсолютно безмятежный человек, ни о чём не переживающий и постоянно улыбающийся, воспринимается как недалёкий и бесчувственный. Или – тоже не лучше – как скрытный и фальшивый, лицемер.

Приятели, а тем более старые друзья, могут жаловаться на жизнь часами, рассказывать о трудностях, переживаниях, сложных ситуациях. Не думайте, что таким образом человек просит вас решить его проблемы. Если с вами говорят так же, как с русскими, вы, видимо, стали тут совсем своим.

### ПРИСАЖИВАЙТЕСЬ? ИЛИ САДИТЕСЬ?

Вы слышали, как некоторые русские говорят *присаживайтесь* вместо *садитесь?* И как вам это? Нормально? Подумайте! Приставка *при-* обозначает неполноту действия. Значит, человеку предложили одно из двух: либо присесть на краешек, либо ненадолго. Странно звучит предложение: «Присаживайтесь, располагайтесь поудобнее». Вежливо: «Садитесь».

Говорят, что мода возникла в последние тридцать лет в связи с криминализацией разговорного языка: якобы у людей, имеющих судимость, слово «садитесь» вызывает неприятные ассоциации. Странная логика. Неужели (даже если допустить, что это так) все прочие, не сидевшие в тюрьме, должны игнорировать семантику приставки *при-*?

В русском языке очень много слов, связанных с криминальной средой. Все они выразительные, эмоциональные. Возможно, в этом и секрет их популярности. Мы живём в век гиперболизации чувств, ощущений, переживаний. Для живой речи характерна

*Русский как русский*

сверхэмоциональность, для языка СМИ – тоже. Раньше сказали бы: «Они выясняют отношения», а сейчас скажут: «У них разборка, они друг на друга наезжают». Вроде бы оба варианта содержат жаргонизмы, но в современном ярче передана идея интенсивности. Одно радует: жаргонизмы долго не живут.

Живая речь стала очень грубой. Поэтому есть попытки искусственно облагородить общение. Например, в сети блинных «Теремок» посетителей спрашивают: «Чего изволите, сударыня?» Вам это нравится?

## 2. ПОСЛОВИЦЫ И ПОГОВОРКИ

НА ДОБРЫЙ ПРИВЕТ ДОБРЫЙ И ОТВЕТ. 善有善报。

ГОВОРИ, ДА НЕ СПОРЬ, А СПОРИШЬ — НЕ ВЗДОРЬ. 说而不争，争而不急。

БОЛЬШЕ ДВУХ — ГОВОРИ ВСЛУХ. 两人以上，别交头接耳。

УМЕЙ СКАЗАТЬ — УМЕЙ И СМОЛЧАТЬ. 该说的说，不该说的不说。

ХУДОЙ МИР ЛУЧШЕ ДОБРОЙ ССОРЫ. 宁可息事宁人。

## 3. АНЕКДОТЫ

① — Ну, Вовочка, прощайся с тётей! Что нужно сказать, когда тётя уходит? — Слава богу!

② Психолог беседует с женщиной о воспитании сына:

— Вы воспитываете его слишком строго.

— Почему вы так думаете?

— Когда я спросила, как его зовут, он ответил: «Вова Перестань».

③ Автоответчик: «Скорее всего, я дома, но не хочу общаться с одним очень неприятным мне человеком. Если я не перезвоню, значит, это вы».

④ — Мама, как правильно наклонять тарелку с супом? От себя или на себя?

— Это зависит от цели. Хочешь облить платье – на себя, хочешь облить скатерть – от себя.

⑤ — Кто такой джентльмен? — Это тот, кто в тёмной комнате, наступив на кошку, назовёт её кошкой.

⑥ — Что такое этикет? — Это когда ты говоришь: «Спасибо, не надо», когда хочешь заорать: «Давай скорей!»

⑦ Учительница: — Дети, везде и всегда надо быть вежливым! Например, вчера я видела в лесу змею, но она меня не тронула. Скажите, почему? Вовочка: — Потому что змеи своих не трогают!

⑧ — Ты в эту пятницу до какого времени будешь занята? — В эту пятницу я занята до понедельника.

⑨ К мужику приехала тёща. Гостит день, два, три. Потом и говорит: — Не надоела я? Может, пора ехать? — Нет-нет, — говорит зять. — Но если хотите, то поезжайте, я как раз вам билет вчера купил.

## 4. ВИДЕОМАТЕРИАЛЫ. ФРАГМЕНТ КИНОФИЛЬМА

«Курьер». Мелодрама. 1986. Реж. К. Шахназаров
Время: 15:25 — 19:55

— Вам кого?

— Вас.

— Меня?

— Да, я учился с вами в 1-м классе и с тех пор люблю вас.

— В 1-м классе я училась в Ленинграде. Папа там работал.

— А-а... значит, это были не вы. А вообще-то я к Семену Петровичу. Я ему рукопись из редакции привёз.

— Папа, здесь какой-то сумасшедший мальчик утверждает, что привез тебе из редакции рукопись.

— Зови этого проходимца сюда! Я его третий час жду.

— Ага.

— Я не проходимец.

— Снимайте ботинки и идите.

— А носки тоже снимать?

— А носки можете оставить.

— Дайте тапки...

— Нате...

— Вы кто?

— Курьер.

— Вот именно что курьер. Из-за вас, господин курьер, я потерял 3 часа драгоценного времени.

— Вот ваша рукопись.

— Катя, проводи молодого человека до дверей.

# Русский как русский

— Спасибо, я не тороплюсь. Вы знаете, я с удовольствием выпил бы чашку чая и слопал бутерброд с сыром.

— Ну я же говорила, что он сумасшедший.

— А чо я сумасшедший? Я же не прошу у вас 100 рублей взаймы.

— И на том спасибо.

— Человек голоден. Просит чашку чая и кусок хлеба. Чо тут такого?

— Да, вообще-то...

— Катя, пожалуйста, проводи молодого человека на кухню и дай ему стакан чаю... и бутерброд.

— А ты ничего!

— В смысле?

— Ну там фигура... и ноги...

— Это в маму. У неё тоже ноги длинные.

— Интересно было бы посмотреть.

— Она попозже будет.

— Знаешь, у нас в школе такая учительница была симпатичная. Ну, фигура, грудь... Интересная женщина.

— Ну и что?

— Один раз она нам фильм показывала…Про всякие там физические явления... учебный такой фильм. Я сидел один, на задней парте. Она ко мне подсела. В общем, света не было, я так разволновался... Ну и придвинулся к ней потихоньку.

— А она?

— А она сидит, как будто ничего не происходит. Короче, я её обнял.

— А она?

— После урока она мне говорит: «Мирошников, — это моя фамилия, — зайди ко мне после уроков».

— Ну а ты?

— Я зашёл. Она в лаборантской была... Там колбочки, прочая дребедень... Она меня как увидела — у неё грудь вздымается, как волны на картине Айвазовского «Девятый вал». Я ей говорю: «Надежда Ивановна, я от вас без ума...» А она говорит: «Мирошников, милый мой...» И как сиганет мне на шею! Ты представляешь?

— Да. Я тоже была влюблена в одного учителя. Видный такой мужчина. У нас в школе литературу и русский преподавал.

— Ну и как ты?

— Да никак. Ну... написала ему письмо. Он не ответил. Ну ты понимаешь, я девушка, мне неудобно навязываться.

— Это конечно. Ты вообще чем занимаешься?

— Учусь в МГУ. На первом курсе.

— Я б сейчас тоже мог... на первом курсе учиться.

— И что? Вступительные экзамены сдал на "отлично", но потом забрал документы. Решил жизненный опыт подкопить, в армии послужить.

— Ты молодец! Я тоже не хотела поступать в этом году. Но родители... Их же не убедишь.

— У меня в этом смысле без проблем. Я к вам завтра, наверное, зайду… за рукописью.

— Ага, заходи.

— С папой, пожалуй, прощаться не буду.

— Да, не стоит. Ты его немного вывел из себя.

## 5. ПОЧИТАЕМ ВМЕСТЕ

Прочитайте рассказ В. Ю. Драгунского «Гусиное горло». А в вашей жизни были какие-нибудь смешные истории, связанные с этикетом?

# ИГРЫ

Это такая простая игра, что больше похожа на упражнение. И названия у неё нет. Так что можете придумать название сами. Первый участник должен представиться. Например, так: «Меня зовут Зоя. Я из Шанхая. Мне 20 лет». Следующий участник говорит: «Справа от меня сидит Зоя, которой двадцать лет. А меня зовут Иван. Мне нравится математика.». Следующий участник говорит: «Сегодня я познакомился с Зоей, которая приехала из Шанхая. И с Иваном, который любит математику. А меня зовут Петр. Я родился в Пекине». Следующий: «Справа от меня сидят Зоя, которой 20 лет, Иван, который любит математику, Петр, который родился в Пекине. А я слева от Петра. Меня зовут Инна. Я не замужем».

这个游戏不复杂，它更像一个练习，没有确定的名称，所以可以自己给它起个名。第一位参加者必须自报家门。比如："我叫卓雅，我来自上海，我20岁。"旁边的参加者就说："我右边坐着卓雅，她20岁。我叫伊万，我喜欢数学。"后一位参加者说："今天我认识了来自上海的卓雅，也认识了喜欢数学的伊万。我名叫彼得。我生在北京。"下一位说："我右边坐着20岁的卓雅、喜欢数学的伊万、北京出生的彼得。我坐在彼得的左边，我叫英娜。我还没结婚。"

# Урок 6. Еда. Столовая. Ресторан. Кафе

## Часть I. ЭТО НАДО ЗНАТЬ

### 1. ЛЕКСИКА

- антреко́т 排骨、煎牛排
- бакте́рия 细菌、微生物
- бара́нка 面包圈
- бари́ста 咖啡师
- безе́ 蛋白酥
- бискви́тный 蛋糕胚的
- бифште́кс 煎牛排
- борщ 罗宋汤、红菜汤
- брусни́ка 越橘
- бу́лькать 发出汩汩声
- бульо́н 高汤、（用肉、鸡等煮成的）清汤
- буше́ 夹心派
- вани́льный 香草的
- вермише́ль ж. 细面条
- виртуо́зно 精彩地、精湛地
- вя́лить 晾干、风干
- гарни́р 配菜
- горо́шек 豌豆、圆点
- гре́чка 荞麦、荞麦粥
- грызть 啃、嚼、嗑
- гуля́ш 红焖牛肉块
- гурма́н 美食家
- дегуста́ция 品尝、鉴定
- десе́рт 甜品
- до́за 剂量
- дрожжево́е те́сто 发面团
- жа́воронок 云雀、百灵
- жа́рить 煎、烤、炸
- иждиве́нец 被赡养者
- инде́йка 火鸡
- ка́рта постоя́нного клие́нта 会员卡
- карп 鲤鱼

- кон па́нна со сли́вками 康宝蓝
- конди́терская 糖果糕点铺
- коньяќ 白兰地
- копти́ть 熏
- котле́та 肉饼、菜饼
- крем белко́вый/ма́сляный/заварно́й 蛋白霜、奶油霜、打发的奶霜
- кро́шка 粉末、碎屑
- крупа́ 米粒
- кунжу́тный 芝麻的
- кури́ный 鸡的、鸡肉的
- ликёр 利口酒，烈性的甜酒
- лосо́сь м. 三文鱼、鲑鱼
- ма́нка 碎麦米粥
- нава́р 浓汤、浮油
- наполео́н 拿破仑（千层酥）
- начини́ть 填馅儿，начи́нка 馅料
- овся́нка 燕麦米、燕麦粥
- окро́шка 冷杂拌汤
- о́кунь м. 河鲈鱼
- оливье́ 俄式沙拉（奥利维尔沙拉）
- осётр 鲟鱼
- отбивна́я （锤松后的）肉排
- парази́т 寄生虫
- песо́чное те́сто 死面团（没有加酵母）
- пече́нье 饼干
- пиро́г 大馅饼
- пиро́жное 点心、小蛋糕
- пи́цца 披萨
- подно́с 托盘
- промоко́д 折扣优惠码、券
- пря́ник 蜜糖饼

- пшёнка 小米、黍米
- ре́пчатый 扁球形的
- самовы́воз 自提
- самса́ 烤包子
- свеко́льник 甜菜汤
- сёмга 鲑鱼
- сладкое́жка 爱吃甜品的人
- сли́вки 鲜奶油、奶皮
- сли́пнуться 粘在一起
- слоёное те́сто 起酥面团
- сова́ 猫头鹰
- соли́ть 加盐、腌
- суда́к 梭鲈鱼
- су́шка （烤得极其干的）小面包圈、晾干
- съедо́бный 可吃的、可口的
- травяно́й чай 草茶
- треска́ 鳕鱼
- туши́ть 焖
- уха́ 鱼汤
- фарш 肉馅
- хрен 洋姜、辣根
- чебуре́к （高加索等地的）羊肉馅饼
- черни́ка 黑果越橘、欧洲越橘
- чешу́йка 一片鳞片（чешуя́ 鱼全身的鳞片）
- шаурма́ 中亚烤肉卷饼
- шашлы́к 烤肉串
- шпро́ты 油浸熏制鲱鱼罐头
- щи 菜汤（不加红菜头）
- эклéр 奶油卷
- яи́чница 煎蛋

## 2. ДИАЛОГИ

听录音
请扫二维码

### Диалог 1 <завтрак>

— Ван, пошли завтракать в столовку!
— Пошли. В общежитии всё равно есть нечего. Вчера всё съели.
— А знаешь, русские очень редко завтракают в столовых. Только если едут в командировку, в отпуск, или во время путешествия.
— А что они едят на завтрак, если завтракают дома?
— Обычно кашу: овсянку, пшёнку, манку. Ещё чай или кофе с бутербродом. Или яйца.
— Их варят или жарят?
— По-разному. Кто-то любит яичницу, а кто-то варёные яйца.
— А кашу варят на воде или на молоке?
— Во всех семьях по-своему. Но масло в кашу кладут все. А чай или кофе с сахаром.

### Диалог 2 <кафе>

— Давай зайдём сюда, выпьем по чашечке эспрессо?
— А сколько времени осталось до лекции? Успеем?
— Ещё минут сорок. Успеем. Тут делают настоящий эспрессо.
— По-моему, эспрессо делает автомат…
— Вот поэтому он везде плохой. Настоящий бариста настраивает давление пара так, что эспрессо бежит в чашку тонкой струйкой. Не булькает. Его пьют без сахара.
— А почему эспрессо пьют с водой?
— Его запивают водой, чтобы… смывать с языка. Тогда во время каждого глотка будет опять свежий вкус свежего эспрессо.
— Ты гурман, Юра! Я попробую, но в другой раз, а пока возьму капучино.
— Так ведь он с молоком! Лучший способ испортить кофе — добавить в него молоко!

### Диалог 3 <обед>

— Девушки! Возьмите поднос, вилки, ложки. У нас самообслуживание.
— Скажите, пожалуйста, на каком бульоне этот суп?
— На курином. Суп с вермишелью. Если хотите на мясном, возьмите борщ.
— А это что? Это тоже суп? Тоже на мясном бульоне?

*Русский как русский*

— Это тоже суп, но не на бульоне. Это окрошка. «Крошить» - мелко резать.
— А из чего её делают? Я вижу тут колбасу, яйцо, зелень…
— Да. Колбаса, яйца, варёная картошка, лук, свежие огурцы, соль, чёрный перец. Потом добавляют квас и сметану.
— Но она же холодная! Я читала, что русские едят горячее первое блюдо!
— Конечно! Но есть холодные супы́, которые готовят только летом: окрошка и свекольник. Для свекольника варят свёклу. Отвар остывает, а потом в него крошат свёклу, свежий огурец, варёное яйцо, добавляют сок лимона, соль, молотый перец, сметану.
— А у вас только окрошка?
— Да, сегодня окрошка. Свекольник у нас только по пятницам!

### Диалог 4

— Саня, ты чего такой мрачный?
— Да хотел в столовку успеть между парами, гуляш с гречкой взять, а там толпа народу.
— Ха-ха-ха!
— Чего смеёшься?
— А я там тоже была.
— Успела поесть, значит?
— Нет. Слава богу, одна пара осталась. Ничего, живы будем – не помрём[①]! Пошли, пора.

### Диалог 5 ⟨ужин⟩

— Добрый вечер, господа! Вот вам наше меню на сегодня, выбирайте, пожалуйста.
— Соскучились, наверное, по русской кухне, Владимир Ильич?
— Пожалуй, да… И по русской еде, и по русской речи… Даже шлягеры на русском приятно слышать.
— Владимир Ильич, вы давно в Китае. Хочу спросить, почему китайцы едят палочками? Это ведь так неудобно!
— Ошибаетесь, Лев Иванович, палочки так же удобны для китайской еды, как ложка и вилка для русской, а вилка и нож – для европейской. Китайская еда –

---

① "我们能撑过去，死不了。" 这句话表现出言者的信心：问题一定能够解决，此时无需在意。

— это всегда небольшие кусочки, их легко брать палочками; русские каши и супы не надо резать ножом, тут достаточно ложки, а вот европейцам, которые обычно готовят мясо куском, обязательно нужны и вилка, и нож. И пользуются они ими так же виртуозно, как китайцы палочками.

— Интересная мысль. Не думал, что еда, посуда и приборы для еды составляют одно целое. Вы уже выбрали что-то, Владимир Ильич?

— Да. Салат оливье, бифштекс с гарниром и граммов сто армянского коньяка. А вы?

— Пожалуй, я тоже буду коньяк...

### Диалог 6

— Ты какое будешь мороженое?

— Мое любимое шоколадное. А ты?

— А я ванильное с орехами и двойной эспрессо.

— Ты что делаешь?

— Лью кофе на мороженое.

— Ну ты изобретатель.

— Мне нравится. Хочешь попробовать ложечку? На. Вкусно.

— Да. Женщины изобретательнее мужчин.

— Какие доказательства?

— Женщины могут приготовить завтрак из ничего, а обед из остатков завтрака. Теперь берём любое женское занятие. Ну вот, например, игру с мукой.

— В каком смысле?

— Блины, баранки, пряники, пироги, пирожные, печенье, сушки – ведь это всё придумали женщины, играя с тестом!

### Диалог 7

— Сегодня была в кондитерской «Метрополь». Это фантастика! Никогда не видела столько кондитерских штучек[①].

— Ты что-то попробовала? Или сходила туда как на выставку?

— Нет. Мне говорили, что там можно купить вкусные пирожные и пирожки с капустой, с грибами, с мясом, с маком. Я растерялась и ничего не попробовала.

— Что тебя так удивило?

---

① 在俄语中 вещь, штука, штучка, штуковина, фигня 都可用作物品的量词。

*Русский как русский*

— Пироги бывают из дрожжевого теста, из песочного и из слоёного, открытые и закрытые[①]. Ещё бывают с вишней, с клубникой, с брусникой, с черникой, с яблоками, с изюмом… Ещё оказывается, что «наполеон» — это такое пирожное.
— Ты почти профессионал! А безе от буше можешь отличить?
— Пока нет.
— Это просто. Безе из яичного белка. Оно белого цвета и очень легкое. А буше делают из бисквитного теста. Сверху у буше шоколад, а внутри крем.
— Что же ты раньше не рассказывала!
— Раньше ты не спрашивала! Кстати, картошку там видела?
— Нет, не видела. Это же кондитерская, там нет овощей.
— Картошка – это пирожное. Оно коричневое, потому что его делают с какао и шоколадом.
— Ты тоже сладкоежка!

### Диалог 8

— Ты когда-нибудь заказывал пироги с доставкой?
— Нет. Ты просто так спрашиваешь? Или предлагаешь заказать?
— Конечно, предлагаю! Вот. Мне в метро дали рекламу. Написано: «Заказ от 1200 рублей доставим бесплатно».
— А что у них есть?
— У них куча вариантов! С сёмгой – 900 рублей, с курицей, говядиной, свининой – 600 рублей. Ещё есть фруктовые, ягодные, овощные.
— Это большие пироги? А есть маленькие?
— Да, маленькие от 25 рублей… Зависит от начинки. Минимальный заказ – 5 штук.
— Думаю, мы съедим 10. Они уже готовы?
— Нет. Их выпекают примерно полтора часа, привозят горячими.
— Смотри! Они находятся рядом с нами, в соседнем доме! Может, есть самовывоз?

### Диалог 9

— Пойдём в ресторан!
— Это дорого, давай приготовим что-нибудь сами или закажем пиццу с доставкой?
— Это дешево! Смотри! У меня промокод для ресторана «Ели-пили».

---

① открытые и закрытые 表示放在表面上的料和包在里面的馅。

— Что это?
— Это такие цифры, которые написаны на купоне. Я вчера зарегистрировалась на сайте Boombate, который следит за скидками в городе. Они присылают сообщения с информацией, ты отправляешь им согласие на получение купона, они присылают купон.
— А на сколько человек он действует?
— Действие купона распространяется на компанию до 6 человек. Бронировать стол надо в день посещения.
— То есть мы можем пойти вчетвером?
— Да. Промокод работает, если сделан заказ на 500 рублей на каждого.
— А на что скидка не распространяется?
— На крепкие напитки: водку, коньяк, виски.
— Мы всё равно это не пьём.

### Диалог 10

— Ты любишь фастфуд?
— Нет. Но выхода нет: всё время надо торопиться. Говорят, сейчас фастфуд не такой вредный, как раньше.
— Вот-вот! Поэтому я и спросила тебя! Оказывается, в городе много всяких хороших мест, где и дёшево, и не вредно.
— Например?
— «Чайная ложка», «Пироговый дворик», «Столовая №1», «Крошка-картошка».
— А ещё есть «Теремок»!
— В «Пироговом дворике» вкуснее. Там разные супы, салаты, да и чай вкусный.

## 3. ТЕКСТЫ

听录音
请扫二维码

### Текст 1

Я люблю вкусно поесть. И есть много способов это сделать: сходить в ресторан, сходить в гости, заказать еду с доставкой, купить кулинарные книги, пойти учиться на повара. Можно поступить радикально: найти человека, который хорошо готовит, и выйти за него замуж. Но суровая реальность заставляет взглянуть на жизнь трезво. Поэтому мы готовим в общежитии, на кухне. А рецепт взяли из интернета.

Фая: Так. Вот кастрюля. Вот сковорода. Вот нож, тёрка. С чего начнём?

Таня: Сначала надо варить мясо, снимая пену.

Фая: Долго? Сколько минут?

Таня: В рецепте сказано: «До окончания пеноотделения». Пока варится мясо, надо нарезать капусту, почистить картошку и морковку.

Фая: Я буду чистить, а ты режь сама, ладно? Я не умею резать аккуратно.

Таня: Потом натереть морковь на тёрке. Нарезать репчатый лук и поджарить на сковороде на растительном масле.

Фая: У нас есть кунжутное.

Таня: Нет! Поджарку делают на подсолнечном. У кунжутного сильный запах.

Фая: Мне кажется, мясо уже готово.

Таня: Ага... Добавить картошку и капусту. Перец чёрный горошком положила?

Фая: Да, он там давно варится. А что сначала: картошку или капусту?

Таня: Всё равно. А теперь поджарку. Как сильно пахнет луком!

Фая: Добавь сушёный укроп и лавровый лист. Теперь соль.

Таня: Неужели эти щи можно будет есть? Как ты думаешь?

Фая: Надеюсь, мы не отравимся.

## Текст 2

Вы знаете, что в Китае русская кухня не только известна, но и популярна? Она стала распространяться здесь после 1917 года, и это было связано с наплывом эмигрантов: с 1917 по 1920 год из России в крупные города Китая (Шанхай, Тяньцзинь, Харбин) эмигрировало около двух миллионов человек. Под влиянием русской кухни например, в Шанхае появился новый салат: картошка, зеленый горошек, кусочки мяса, майонез. Самое известное русское блюдо в Китае – борщ. В Харбине делают русский квас и чёрный хлеб.

В Китае нужно говорить не о китайской кухне, а о кухне конкретной местности. Если вы собираетесь пригласить в ресторан русских друзей, запомните некоторые названия.

В Пекине фирменное блюдо – «пекинская утка» – «бейтин кау-я» (北京烤鸭). В Тяньцзине – запечённое свиное филе – «го та ли ти» (锅塌里脊). В провинции Хэбэй, например, в городе Баодин, традиционное блюдо – лепёшки с мясом осла – «люй жоу хо шао» (驴肉火烧). Одна лепёшка – и вы сыты. В провинции Шаньси любимое блюдо – варено-жареная свинина с грибами: «гуо ю жоу» (过油肉). В провинции Хэйлунцзян – жареная свинина с хрустящей корочкой «гуо бао жоу» (锅包肉). Эту свинину едят с кисло-сладким соусом. В провинции Гирин традиционное блюдо – белая рыба, приготовленная на пару: «цин жэн бай ю» (清蒸白鱼). Это праздничное кушанье.

В провинции Цзянсу традиционное праздничное блюдо – тушёные свиные тефтели в коричневом соусе: «Хонг шау ши дзы тоу»（红烧狮子头）. Как рыба, так и тефтели на праздничном столе являются символом долголетия и счастья.

Вы можете удивить своих русских друзей рассказом про пирожки – «бао дзы»（包子）. Их в Китае не только готовят по-разному, но ещё и называют по-разному: в провинции Сычуань – «лун йэн бао»（龙眼包）, в провинции Гуандун – «ча шао бао»（叉烧包）, в городе Тяньцзине – «гоу бу ли»（狗不理）.

## Текст 3

Дорогой Михаил Фёдорович!

Вы спрашивали меня о пользе и вреде русской кухни. Начну с умного совета Парацельса[1]: «Лекарство это или яд – всё зависит от дозы». То же самое можно сказать и о еде. Основа нашей еды – русский суп. И это очень правильно. Я пишу «русский» потому, что он совсем не похож на жидкие европейские супы. Есть жидкую и горячую пищу, а тем более такое богатое по составу блюдо, как наш суп, полезно для желудка. То же можно сказать и о гречке – рекордсмену по содержанию белка. Она очень богата витаминами, минеральными веществами и микроэлементами. Наши предки знали, какую кашу есть! Ешьте морковь, особенно свежую, недаром её любят грызть[2] дети: в ней витамин А.

Насчёт хлеба, пирогов, мясных блюд и картошки читайте совет Парацельса. И не пережаривайте пирожки, мясо, рыбу: в пережаренных продуктах появляются канцерогены.

Всего самого доброго! Иван Петрович.

## Текст 4

В жару не стоит покупать шаурму, салаты с мясом, колбасой и майонезом, блюда из фарша (чебуреки, самсу). Ведь вы не знаете, были ли они сделаны из свежих продуктов, в каких условиях их хранили. Если собираетесь на пикник, овощи и фрукты помойте дома.

Если вы любите молоко, сметану, творог, которые продаются на рынках, старайтесь не покупать их в жаркую погоду. Молоко – если всё-таки его купили – надо кипятить, а из творога лучше сделать сырники. При приготовлении пирожных и тортов используют молоко, сметану, сливки, яйца, масло, поэтому там легко размножаются бактерии. Не стоит покупать с рук домашние консервы. В России их часто продают на небольших станциях, а в городах –

---

[1] Парацельс, 瑞士医学家帕拉塞尔苏斯（1493—1541）。
[2] 俄语中表示吃的动词很多，除了 есть, грызть 还有 кушать, жрать, лопать, жевать 等等，但需区分场合使用。

*Русский как русский*

около метро. Отравиться консервами легко. Особенно грибными, мясными, рыбными.

Общепит – не самое безопасное место. Не случайно русские любят шутки и анекдоты о еде. Но лучше слушать анекдоты о клиентах и официантах, чем самому стать героем анекдота. Не ешьте там, где не очень чисто, где неприятные запахи.

## 4. УПРАЖНЕНИЯ

**Представьте себе, что...**

1. Надо позвонить в службу доставки комплексных обедов. Оформите заказ по телефону.
2. Вы встретили однокурсника и решили пойти с ним в кафе. Обсудите разные варианты.
3. Посмотрите в интернете сайты, рекламирующие купоны, скидки, акции. Обсудите с другом, стоит ли там регистрироваться.
4. Вы решили выпить капучино, но официант принес чай. Что вы скажете?
5. Вы с подругой собрались печь пирог с начинкой. Обсудите рецепт.

**Знаете ли вы ...**

1. Как и чем можно быстро перекусить на улице в России?
2. Какие овощи вы можете купить в России зимой?
3. Что вы можете увидеть в магазине «Мясо» или «Рыба»?
4. Какие китайские блюда любят иностранцы?

**Как это по-китайски?**

1. Купон даёт скидку 35% на всё меню и напитки в ресторане «Гонконг».
2. Минимальная сумма заказа для предоставления скидки по купону – от 700 р. с человека.
3. Скидка не предоставляется при заказе столика через службу бронирования.
4. Внимание! Расчёт только наличными.
5. Действие купона распространяется на одного человека. Вы можете взять не более 10 купонов по данной акции.
6. В день рождения скидка имениннику 20 процентов при заказе от 1000 рублей.
7. Стикер даёт право на получение 5-й чашки кофе бесплатно за купленные 4 чашки.
8. Посуда бьётся к счастью! В нашем ресторане стоимость счастья – 60 рублей за одну

разбитую единицу.

9. Пользоваться туалетом ресторана могут только посетители ресторана. Штраф 300 рублей.

10. Посетители в нетрезвом состоянии не обслуживаются.

11. По техническим причинам временно приостановлена продажа горячих блюд.

12. Приносить с собой и распивать спиртные напитки запрещается.

---

1. 凭本券享受"香港餐厅"全单6.5折（含酒水）。
2. 人均消费达到700卢布方可享受折扣。
3. 通过系统预订座位者不能享受折扣。
4. 注意，结账只收现金。
5. 本折扣券供单人使用。您本次活动最多只可领取十张折扣券。
6. 会员生日当日订单超过1000卢布可享受20%的折扣。
7. 凭此贴片可享受第五杯咖啡免费的权利。
8. 打碎餐具，碎碎平安！本店的平安价钱是每碎一件餐具——60卢布。
9. 洗手间仅供本店顾客使用。违反者罚款300卢布。
10. 我们不向醉酒者提供服务。
11. 由于技术问题暂时不卖热菜。
12. 禁止饮用自带的酒类。

*Русский как русский*

# Часть II. РАСШИРЯЕМ КРУГОЗОР

## 1. СТАТЬИ

### НИ ПУХА НИ ПЕРА… НИ ХВОСТА НИ ЧЕШУЙКИ

Да, мы не ошиблись. У этого пожелания именно такое продолжение. Раньше его адресовали промысловику, который уходил на охоту или на рыбалку.

Рыбная ловля – один из древнейших промыслов на Руси. Рыбой славились многие реки: Волга, Ока, Волхов, Двина… Морскую рыбу в основном стали есть уже при Петре I. Царь издал указ об усилении торговли морской рыбой. Зимой живую рыбу морозили, чтобы перевозить в большие города и там продавать. Мороженая рыба стоила дороже, чем солёная. Рыбные блюда разнообразны: рыбу запекают в духовке, варят в кастрюле, жарят на сковороде (в тесте или просто так). Ещё рыбу солят, вялят, коптят на костре. А на севере России её морозят, потом тонко режут, заливают растительным маслом и едят сыро́й. Не пытайтесь сделать это самостоятельно! Во-первых, потому что нужно знать, какую рыбу можно замораживать, а во-вторых, потому что в рыбе могут быть паразиты.

До сих пор считается деликате́сом икра, причём и красная, и чёрная. А знаете из какой рыбы самый вкусный рыбный салат? Из трески.

Вернёмся к рецепту ухи. У каждой хозяйки он свой. Самый простой вариант – это картошка, лук, рыба, чёрный перец и лавровый лист. Никакой крупы, никаких овощей. А вот без рыбьей головы уха не получится. Навара не будет.

### КАРТОЧНАЯ СИСТЕМА

Речь пойдёт не о банковских и не о проездных карточках. Карточная система – это система обеспечения населения товарами в условиях дефицита. С 1917 года эту систему ввели в России в связи с политикой «военного коммунизма». Отмена карточек произошла в 1921 году. С 1929 года в СССР действовали карточки на хлеб. В январе 1931 г. ввели всесоюзную карточную систему распределения основных продуктов питания для работников госпредприятий, военных организаций, аппарата власти и иждивенцев. 1 января 1935 года отменили карточки на хлеб, а в октябре и на другие продукты.

Талонная система была восстановлена в 1980-е годы. На каждого человека устанавливалась норма потребления продуктов или бытовых товаров. Чтобы купить товар, надо было заплатить деньги и отдать продавцу талон, который служил разрешением приобрести этот товар.

Карточки, или талоны, получали по месту прописки. Во многих городах в 1987 – 1990 годах были талоны на сигареты, водку, мыло, чай, крупы, макароны, масло, сахар, а в некоторых регионах и на зубную пасту, стиральный порошок, нижнее бельё. Из-за отсутствия товаров не всегда удавалось «отоварить» талон. Нормы потребления продуктов были разные в зависимости от региона.

## 2. ПОСЛОВИЦЫ И ПОГОВОРКИ

1) КАШУ МАСЛОМ НЕ ИСПОРТИШЬ. 锦上添花。
2) СЫТОЕ БРЮХО К УЧЕНИЮ ГЛУХО. 饱食终日，无所事事。
3) ДОМА ЕШЬ, ЧТО ХОЧЕШЬ, А В ГОСТЯХ – ЧТО ДАЮТ. 在家当家作主，在外客随主便。
4) БЕЗ СОЛИ НЕВКУСНО, А БЕЗ ХЛЕБА НЕ ОБЕД. 无盐不欢，没有面包就像没吃成饭。
5) КАКОВ НА ЕДУ, ТАКОВ И НА РАБОТУ. 能吃就能干。

## 3. АНЕКДОТЫ

① Британские учёные доказали, что «жаворонки» едят меньше «сов». Естественно! Когда «жаворонок» открывает холодильник, сразу понятно, что «совы» ночью всё сожрали.
② — А Вы молитесь перед едой? — Нет, моя жена нормально готовит.
③ Сижу на диете: утром йогурт, в обед чай с лимоном, на ужин – лёгкий салат из мяса, колбасы, сметаны, пельменей, курицы, пирожков и рыбы...
④ — Официант, можно мне кофе? — Я вам доктор, что ли? Откуда я знаю, можно вам кофе или нельзя.
⑤ Диета. Вначале 3 дня ешь одни овощные салаты, потом 4 дня сидишь на одном кефире, потом 5 дней пьёшь один травяной чай, потом 7 дней пьёшь только воду... Потом девять дней... Потом сорок дней...①
⑥ В ресторане посетитель пробует поданный ему кофе и зовёт официанта:
— Вы что мне подали, кофе или чай? — А вы что, сами не можете понять? — Нет. — Тогда какое это имеет значение?
⑦ — Официант, эти грибы у вас съедобные? — А Вы попробуйте, мне тоже интересно.
⑧ У официанта спрашивают: — Есть мнение, что вас унижают чаевые? — Конечно, унижают. Причём чем меньше, тем больше!

---
① 按东正教传统，在亡人故去后的第九天和第四十天办追思会。

*Русский как русский*

⑨ В словосочетании "романтический ужин" для женщины ключевое слово – "романтический", а для мужчины – "ужин".

⑩ — Скажите, а салат сегодняшний?

— Я вам больше скажу: он ещё и завтрашний!

## 4. ВИДЕОМАТЕРИАЛЫ. ФРАГМЕНТ КИНОФИЛЬМА

«Вокзал для двоих». Драма, мелодрама. 1982. Реж. Э. Рязанов.
Время: 7:20 — 8:46

— Девушка.

— Салатик к комплексному обеду не полагается.

— Диетическое что-нибудь принести можно?

— Минуточку.

— Девушка, будьте любезны, вилочку.

— А, вилочку…

— Ага.

— Девушка, диетическое, пожалуйста, принесите что-нибудь!

— Вилочку дайте.

— Пожалуйста.

— Пока приготовят диетическое, ваш поезд уйдет. Вилочку, пожалуйста. А с язвой дома сидят! С язвой по ресторанам не ходят.

— От одного вида этой еды язва может разыграться. Что, у всех так?

— Товарищи, приготовьте за обед по рубль двадцать. Желательно без сдачи.

— Девушка, бутылочку пива можно?

— Пива у нас не бывает никогда.

— Я не могу это есть.

— Спасибо.

— Спасибо.

— Барышня, держите свои рубль двадцать.

— Получите, пожалуйста!

— Э-э-э! А деньги?

— За такой обед не мы вам, а вы нам обязаны платить. Деньги на столе.

— Кто взял деньги?

— В вашей работе, девушка, деньги с пассажиров надо вперед получать.

— Да ладно. Кто деньги взял?!

— Товарищи!.. Девочки!..

— Спасибо! Один уже ушёл, всё!

— Один уже – всё! Девочки!

— Все платите, все платите, пожалуйста.

— Товарищ, вы заплатили? Можешь представить, сидел там мордатый, противный. А вы куда?

— Я не ел. Не ел!

— Как?!

— Вон стоит мой обед.

— А откуда я знаю, ели вы или не ели?! Рубль двадцать, пожалуйста!

— Вы посмотрите, я даже не трогал, не прикасался.

— Но я-то этого не знаю, товарищ!

— Чтобы я ел вот это? Это уже один раз ели.

— Ну почему? Как?

— Так.

— Вы знаете, вы давайте без этих штучек.

— Каких?

— Рубль двадцать платите!

— Я не ел, платить не буду. Я на поезд опаздываю.

— Я не могу платить ползарплаты, я столько не зарабатываю.

## 5. ПОЧИТАЕМ ВМЕСТЕ

Прочитайте рассказ Н. Носова «Мишкина каша». Какие названия круп вы знаете? Расскажите, как надо варить овсянку, гречку и макароны.

# ИГРЫ

Это простая детская игра, в которую любят играть даже трёхлетние дети. Называется она «Съедобное – несъедобное». Вы встаёте в круг, в центре круга стоит ведущий с мячиком. Он кидает мячик и говорит слово, которое означает то, что можно есть, или то, что нельзя есть. Если вам в руки летит что-то съедобное, ловите мяч. А если это не едят, не прикасайтесь к нему. Игра будет живой и весёлой, если вы знаете много названий

*Русский как русский*

продуктов.

　　这个简单的儿童游戏就连三岁的孩子都喜欢玩，它叫"能吃——不能吃"。你们围成圈，一个主持者拿球站在圈子中央，他边扔球边说出某个词，或是可以吃的，或是不能吃的。如果朝你们手上飞过来是可吃的，就接住球，如果不能吃，可别碰球。假如你们知道许多食品的名称，游戏的就会进得很活跃、很开心。

# Урок 7. Покупки. Магазин. Рынок

## Часть I. ЭТО НАДО ЗНАТЬ

### 1. ЛЕКСИКА

- áкция 活动、股票
- бакалéя 食品杂货、食品杂货店
- бáнка (шпрот, майонéза, компóта) 一罐（西鲱鱼、沙拉酱、糖渍水果）
- бирмáнский 缅甸（人）的、缅甸语的
- браслéт 手镯、链子
- брошь ж. 胸针
- буквоéд 咬文嚼字的人
- взвéсить 称重、过磅
- вы́бить /пробúть 打印价签、收费单据
- вы́печка 烘焙点心
- гастронóмия 美食、精通烹饪
- гололёд 薄冰、雾凇
- гостúнец 小赠品、小礼物
- диалéкт 方言
- достáвка 送达、搬运
- дрянь ж. 废物、破烂
- душúца 牛至、牛至属
- заклáдка 磁力贴
- заморóзка 冷冻食品
- ивáн-чай 柳兰
- кантóнский 广东的、粤语
- картóн 硬纸板、马粪纸
- клей 胶水、浆糊

- клик 点击（鼠标）、呼喊声
- кольцó 环、圈、戒指
- корóбка (конфéт, печéнья) 一盒（糖果、饼干）
- коррéктор 涂改液、修正笔、修正带、校对员
- кочáн... 一棵，叶球
- линéйка 尺子、行、直线
- мáркер 记号笔、白板笔
- нацéнка 提价、加价
- óпция 可选项、备选
- оригáми (неизм ср., 源自日语) 折纸
- отрéзать /нарéзать 切下、剪下、割下（一块）、切片、划分
- пакéт (молокá, кефúра) 纸盒、袋装（牛奶、酸牛奶、开菲儿）
- пáчка (чая, макарóн, сáхара, печéнья, сигарéт, мáсла) 一包（茶叶、通心粉、糖、饼干、烟、黄油）
- подóшва 鞋底、鞋掌
- полуфабрикáт 半成品
- потрéскаться 爆裂
- предприúмчивый 精明强干的、有进取心的
- развеснóй / фасóванный 称重的、论件的
- распродáжа 出清、抛售、甩卖
- резúнка 皮筋、松紧带
- рýчка (шáриковая, гелевая, ручка-шпион) 笔（圆珠笔、中性笔、隐形笔）
- сáло 板油、腌猪油
- санскрúт 梵文
- серьгá 耳环、耳坠
- скрéпка 别针、回纹针
- сморóдина 黑加仑
- стéплер 订书机
- стóпка 盛高度酒的小酒杯
- тетрáдь тóнкая/óбщая; в клéтку/в линéйку 练习簿（薄的、厚的）；小方格本、横线本
- треугóльник 三角形、三角板、三角关系
- фáйлик 文件袋、档案袋
- фломáстер 彩色水笔、马克笔
- халвá 酥糖
- хря́щик хрящ 软骨、脆骨的指小
- чабрéц 百里香
- шкатýлка 匣子、锦匣
- шнурóк 鞋带、线绳

*Русский как русский*

## 2. ДИАЛОГИ

听录音
请扫二维码

### Диалог 1 ‹в супермаркете›

— Володя, давай купим что-нибудь на ужин?
— Давай.
— Колбасу? Пожарим с яйцами, хочешь?
— Дай посмотреть, что на упаковке написано. Нет, давай что-нибудь другое.
— А что?
— Мяса в ней кот наплакал①. И срок годности завтра кончится.
— Тогда предлагай сам.
— Курицу, картошку, морковь, лук, рис. Варим суп.
— Но у нас нет кастрюли для супа.
— Кастрюлю тоже купим. Это нужная вещь. Нельзя же всё время есть бутерброды с чаем!

### Диалог 2

— Возьму-ка я себе халвы.
— Терпеть не могу халву. Как ты её только ешь!
— Ничего ты не понимаешь!
— Да, мне мама говорила, когда я замуж выходила: «Имей в виду, дочка, на вкус и цвет товарища нет. Готовь ему, что он хочет».
— Моя тёща – золотой человек!
— Ладно, клади свою халву в тележку! А я себе возьму сало и хрен. Ты что смеёшься?
— Кому нравится арбуз, а кому – свиной хрящик! Пошли к кассе!

### Диалог 3 ‹в отделе канцтоваров›

— Девушка, мне нужен степлер. Да. И ещё скрепки, клей, маркер, корректор, резинка, бумага формата А4.
— Вам для чего? Для офиса?
— Нет, для дома. А почему вы спрашиваете?
— Просто такой набор товаров спрашивают сотрудники офисов.
— Нет. Я студент. И ещё 25 файликов.

---

① 成语，表示量极少。

## Диалог 4

— Скажите, пожалуйста, у вас бумага для орига́ми есть?
— Есть. Вон там, справа внизу.
— Девушка, а можно распечатать вот этот набор? Я хочу потрогать бумагу.
— Если потом купите, то можно.
— А если нет?
— Тогда нельзя открывать, потом никто не купит открытый набор. Вы же не купите надкушенный пирожок?
— Да-а-а, вы за словом в карман не лезете[①]!
— Да и вы, по-моему, не торопитесь в карман за деньгами.
— Теперь точно не куплю. До свидания.
— Всего хорошего, заходите ещё!

## Диалог 5

— Смотри, что я нашёл. «И Цзин». «Книга перемен». На русском.
— Ого! Это же древнейший философский текст! А перевод чей?
— Сейчас посмотрю. Нет переводчика.
— Тогда поставь на место. Авторитетный перевод сделал Юлиан Шуцкий.
— Умер?
— Расстрелян в 1938 году. Но китайцы, знающие русский язык, мне говорили, что его перевод до сих пор считается лучшим. Именно перевод Шуцкого в 1979 году перевели на английский и издали в США и Англии.
— Я о нём никогда не слышал.
— Он закончил исследование «Книги перемен» незадолго до смерти. Знал китайский, японский, корейский, санскрит, арабский, немецкий, французский, латынь… Ввёл в России преподавание кантонского диалекта китайского языка.

## Диалог 6

— Как вы думаете, мне идёт это пальто?
— Да, оно вам к лицу, и размер ваш. Сидит прекрасно.
— А сколько оно стоит?
— 4300 рублей.

---

① 成语：伶牙俐齿、振振有词。

Русский как русский

— Да, дороговато для меня.
— Но вам так идёт! И не велико и не мало, как раз. Сейчас не купите – потом будете такое искать – не найдёте.
— Хорошо, уговорили. Где касса?
— Подождите, я выпишу вам чек. Вот, возьмите. Касса у входа в наш отдел.
— Спасибо за помощь. Скажите, а я могу заплатить карточкой?
— Нет, к сожалению, наш магазин не принимает карты. Оплата только наличными.

### Диалог 7

— Посоветуйте мне, пожалуйста, что-нибудь новенькое для моего сына. Ему двенадцать.
— А он читал «Маленького принца» Экзюпери[①]?
— Кажется, ещё нет. А она хорошая? Знаете, сейчас так много всякой дряни…
— Это книжка для каждого ребёнка и даже для взрослого. Она не из новых, она из вечных.
— Покажите, пожалуйста.
— Вот. Это новое подарочное издание.
— А она смешная?
— Ну, как сказать. В ней есть очень важная фраза…
— Какая?
— «Мы в ответе за тех, кого приручили».

### Диалог 8

— Девушка, могу я помочь?
— Мне нужны кроссовки, я бегаю по утрам. И сапоги зимние.
— Какой размер ноги?
— Сорок второй.
— Большие размеры на этой полке.
— Вот эти две пары мне нравятся. Можно примерить?
— Да-да, конечно. Ну, что скажете?
— Скажите, а можно я шнурки поменяю на эти красные?
— Увы, нет. Но можно купить к кроссовкам шнурки разных цветов.
— Я даже не знаю. Вот эти удобные… А эти такие красивые!

---

① 《小王子》，［法］安托万·德·圣埃克苏佩里著。

— Ну так возьмите обе пары!
— Обе дорого. Можно отложить их пока? Я в другом магазине посмотрю. Если не найду ничего лучше, то вернусь.
— Хорошо, но отложу на полчаса, имейте в виду!
— Ладно. Мне же ещё сапоги нужны.
— Выбирайте с толстой подо́швой, у нас тут зимой и холодно, и сыро.

### Диалог 9

— Давай закажем футболку через интернет?
— Какую футболку?
— Смотри! Это интернет-магазин 3D-печати. Можно заказать у них одежду с рисунком в формате 3D. Есть доставка на дом и оплата онлайн. У них есть Гагарин, «Сделано в СССР», волк, медведь… Опция «Купить в один клик».
— Да, у них есть всё, кроме вкуса. Мне кажется, это ужасно.
— Да, глупо ходить по улицам с надписью «Можем повторить». О чём это? Или надпись: «Тебя сюда не звали!» Тьфу! «Одинокая, красивая, интересная…»
— Есть идея! Давай закажем футболку с фотографией, которую мы сделали вчера. Весеннее небо. Это будет оригинально.
— Отличная мысль!

### Диалог 10

— Алло! Это служба доставки?
— Да. Слушаю вас.
— Я оформил заказ на сайте, но у меня есть вопросы.
— Пожалуйста.
— Какие вы мне дадите документы? Чек будет? Когда?
— Мы пришлём на почту чек и электронную накладную. Это список товаров, где для каждого товара указано количество, вес, цена, сумма.
— А если мне не понравятся овощи, которые вы привезёте? Или мясо будет несвежее? Я должен за это платить?
— Вы проверяете заказ, а потом производите оплату. Если товар плохого качества, можете его не выкупать.
— Какая у вас наценка?
— Мы привозим товары без наценки.

*Русский как русский*

## 3. ТЕКСТЫ

听录音
请扫二维码

### Текст 1

Сегодня Ли Юань собирается домой. Через три дня самолёт, поэтому пора подумать о подарках и гостинцах. Что покупать? Лучше всего спросить однокурсников, например, Таню. Ведь она тоже собирается домой, в Красноярск, и будет покупать что-то для своих родителей, братьев, сестёр и маленьких племянников...

— Что бы мне такого в Китай привезти самого русского?

— Икры и водки, как говорил Сальвадор Дали.

— Не смейся, посоветуй лучше что-нибудь.

— Я бы купила сушки, вологодское масло, тульские пряники и творожные сырки.

— Нет, сырки нельзя. Срок хранения очень маленький, и молочные продукты не пропустит таможня.

— Тогда птичьего молока можно купить.

— Ты всё шутишь! У птиц молока не бывает.

— Это такие конфеты, у них необыкновенный вкус.

— А что это за масло? Где его делают?

— В Во-ло-где. Сливочное, из молока. И купи хороших конфет или шоколада.

— Здесь все конфеты хорошие!

— Нет, не все. Я люблю только шоколад фабрики Крупской, Бабаевский, «Ротфронт», ещё из Самары, ещё из Екатеринбурга, ещё из Череповца…

— А почему ты говоришь «только»?

— Ой, не знаю… А ещё привези чай.

— Не поняла. В Китай ехать с чаем – это как в Тулу со своим самоваром.

— В России есть травы, которых нет в Китае. Например, чабрец, душица, иван-чай. У нас есть чай из листьев смородины и из листьев малины. Это полезно пить зимой.

— Ты меня удивила! Я не думала, что из России можно привезти чай.

### Текст 2

Хождение по магазинам сейчас называют словом «шопинг». Для многих людей это вид отдыха, а некоторые даже говорят, что это вид спорта. Особенно любят ходить по магазинам женщины. Для них это просто праздник, а если это большой магазин, то праздник вдвойне. Мне это кажется какой-то болезнью. Одно дело – искать то, что необходимо. Совсем другое – просто ходить и совершать покупки импульсивно.

В газетах пишут, что больше половины покупок в торговых центрах совершается спонтанно, перационально. Я знаю девушку, которая ходит в магазин «погулять». Обычно после такой «прогулки» она приносит домой новые шарфы, туфли, очки, футболки. Вернётся из магазина – звонит мне. «Ой, ты знаешь, столько денег потратила за вечер! Даже не знаю, как это произошло».

Она не знает, а я знаю, потому что работаю психологом. Сравните слова: алкоголик – трудоголик – шопоголик. Шопомания – это почти болезнь, как наркомания или алкоголизм.

### Текст 3

Типичный русский сувенир – матрёшка. Цена зависит от известности художника и от количества фигур, которые в неё входят. Самые дешёвые – маленькие фабричные из трёх матрёшек. Ручная работа стоит дорого: матрёшка из 20 штук стоит от 10 тысяч рублей.

В обычных сувенирных лавках можно купить всякую ерунду: блокноты, ручки, карандаши, магниты и магнитные закладки, календари, шкатулки, колокольчики. Есть и более практичные вещи: кружки, чашки, стопки, тарелки, ложки с видами города. Всё это можно купить даже в книжных магазинах. Например, в «Буквоеде» или в «Доме книги».

Сейчас в моде зонтики с рисунками и фотографиями города. Они очень красивые: и виды разные, и цвета разные. У меня есть зонтик «Дождь в Петербурге», а у моей подруги – «Коломенское».

Наконец, из Петербурга можно привезти сувенир «Питерский воздух в консервной банке», но, по-моему, это глупость.

### Текст 4

Вчера было тепло, снег таял. А сегодня мороз. Значит, на улице гололёд. Я решила не ходить в магазин. Ведь можно заказать доставку продуктов на дом в интернете. Конечно, есть люди, которые любят путешествовать по супермаркету с тележкой, потом стоять в очереди, потом медленно идти домой с тяжёлыми сумками в руках, потом жаловаться на усталость. Как вы к таким относитесь? Я к ним не отношусь.

Через интернет-магазин можно купить продукты, косметику, канцтовары, а скидки и акции помогут сэкономить. Мороженое и полуфабрикаты сохраняются в замороженном виде благодаря термосумкам, или сумкам-холодильникам. Рыба и мясо приезжают охлаждёнными, потому что их тоже везут в термосумке со льдом. Бытовая химия упаковывается отдельно от продуктов. Минимальная сумма заказа – 1000 рублей, доставка

*Русский как русский*

> в течение 3 часов. Стоимость доставки – 240 рублей.
>
> Дорого? Я думаю, что время дороже. Чтобы съездить в магазин, мне придётся потратить полтора-два часа (с учётом дороги), ещё надо 100 рублей на транспорт. Я потрачу время на поиск нужных продуктов, буду стоять в очереди....
>
> Покупать здесь просто. Сначала выберите необходимые товары, нажав кнопку «В корзину» на странице каждого из них. Чтобы оформить заказ, введите свои контактные данные. Теперь укажите удобное для вас время доставки. Оплата по карте или наличными.

## 4. УПРАЖНЕНИЯ

**Представьте себе, что...**

1. Вы решили пригласить друзей к себе, чтобы встретить Новый год. Обсудите, что вы купите в магазине, что будут покупать друзья.
2. Вы просите друга купить продукты. Продиктуйте ему по телефону список с указанием их количества.
3. Вы купили в магазине туфли. Дома надели их и поняли, что они не подходят. Принесите туфли в магазин и попросите заменить их другими, на размер больше.
4. Вы пришли в книжный магазин с другом. Расскажите ему, где какие книги, канцтовары, открытки, сувениры.

**Знаете ли вы ...**

1. Какие русские сувениры вы можете купить в подарок?
2. Какие есть известные российские бренды?
3. Как называются отделы, где можно купить эти товары: свитер, тапочки, тетрадь, шампунь, масло, лук, учебник...
4. Как можно покупать вещи подешевле: где, когда, во время каких акций?

**Как это по-китайски?**

1. Магазин закрыт по техническим причинам.
2. Спиртные напитки и табачные изделия отпускаются только лицам старше 18 лет.
3. Товар по акции!
4. Для получения дисконт-карты обратитесь на стойку информации.

5. Внимание! Скользкие полы!

6. Нижнее бельё, колготки, носки обмену и возврату не подлежат.

7. Обмен и возврат товара только при наличии чека!

8. Срок годности и дата производства указаны на упаковке (на этикетке).

9. Руками не трогать!

10. Товар взвешивает продавец.

11. Не более пяти пакетов (банок, килограммов, пачек) в одни руки!

12. Примерочная в зале номер один.

13. Скидка на товары действует при наличии пенсионного удостоверения.

14. Телефон «Общества защиты прав потребителей» можно узнать на кассе.

15. Кассы самообслуживания и кассы для покупателей со штучными товарами у центрального выхода.

1. 商店因技术故障暂停营业。
2. 烟酒类商品不卖给未满18岁者。
3. 商品促销！
4. 请在服务台办理折扣卡。
5. 小心地滑！
6. 内衣、连裤袜、袜子一经出售不能退换。
7. 商品退换必须出示收款凭证。
8. 保质期及生产日期见包装（标签）。
9. 请勿触摸！
10. 商品由售货员称重。
11. 每人限购5袋（盒、公斤、包）。
12. 一号厅内有试衣间。
13. 出示退休证可以享受商品折扣。
14. 消费者权益保障协会的电话请问收费处。
15. 自助结账窗口和购买非散装商品的顾客结账窗口位于正中的出口处。

*Русский как русский*

# Часть II. РАСШИРЯЕМ КРУГОЗОР

## 1. СТАТЬИ

### ГОСТИНЫЙ ДВОР

Гостиные дворы были ещё на Руси. Слово «гость» имело раньше значение «купец». Чтобы купцы не тратили много времени на продажу своих товаров и покупку новых, чтобы торговать было удобно, все гостиные дворы имели и место для торговли (торговые ряды), и место для проживания «гостей» (постоялую избу), и склады. В центре двора устанавливали весы. До нашего времени сохранились гостиные дворы, построенные в стиле классицизма в XVIII или XIX веках. «Гостиный Двор» – большой универмаг в Санкт-Петербурге на Невском проспекте. Он занимает целый квартал. Здание было построено к 1785 году. Так же называется и большой офисно-выставочный комплекс в Москве, на Ильинке. Но кроме этих известных памятников архитектуры, гостиные дворы есть во многих городах: в Архангельске, в Великом Новгороде, в Казани, в Рязани, в Костроме, в Пскове, в Тобольске, в Уфе.

### РУССКИЙ КУПЕЦ

Купца в русской литературе очень часто изображают жадным, хитрым, малообразованным, грубым. Например, таких купцов описывает в «Грозе» А.Н. Островский. Н.А. Некрасов в поэме «Кому на Руси жить хорошо» называет купца «толстопузым»（大腹便便的）. Но в это же время в России появляется иной тип купца. В 1859 году И. А. Гончаров, сам сын купца, публикует роман «Обломов». В романе показан образованный, предприимчивый Штольц.

В XIX веке купцы участвовали в социальной жизни городов, занимались благотворительностью, интересовались искусством, литературой. Например, все знают братьев Морозовых, купцов, которые прославились как меценаты（学术与艺术的庇护者、资助者） и коллекционеры: Алексей создал Музей фарфора, а Иван собирал произведения импрессионистов (коллекция Пушкинского музея). Деятельность купца Сибирякова была направлена на развитие просвещения и культуры в Сибири. В 1878 году он пожертвовал 100 000 рублей университету в Томске. Московский купец Губонин финансировал строительство Политехнического музея в Москве. Третьяковская галерея создана благодаря Павлу Михайловичу Третьякову.

В современной России есть много анекдотов о «новых русских», о русских олигархах. Забавно, что они напоминают нам о двух типах русских купцов: эти герои тоже либо дикие, необразованные, либо умные, благородные.

## 2. ПОСЛОВИЦЫ И ПОГОВОРКИ

ДОРОГО, ДА МИЛО, ДЁШЕВО, ДА ГНИЛО. 一分钱一分货（物有所值）。

ЗА МОРЕМ ТЕЛУШКА ПОЛУШКА, ДА РУБЛЬ ПЕРЕВОЗ. 运费比东西都贵（海外的牛犊贱，可运费不便宜）。

И ДЁШЕВО, И СЕРДИТО, И ТОВАР ХОРОШ, И ЦЕНА ВЕСЁЛАЯ. 价廉物美。

БЫЛИ БЫ ДЕНЬГИ, А ТОВАР НАЙДЁТСЯ. 有钱就有货（有钱能使鬼推磨）。

## 3. АНЕКДОТЫ

① Магазин бытовой техники. Кассир (приветливо): — У вас есть дисконтная карта?

Покупатель (доверительно): — Я начальнику покупаю. Без скидки обойдётся!

② На рынке: — У вас диски лицензионные? — Ну, честно говоря, практически, как бы да.

③ Приходит мужик в магазин выбирать жене подарок на Новый год. Говорит продавщице:

— Покажи мне это. А нет, это не такое... А вон то... Нет, это дорого... А то... Нет, это дёшево. Девушка, а если бы вы были моей женой, что бы вы хотели? — Другого мужа!

④ — Кило двести. С вас 350 рублей!

— Хм, знаете, я работаю учителем математики...

— Э-э-э... точнее, 300 рублей

— В старших классах!

— 1 килограмм 154 грамма. С вас 288 рублей 50 копеек.

⑤ В магазине мужик спрашивает у продавца гастронома:

— У вас пряники свежие?

— Нет. Старые, совсем твёрдые.

— А торт свежий?

— Нет-нет, возьмите лучше пряники!!!

⑥ Жена посылает мужа в магазин: Возьми батон, если будут яйца — возьми десяток.

Муж в магазине: — Дайте батон. А яйца есть? — Есть. — Тогда 10 батонов.

⑦ Кассирша: — Мелочь не посмотрите?

Покупатель: — Ну... показывайте...

⑧ Мужик шумит у кассы: — Вы же сами только что сказали, что никогда в жизни не видели бумажки в 158 рублей... Так откуда же вы знаете, что она у меня фальшивая?!

⑨ Продавец в магазине маленькому мальчику: — Ты действительно уверен, что тебя послали купить четыре килограмма конфет и двести граммов картошки?

⑩ Алкоголь после 23:00 продавать запретили? Молодцы. Теперь ещё тортики продавать после 18:00 запретите, пожалуйста!

## 4. ВИДЕОМАТЕРИАЛЫ. ФРАГМЕНТ КИНОФИЛЬМА

«Мне с вами по пути». Мелодрама. 2017. Реж. А. Высоковский.
Время: 7:01 — 9:52

— Дедушка, хлеб по социальным льготам у нас в том углу магазина. Там чёрным по белому написано: на этот хлеб скидка не распространяется.

— Девушка, миленькая, ну вы сами-то тот хлебушек видели? Он же… несвежий.

— Дедушка, миленький, либо берём несвежий хлеб со скидкой, либо свежий за полную стоимость. Слышите?

— А если в порядке исключенния?

— Я же вам русским языком говорю...

— А, здравствуйте! В чём проблема?

— Дедушка хочет купить хлеб. А я ему объясняю, что на этот хлеб пенсионная скидка не распространяется.

— Свет, упокойся и сделай дедушке скидку.

— Надь, не положено. У нас есть отдел льготных продуктов.

— Пробей хлеб под мою ответственность.

— Ладно.

— Дай Бог вам здоровья!


— Надь, зайди ко мне... Ну что ж ты, Наденька... Товар разбазариваешь? Убытки магазину приносишь...

— Марат Альбертович, там убытков на 15 рублей.

— Маленький убыток – тоже убыток. А наша работа – создавать прибыль. Мы же не благотворительная организация.

— Хорошо, можете вычесть из моей зарплаты. Мне не жалко. Но и, между прочим, я выполняла свою работу – разрешила конфликт с покупателем. Мы потеряли 15 рублей, но покупатель остался доволен. И он ещё к нам вернётся.

— Ну, если с этой стороны посмотреть... Ладно, согласен. Оправдание принимается.

— Я могу вернуться к работе?

— Вот это, Наденька, я в тебе и ценю. Рвение к работе, умение думать наперёд. Такие люди мне нужны. Кстати, ты в курсе, что я скоро открываю новый магазин в центре?

— Да, в курсе. И что?

— Как раз ищу человека на должность директора. И ну... и мне нужны люди, которым можно доверять. Ты как раз подходишь. Но если, конечно, постараешься.

— Да, Марат Альбертович, вот с этим вы точно не по адресу...

— А ты не торопись, подумай... Ну зачем отказываться от такой возможности? Да?

— Я могу идти работать?

— Иди, работай!

— Спасибо!

— Но имей в виду: отказов я не принимаю.

## 5. ПОЧИТАЕМ ВМЕСТЕ

Прочитайте драму «Гроза» А. Н. Островского. Как вы думаете, в чём сходство Кабанихи и Дикого?

# ИГРЫ

Есть прекрасная игра «Третий лишний». Играть в неё можно, если вы уже знаете много названий товаров. Первый участник называет три предмета, которые можно купить в магазине. Например: конфеты, мороженое, яблоко. Следующий должен сказать: «Лишнее – яблоко, потому что это полезно, а конфеты и мороженое есть вредно». Или: «Лишнее – мороженое, потому что его нужно хранить в холодильнике, а конфеты и яблоки там хранить не нужно». Или: «Лишнее – конфеты, потому что это множественное число, а мороженое и яблоко – единственное». Главное – не останавливаться. Кто не сказал ничего на счёт «раз-два-три!», тот выбывает из игры.

Вот попробуйте: лимон-яблоко-апельсин, картошка-капуста-хлеб, творог-сыр-мороженое, сапоги-тапки-футболка, платье-пальто-рукавицы...

有趣的游戏——"第三者多余"。如果你知晓足够多的商品名称就可以做这个游戏。头一个参加者说出三件可以在商店里买到的物品的名称。比如：糖果、冰激凌、苹果。下一个人就得说：

## Русский как русский

"多余的是苹果。因为它有益,而糖果和冰激凌吃了没有好处。"或者:"冰激凌多余,因为它得放在冰箱里保存,而糖果和苹果不需要。"又或者:"糖果多余,因为糖果用的是复数形式,而冰激凌和苹果——都用单数。"重要的是别卡壳。如果数到三下还没说出来,那个人就出局。

来试试吧:柠檬、苹果、橙子,土豆、圆白菜、面包,奶渣、奶酪、冰激凌,靴子、拖鞋、T恤衫,连衣裙、大衣、连指手套……

# Урок 8. Дом. Домашние дела. Ремонт обуви. Химчистка. Парикмахерская

## Часть I. ЭТО НАДО ЗНАТЬ

### 1. ЛЕКСИКА

- ада́птор 转换头
- безупре́чный 毫无瑕疵的、完美的
- ва́йбер Viber 一种智能手机跨平台网络电话即时通讯软件
- ве́шалка 挂衣架、（衣服上的）挂衣环
- водопрово́д 水管
- воню́чий 臭不可闻的
- вотса́п whatsApp 瓦次艾普软件
- выключа́тель м. 开关、断路器
- газ 燃气, га́зовая плита́ 燃气炉
- гаранти́йная мастерска́я 保修点
- гигие́на 卫生学、卫生措施
- зави́вка 卷发、烫发, завива́ть 弄卷、卷曲
- закле́ить 糊住、粘住
- замо́к 锁
- зая́вка на... 维修申请单
- канализа́ция 下水道、阴沟
- ключ 钥匙
- коммуникати́вный 交际的
- кран 水龙头
- ку́хонный шкаф 橱柜

- лифт 直升电梯
- лю́стра 枝形吊灯
- матра́с 床垫
- метла́ 扫帚
- му́сор 垃圾
- набо́йка 鞋后掌
- на́волочка 枕套
- обо́и 壁纸
- обогрева́тель м. 加热器、电暖器
- одея́ло 被子
- откле́иться 脱落
- пододея́льник 被罩
- подстри́чь 剪短、剪齐、修剪一下
- полоте́нце 毛巾
- помо́йка 垃圾堆、泔水池
- посудомо́ечная маши́на 洗碗机
- приме́рочная 试衣间
- причёска 发型
- про́бка 保险丝、软木塞、堵塞
- прово́дка 电线网、布线
- простыня́ 褥单
- пылесо́сить 用吸尘器吸尘
- расклаа́душка 折叠床、行军床

- расце́нка 定价、计件工资
- рези́новый 橡皮的、橡胶的
- ремо́нт 维修、装修
- розе́тка 插座、花结
- санте́хник 水暖工
- синте́тика 合成材料、合成纤维
- сле́сарь м. 钳工、维修工
- СМС (эсэмэ́ска) 短信
- стира́ть 洗
- табуре́т 凳子
- таз 盆, та́зик 小盆
- убо́рка 扫除、清理
- укороти́ть 改短、压缩
- унита́з 抽水马桶
- утю́г 熨斗
- фо́рточка 通风小窗、气窗
- чёлка 额发、刘海
- щелчо́к 咔嚓声、弹指声
- эле́ктрик 电工
- электросе́ть (сеть) ж. 供电网，电力网

*Русский как русский*

## 2. ДИАЛОГИ

听录音
请扫二维码

### Диалог 1 <в общежитии>

— Здравствуйте! Можно сейчас сдать постельное бельё?
— Всё принесли? Так… пододеяльник есть, простыня тут… наволочка на месте… Полотенце тоже. Чистое сразу возьмите.
— Спасибо! А можно одеяло?
— У вас же есть в комнате!
— Есть, но мне холодно под одним одеялом.
— Кровать у окна стоит?
— Да, у окна.
— Надо окно заклеить①, тогда будет теплее. Одеяло берите, мне не жалко.

### Диалог 2

— Представляешь, я сняла квартиру! Чудесный вид из окна! Одиннадцатый этаж, две комнаты, кухня, ванная со стиральной машиной. И – главное – балкон!
— Тебе повезло! Там чисто? Хозяин нормальный? Мебель есть? А что на кухне?
— Хозяйка, а не хозяин. Деловая женщина. Она сама живёт в соседней квартире, а эту сдаёт. На кухне холодильник, газовая плита, стол, один табурет, один стул. Посуда вся есть. В прихожей вешалка. А комнаты пустые. Только шкаф и книжные полки.
— И что ты будешь делать? Пойдёшь мебель покупать?
— Я думаю, надо купить то, на чём можно спать. Кровать, диван…
— Не стоит зря тратить деньги! Купи раскладушку. Нет, лучше матрас. Это будет в пять раз дешевле. На полу спать очень полезно.

### Диалог 3

— Господи! Почему у тебя такой беспорядок?
— У меня скоро будет порядок. Просто я делаю уборку.

---

① 俄罗斯寒冷地带的建筑往往大门非常厚重，窗户里外两扇。有些窗户上面会单独开一扇小窗（форточка），以便通风。两扇窗之间空隙较大，寒冬几乎是天然冰箱。冬天来临，为了防止漏风，人们采取各种方法封窗户。除了糊窗户之外，还有人把报纸裁条沾水，夹在窗扇与窗框之间，天寒地冻，湿报纸凝结，自然将窗户和窗框冻成一体，现在也有各种门窗封条，但封窗户传统上仍用 заклеить 这个词。

Урок 8. Дом. Домашние дела. Ремонт обуви. Химчистка. Парикмахерская

— А почему вода на полу? Ой, какая грязь!
— У меня тут что было! Утром встала – кран не работает. Не умыться, зубы не почистить. Я немного посильнее его повернула – он как плюнет водой! И кран не закрыть, и воду не остановить.
— А дальше?
— Мы звонить в аварийную службу! Они приехали. Воду отключили. Пришёл сантехник. Кран починил. Ходил в сапогах везде. Поэтому пол грязный.
— Он новый кран поставил?
— Да. И трубу заменил. Теперь надо на кухне подмести, в ванной помыть пол и стены.
— Да... Вижу... тут настоящий фонтан был! Даже на потолке вода... Давай помогу.

### Диалог 4

— Ко мне мама приезжает!
— Поздравляю! Ты уже придумала, что будешь ей показывать? Музеи? Парки?
— Сначала я ей покажу нашу квартиру. А потом придём к тебе в гости в общежитие.
— Боюсь, что она придёт в ужас!
— От квартиры или от комнаты?
— И от того, и от другого!
— Ошибаешься! Я уже вымыла окна, почистила плиту, даже ковёр пропылесосила. Ещё выстирала бельё, сдала в химчистку грязную куртку, починила обувь, а сегодня получу из гарантийной мастерской свой комп!
— Сколько энергии! Может, попросить её, чтобы она приезжала каждый месяц?
— Ты бы у себя в общежитии полы помыл и пыль с полки вытер! Ведь она захочет к тебе зайти. У неё гостинцы от твоей мамы.

### Диалог 5

— Что тут у вас происходит? Почему в темноте сидите?
— Почему-то не включается лампочка. Олег, ты знаешь, как вызвать электрика?
— А лампочка старая или новая была? Может, она перегорела?
— Да нет, новая... Это что-то с проводкой.
— А как это случилось?
— Мы услышали щелчок, а потом везде свет погас.
— А в остальных комнатах на нашем этаже есть свет? Ну-ка... посмотрю... И в коридоре темнота... Всё понятно! Это во всём здании отключилось электричество!

109

*Русский как русский*

— И что теперь будет? Когда его починят?
— Думаю, быстро. В таких случаях говорят, что «вылетели пробки». Сегодня холодно, все включили обогреватели, поэтому электросеть не выдержала напряжения.

### Диалог 6

— Рая! Алло! Ты никого не вызывала, когда уходила из дома? Электрика? Сантехника?
— Конечно, нет! У нас всё работает: лампочки, розетки, выключатели, краны. Почему ты спрашиваешь?
— К нам стучатся какие-то два человека в синей форме. Говорят, что они пришли по нашей заявке на ремонт выключателя и унитаза.
— Это какая-то ошибка. У нас всё в порядке, так и скажи им. И двери не открывай.
— Они просят, чтобы я открыла, я сказала, что мне надо одеться.
— Ты с ума сошла? Не открывай ни в коем случае. Спроси, в какой дом они шли, в какую квартиру, кто хозяин квартиры.
— У тебя такой взволнованный голос!
— Ещё бы! Ты что, не понимаешь, что это могут быть преступники?

### Диалог 7 ‹в мастерской по ремонту обуви›

— Здравствуйте! Я вам принесла четыре пары чинить.
— Посмотрим-посмотрим. Какие туфли! Тут набойки поменять?
— Да, это самое простое. А вот эти ботинки… Вот тут. Подошва совсем отклеилась.
— Это не страшно. Будут как новые! А в этих кроссовках кто-то в футбол играл?
— Да, сын! Ему любые кроссовки на один месяц!
— Это тоже починим. А эти сапоги… Тут уж сами решайте.
— А что такое?
— Молния (拉链) – 270 рублей, подошвы – ещё 400, каблуки – по 150. Сколько им лет?
— Это мои любимые. Я их ношу 5 лет!
— Да. Хорошие сапоги... были. А сейчас дешевле выкрасить да выбросить[①].

---

① 俗语，意为破烂不堪。

**Урок 8.** Дом. Домашние дела. Ремонт обуви. Химчистка. Парикмахерская

- —А когда будет готово?
- —В среду после двух.

### Диалог 8 ‹в парикмахерской›

- — Садитесь, пожалуйста! Что делать будем?
- — Я хочу новую стрижку. Только не знаю какую.
- — Голову мо́ем?
- — Нет, я сегодня утром мыла. А у вас есть журналы с модными стрижками?
- — А как же! Может быть, посмотрите новый каталог?
- — Мне кажется, очень коротко не надо.
- — До плеч оставляем? Или до линии уха?
- — Нет, давайте до середины уха. А чёлка пусть будет длинная.
- — До бровей?
- — Нет, ещё длиннее. Я её буду убирать за ухо.
- — Завивку будем делать?
- — Нет, у меня волосы сами вьются, завивку не надо.

### Диалог 9

- — Мне нужно привести в порядок эту куртку.
- — Девушка, вы видели объявление?
- — Какое?
- — «В связи с большим количеством заказов срок выполнения работы десять дней».
- — Сегодня двадцать пятое января, значит, я смогу получить куртку пятого февраля?
- — Скорее всего, шестого или даже седьмого. Ну, сдаёте?
- — Посмотрите, может, её можно постирать дома, в стиральной машине?
- — Ну-ка… Не советую… Куртка на пуху. После обычной стирки вы её уже носить не сможете. На этикетке написано, что стирать нельзя. Только химчистка.
- — А сколько стоит?
- — 800 рублей обычная. Есть срочная, то 1200.
- — Давайте обычную.

*Русский как русский*

### Диалог 10 ‹ателье, у портнихи›

— Скажите, пожалуйста, можно брюки укоротить?

— Да. Идите в примерочную, я посмотрю, на сколько сантиметров надо укоротить.

— Я думаю, на 10. Они очень длинные. Если ходить по улице, всегда будут грязные внизу.

— Нет, не думаю, что так. Вы сейчас на низком каблуке. А если большой каблук? Ведь эти брюки должны его чуть-чуть прикрыть.

— У меня нет обуви на каблуках, я всегда хожу в кроссовках.

— Скажите, вы уже стирали эти брюки?

— Нет, они совсем новые. Вчера купила.

— Тогда сначала советую постирать. Это натуральная ткань. Без синтетики. Такие вещи после стирки садятся.

— Куда садятся? В каком смысле?

— Садятся – значит уменьшаются в размере. Может быть, их не надо будет укорачивать.

### Диалог 11

— Компьютер не загружается! Что делать?

— Звони в гарантийную мастерскую! Он же новый совсем!

— Я такого не ожидала! Ещё вчера было что-то странное: видеокарта сама отключалась.

— Да-да, а позавчера клавиатура не работала, только после перезагрузки начала работать… А два дня назад мышка не работала…

— Ты можешь не иронизировать? Мне и так плохо! Ведь в компе мой реферат!

— Извини, я понял, что глупо себя веду. Давай вместе поедем в гарантийную мастерскую! Я помогу отвезти компьютер.

— Сейчас. Надо взять с собой гарантийный талон и паспорт. Денег много брать, как думаешь?

— Возьми сколько-нибудь… Но они не понадобятся. Ремонт по гарантии делают бесплатно.

## 3. ТЕКСТЫ

听录音
请扫二维码

**Текст 1**

Я уверена, что домашние дела можно сделать быстро. Но моя подруга думает, что всё это – тяжёлый труд. Вчера мы с ней обсуждали, сколько времени уходит на домашние дела.

Катя: Мне кажется, что вся моя жизнь – это хозяйство! Я вымыла полы, постирала, погладила бельё, приготовила обед… На часах уже два!

Соня: Я делала то же самое! Но освободилась в 11 утра! А когда ты встала, Катя?

Катя: Я встала в 8. Выпила чашку кофе… Нет, две. Уже было 9. Вышла на балкон.

Соня: Я тоже пила утром кофе и выходила на балкон. Только до этого я загрузила бельё в стиральную машину.

Катя: Потом я стала мыть полы, но вспомнила, что надо достать из холодильника мясо. Тут позвонила соседка. Она такая разговорчивая!

Соня: И долго вы болтали?

Катя: Да нет, полчаса, наверное. Ты знаешь, она вчера в театр ходила! Рассказала мне, что там было! Интересно! И ещё я помогла ей в интернете выбрать новые тапочки.

Соня: Да, я тебя понимаю!

Катя: Тут по телевизору началась такая передача! Очень полезная!

Соня: Ты посмотрела? О чём?

Катя: О том, сколько раз в неделю надо мыть полы и вытирать пыль. Пыль надо вытирать каждый день, а полы мыть 2 раза в неделю. И реклама стирального порошка.

Соня: Ты, наверное, когда увидела порошок, вспомнила про стирку?

Катя: Конечно! Иначе бы забыла. Тут чувствую – какой-то запах странный. А это я чайник забыла выключить!

Соня: Будешь новый покупать?

Катя: Конечно! Старый чайник я сразу выбросила на помойку. Пока ходила на помойку, встретила одноклассницу. Поговорили немного.

Соня: Это сколько времени уже было?

Катя: Половина первого. Чувствую – есть хочу. Сделала бутерброд. Пока ела, вспомнила, что полы надо домыть. В час дня начала суп варить. Бедные мы, женщины! Вся жизнь в домашних делах проходит!

Соня: Да... спорить не буду...

*Русский как русский*

### Текст 2

Вы поступили в университет? Вам дали место в общежитии? Вот повезло! Но, как говорится, во всём есть свои плюсы и минусы. Итак, в ближайшие четыре года у вас будут соседи, причём это будут «соседи по комнате», «соседи по блоку», «соседи по коридору», «соседи по этажу». Представьте, как это разовьёт ваши коммуникативные навыки!

Возможно, у соседей будут своеобразные представления о жизни, о быте, еде, любви, дружбе, культуре… Но выхода у вас нет, ведь снимать квартиру очень дорого! Так что учитесь договариваться, а в некоторых случаях даже вступать в конфликты, хотя этого совсем не хотелось бы… И всё-таки что делать, если ваш сосед вас абсолютно не радует: любит выпить, разбрасывает по всей комнате грязные носки, по ночам слушает музыку? Не устраивайте скандал. Постарайтесь договориться с комендантом о переселении. И не надо думать, что вы сами безупречны с чужой точки зрения. Может, вашему соседу не нравится, когда вы приносите из чебуречной вонючие чебуреки.

Ну, не будем о грустном. Давайте поговорим о порядке. Договоритесь с соседями, как вы будете поддерживать порядок в комнате, кто когда будет мыть пол, вытирать пыль. В общежитии нужно помнить о гигиене. Нельзя ходить в душ без резиновых тапочек. Купите себе тазик, ведь душ может работать не всегда.

В общежитиях принято делиться всем, что имеешь, даже если это последний кусок хлеба. Помните об этом!

### Текст 3

Дома должен быть порядок. Это знают все. Однако у русских есть очень много примет, касающихся уборки. Конечно, вам скажут, что это суеверия, что в наше время никто не верит в приметы, но… Но на самом деле многие хозяйки считают, что нарушение запретов может привести к неприятностям. Например, нельзя мыть полы очень поздно вечером, особенно если уже темно на улице. О женщине, которая так делает, говорят: «Чертей в дом намывает». Нельзя делать уборку, если из дома уехал близкий человек. Надо дождаться, пока он доедет до места. Почему? Потому что так хозяйка «вымывает человека из дома». Особенно важно не подметать и не мыть полы: если это сделать, то уехавший забудет дорогу в этот дом. Нельзя собирать рукой крошки со стола: вся семья будет жить в нищете. Верующие никогда не делают уборку в дни церковных праздников. Правда, есть пословица, оправдывающая работу по дому в любой день: за работу и еду не бывал никто в аду.

**Урок 8.** *Дом. Домашние дела. Ремонт обуви. Химчистка. Парикмахерская*

**Текст 4**

Как хорошо, что мы живём в общежитии! Когда что-то ломается, не работает, отключается, не закрывается, можно сбегать на первый этаж. Там сидит администратор, а у него есть специальный журнал для заявок.

– Надежда Игоревна, можно написать заявку?

– Пиши, пиши. Вот тут номер комнаты, а тут – что случилось. Мастер придёт – я ему покажу.

Но вот вопрос: что делают люди, которые живут дома? Современные квартиры переполнены техникой, электроприборами. А чтобы это ремонтировать, нужен специалист! Ведь не у каждого человека золотые руки, не у каждой женщины есть муж, который всё исправит и починит. Куда они обращаются? Неужели начинают звонить соседям или бывшим одноклассникам?

Этот вопрос так заинтересовал меня, что я полез в интернет. Оказывается, всё зависит от того, что случилось. Если что-то серьёзное, опасное для жизни или комфорта соседей (например, пахнет газом, вода заливает пол из-за поломки водопровода, отключилось электричество), то вызывают аварийную службу. А если что-то незначительное, то вызывают квалифицированного мастера.

Откуда его вызывают? Не смейтесь, пожалуйста. Есть такая служба: «Муж на час». Нет, это совсем не то, что вы подумали! Ведь не каждый может сам разобрать и вынести на помойку старую сломанную мебель, заменить розетку или кран, установить стиральную машину, подключить телевидение, починить замок. Это делает сотрудник сервисной компании «Муж на час». А на час – потому что это минимальный объем работ. Даже если дело на 15 минут, нужно платить как за 1 час работы.

Кто звонит в эту компанию? Одинокие женщины, пожилые люди, молодёжь, не имеющая опыта в мелком ремонте, и, конечно, очень занятые мужчины.

## 4. УПРАЖНЕНИЯ

**Представьте себе, что...**

1. Вы решили показать подруге своего парикмахера. Расскажите о нём так, чтобы она захотела сделать у него новую причёску.
2. Вы пришли в химчистку получать пальто и свитер, но вам дали только пальто. О чём вы будете спрашивать работника химчистки?

*Русский как русский*

3. Вы звоните по телефону, чтобы узнать, как работает мастерская по изготовлению ключей. Узнайте расписание, цены, сроки.

4. Ваш друг собирается делать генеральную уборку. Предложите ему помощь.

**Знаете ли вы ...**

1. Какой мастер поможет, если не работает кран? Если не горит лампа? Если пахнет газом?

2. Сдаётся квартира со всеми удобствами. Поговорите о том, что это значит.

3. Обсудите с другом, что из домашней техники обязательно должно быть в каждом доме, а что можно считать излишней роскошью?

4. Что вы будете приобретать, если придётся снять пустую квартиру?

**Как это по-китайски?**

1. Услуги выездного мастера: строительные работы, сантехника, сборка мебели и другое.

2. Маникюр на дому. Запись через WhatsApp/Viber/СМС/звонок.

3. Оплата наличными или безналичным переводом на карту Сбербанка.

4. Перевозка мебели. Работаем аккуратно.

5. Предлагаю услуги по монтажу отопления, водоснабжения: замена труб, установка ванн, душей, унитазов.

6. Установка и подключение бытовой техники.

7. Вопросы по работе и оплате по телефону или при личной встрече.

8. Расценки индивидуальные: от объёма работ и договорённостей.

9. Изготовление ключей и замена батареек в часах ежедневно без обеда и выходных.

10. Утепление! Устраняем проблемы с окнами и балконами.

11. Ремонт одежды любой сложности (укорачивание брюк, мелкий ремонт, восстановление и замена декоративных элементов, замена молний).

12. Будем рады видеть вас в нашей мастерской по пошиву и ремонту одежды!

13. Предлагаю услуги по ремонту одежды и пошиву постельного белья. Большой опыт, невысокая стоимость.

14. Пришив (замена) пуговиц – 10 руб./шт.; подшив брюк – 150 руб; пошив наволочки – 100 руб. И многое другое! Звоните!

15. Мы устраняем запахи, удаляем трудновыводимые пятна (от кофе, вина, жира, масла, шариковой ручки, лака для ногтей). Используем только качественную химию!

1. 师傅上门服务项目：房屋维修、水暖、家具安装等等。
2. 在家做美甲。通过 WhatsApp、Viber、短信、电话预约。
3. 可以现金或者非现金转账到储蓄银行卡支付。
4. 搬运家具。工作仔细。
5. 提供维修暖气、自来水服务：换水管，安装浴盆、淋浴、马桶。
6. 安装及调试家用电器。
7. 有关工作的内容及报酬问题请致电商谈或面洽。
8. 造价不同：取决于费工程度与协商结果。
9. 修配钥匙、更换钟表电池。每日营业，无午休无节假日。
10. 做保温！解决窗户和阳台的问题。
11. 缝补衣物，无论繁简（裤子改短、小修小补、翻修或更换饰品、换拉链）。
12. 欢迎您莅临我们衣物修补店！
13. 提供修补衣物和缝制床上用品的服务。经验丰富、价格低廉。
14. 钉（换）扣子——每颗10卢布，裤子扦边——150卢布，缝枕套——100卢布及其他各种服务。欢迎来电。
15. 我们清除异味，处理顽固污渍（咖啡、红酒、污渍、油点、圆珠笔迹、指甲油印）。选用质量上乘的化学产品。

## Часть II. РАСШИРЯЕМ КРУГОЗОР

### 1. СТАТЬИ

#### КТО ТАКОЙ САНТЕХНИК?

Сантехник – это «санитарный техник». Так называют работника, который собирает или ремонтирует системы отопления, водоснабжения и канализации. Археологи доказали, что ато древняя профессия. Канализация была в городах Древней Индии, в Вавилоне, в Древнем Риме, в Древнем Китае.

Эта работа связана с риском. Сантехник должен знать правила техники безопасности. Дело не только в том, что он работает с инструментами, но и в том, что это грязная работа. Труд слесаря-сантехника требует хорошей подготовки и высокой квалификации. Сантехник должен быть очень ответственным человеком и хорошо знать своё дело. Сейчас эта профессия входит в список топ-50 самых востребованных профессий по версии Минтруда РФ.

Это один из любимых персонажей современного фольклора. Есть множество анекдотов про сантехника. Памятники сантехнику есть в Москве, в Омске, в Ростове-на-Дону. Образ сантехника запечатлен в фильме «Афоня».

#### ПОРТНОЙ БЕЗ ПОРТОК, САПОЖНИК БЕЗ САПОГ

Портной – человек, который шьёт одежду (от древнерусского портъ «кусок ткани», одежда). Портки, или порты, - это штаны. На Руси штаны (порты, портки) носили уже в XI веке, но слово «штаны» появилось во второй половине XVIII века. Слово «брюки» появилось в XVIII веке, но стало общеупотребительным только в XIX веке. Рабочие инструменты портного – игла и ножницы, с XIX века используется швейная машина, которая сейчас стала электрической. Но это не меняет положения дел: портной по-прежнему без порток и, хотя одевает своих клиентов в новые костюмы, платья, брюки, рубашки, сам одет и не по моде, и не по погоде.

Так принято говорить о человеке, который полностью отдаёт силы своей профессии, но не имеет возможности сделать для себя то, что он делает для других.

*Урок 8.* Дом. Домашние дела. Ремонт обуви. Химчистка. Парикмахерская

## 2. ПОСЛОВИЦЫ И ПОГОВОРКИ

КАКОВО НА ДОМУ, ТАКОВО И САМОМУ. 家什么样，你就是什么样。

ПОДАЛЬШЕ ПОЛОЖИШЬ – ПОБЛИЖЕ ВОЗЬМЁШЬ. 物归原处。

ДОМ ВЕСТИ – НЕ БОРОДОЙ ТРЯСТИ. 打理家务可不轻松。

ДОМ НЕВЕЛИК, А ЛЕЖАТЬ НЕ ВЕЛИТ. 家不大，可忙不完。

ТАК ЧИСТО, ЧТО И ПЛЮНУТЬ НЕКУДА. 一尘不染；干净得不敢吐痰。

## 3. АНЕКДОТЫ

① В гардеробе театра. — Повесьте, пожалуйста, мою куртку. — Не повешу. У вас нет петельки. — Ну, хотя бы за капюшон! — Не повешу. У вас нет пе́тельки! — Но сейчас же спектакль начнётся! — Не начнётся. Вон сидят все актёры и пришивают петельки.

② В сапожной мастерской. — Мне обещали к сегодняшнему дню отремонтировать ботинки. — Можете получить. Платите 202 рубля. — Так мало? В квитанции написано, что ремонт стоит четыреста четыре рубля. — Правильно. Просто один ваш ботинок мы потеряли.

③ — У вас кран течёт? — Нет... — Вы Ивановы? — Нет, они переехали полгода назад! — Что за люди! Сантехника вызвали, а сами уехали!..

④ Испорченными душами① занимаются либо священники, либо сантехники.

⑤ (В парикмахерской) — Как вас постричь? — Молча.

⑥ Садясь в кресло парикмахера, я не думал, что после слов "покороче", самыми длинными волосами на голове будут брови...

⑦ — Ты не знаешь, как можно применить старый монитор? Он вроде немного и работает, а выбросить жалко. — Отнеси его на помойку и забудь. — Так я его только что оттуда принёс.

⑧ Отец перед сном рассказывает сыну сказку: — Жил на свете богатый человек. Купил он себе самый лучший компьютер и кучу лицензио́нных программ. — Пап, а как это — лицензионных? — Спи, сынок — это сказка!

⑨ Одна подруга жалуется другой: — Мой муж такой ленивый, он даже ведро с мусором не выносит! — Мне бы твои проблемы! Мой даже корзину в Windows в компе не очищает!

⑩ Каждое лето ровно на один месяц в российских городах все начинают знакомиться друг с другом, ходить в гости, дружить семьями, дома́ми, районами, вспоминают о своих близких (мамах, папах, тетях, бабушках). Но через месяц это всё заканчивается. Когда всем опять дают горячую воду.

---

① 俄文中 душа́（灵魂）和 душ（淋浴）的复数第五格重音一样，都为 ду́шами。

*Русский как русский*

## 4. ВИДЕОМАТЕРИАЛЫ. ФРАГМЕНТ КИНОФИЛЬМА

«Афоня». Драма, мелодрама, комедия. 1975. Реж. Г. Данелия
Время: 13:45 — 16:35

— Пиво употребляете?

— Если жарко.

— Никаких жарко! Чтоб на работе у меня ни-ни! Одну большую, две маленьких. Студенты-практиканты мои.

— Здрасьте.

— Здрасьте. Ну жара!

— Борщов!

— Аюшки!

— Борщов! Ты ещё здесь, там же авария, третий раз звонят.

— Альберт Петрович, как жизнь?

— Да живём помаленьку.

— А мне студентов навязали. Практикантов. Учу вот!

— Здрасьте!

— Салют!

— Стоп! Сюда. Это что такое?

— Кран. Дураку ясно, что кран. Какой кран?

— Чтоб поливать. Чтоб поливать...

— ПК! Поливочный кран! А что течёт из этого ПК?

— Вода!

— Ясно, что не пиво. Струйка воды толщиной в одну спичку даёт утечку 200 литров в сутки!

— Товарищ слесарь! Сюда, на 9-й этаж!

— Бегу-у-у.

— Одну минуточку Афанасий Николаевич! Чё?

— Я кран закручу.

— Стой! Это Беликова участок, у него свои практиканты есть. За мной.

— Семён! Включи на секундочку, мне на девятый надо!

— Не могу, после обеда заходи.

— Вот безобразие. Третий день чинит.

— Ладно, после обеда зайдём.

— Афанасий Николаевич, там же квартиру заливают.

— Ключ!

— Я чуть-чуть покрутил, она как хлынет.

— Покрутил... Ключ, да быстрей же!

— Ну ключ, ключ ему дайте.

— Навязали вас на мою шею. Ах ты господи! Ты где работаешь-то, Архимед?

— Да в планетарии...

— В планетарии... А если б я у тебя там микроскопы стал крутить, что было бы?

— Катастрофа!

— То-то же! Собирайтесь, умники! Ну вот что, отец: воду я тебе перекрыл, не вздумай снова открывать!

— А когда откроете?

— Не знаю. Второй месяц на складе прокладок нету.

— Ну что же делать?

— Думай, на то ты астроном, чтоб думать.

— Может, можно где-нибудь достать?

— Да где ж я тебе достану?! Что я, – золотая рыбка что ль?

— Ну я отблагодарю.

— Дай-ка ридикюль, Вова. Была у меня тут где-то... одна, своя собственная. Импортная! два восемьдесят за неё отдал. Японская.

— Пожалуйста.

— Ох, ловкач!

— Я?!

## 5. ПОЧИТАЕМ ВМЕСТЕ

Прочитайте рассказ В. Ю. Драгунского «Сверху вниз, наискосок!». А в вашей жизни были какие-нибудь забавные истории, связанные с ремонтом или уборкой?

*Русский как русский*

# ИГРЫ

Игра называется «Функция». Как каждая вещь в хозяйстве выполняет свою функцию, так и у каждой сервисной компании есть своя специализация. Попробуйте поиграть в такую игру. Участник называет предмет, а следующий за ним человек говорит, для чего этот предмет нужен. Следующий участник игры говорит, куда можно отнести этот предмет. Следующий – к кому обратиться за советом. Следующий – что можно с ним сделать и так далее. Проигрывает тот, кто не знает, что ещё можно сказать об этом предмете. Он выбирает следующий предмет, говорит первую фразу, и игра начинается заново. Например: 1) Утюг – это то, чем гладят бельё. 2) Я отнесу утюг электрику, чтобы он его починил. 3) После ремонта утюгом снова можно гладить бельё.

Пожалуйста, заранее подготовьте список разных домашних вещей, чтобы игра была живой и интересной.

游戏名称为"功能"。正如家里每样物品各有自己的功能，每家服务公司也术有专攻。试着做这样的游戏。参加者说出一物名称，跟着一人指出这件物品的功用。后一名游戏参加者说明，这样物品该送到哪里修。再后面的一名说：该向谁求教。下一人说：这件物品该如何使用等等。有谁说不出有关这件物品的话就输了。输的人选择下一件物品，说出有关此物品的第一句话，游戏重新开始。例如：1）熨斗——这是用来熨衣服的。2）我把熨斗送到电工那里，请他修理。3）修好之后又可以用熨斗熨衣服了。

请提前列出各种家用物品的清单，这样游戏就可以进行得热烈有趣。

# Урок 9. Искусство. Театр и кино. Музей

## Часть I. ЭТО НАДО ЗНАТЬ

### 1. ЛЕКСИКА

- акроба́т 杂技、特技演员
- амфитеа́тр 阶梯式座位、半圆形梯形剧场
- балко́н 楼座、阳台
- бельэта́ж 二楼座位
- билетёр 检票员
- бино́кль м. 双筒望远镜
- блокба́стер 大片
- боеви́к 动作片
- ве́ер 扇子、扇状
- ве́стерн 西部片、西洋的
- вре́менная экспози́ция 临时展览
- гли́на 粘土、陶土
- дра́ма 戏剧、正剧、剧本
- жонглёр 手技演员
- за́навес 幕布、帘子
- зая́длый 有瘾的、酷爱
- и́род 残暴者、恶棍（源自 Ирод 希律王）

- кера́мика 陶器、陶土
- кло́ун 小丑、丑角
- колори́т 色调、风情
- коме́дия 喜剧
- короткометра́жный фильм 微电影、短片
- ло́жа 厢座，包厢
- льго́та 优惠
- мелодра́ма 情节剧
- мы́льная о́пера 肥皂剧
- натюрмо́рт 静物画、静物写生
- ночь музе́ев 博物馆之夜
- о́пера 歌剧
- опере́тта 轻歌剧
- пара́дная ле́стница 主楼梯，正门楼梯
- парте́р 池座、正厅
- персона́льная вы́ставка 个人展

- полнометра́жный 标准长度的影片、正片
- попко́рн 爆米花
- постоя́нная экспози́ция 常设展览
- ретроспекти́вный 追溯的、回顾的
- ромко́м (романти́ческая коме́дия) 浪漫喜剧
- сериа́л 连续剧
- смека́лка 机灵、聪颖
- сти́льный 别具风格的
- театра́л 戏迷
- траге́дия 悲剧
- три́ллер 惊悚片
- фильм у́жасов 恐怖片
- фо́кусник 魔术家
- цирк 马戏
- этнографи́ческий 民族学的、民族志学的

# Русский как русский

## 2. ДИАЛОГИ

听录音
请扫二维码

### Диалог 1

— Светик! Можешь меня поцеловать!
— С чего это?
— Ты хотела сходить на рок-оперу?
— Та-а-ак?
— У меня есть два билета на «Юнону и Авось». Рок-опера! Завтра в семь!
— Как «Иисус Христос – суперзвезда»?
— Ага! Главное, это реальная история: и корабль «Авось», и все герои. А музыка какая! Классика, модерн и даже духовная музыка, и всё это на фоне рока.
— Ох, умеешь ты сделать рекламу. А места какие?
— Бельэтаж, правая сторона, третий ряд, третье и четвёртое места. Партер уже раскупили, балкон далеко, там бинокль нужен. Был ещё амфитеатр, но там не было двух мест рядом.

### Диалог 2

— Светка, привет! Я тебе вчера четыре раза звонила, а тебя не было. Ты где была?
— Мы с Владиком в театр ходили, он меня пригласил.
— Что смотрели?
— «Юнону и Авось»①.
— Понравилось?
— Круто! И театр такой большой внутри, хотя снаружи вроде небольшой.
— Расскажи, я там ещё не была.
— Ну, во-первых, там огромный гардероб. Говорят, театр начинается с вешалки. На улице дождь, мы мокрые… Ужас! Встали в очередь, сдали куртки, зонтики, взяли номерки, пошли искать свои места.
— Их надо было искать?
— Сами не нашли бы. Там партер и два яруса, и ещё ложи. Купили программку, выключили телефоны. Хорошо, что у нас места были в начале ряда, а то

---

① «Юнона и Авось» (《朱诺与艾弗斯》, 1981), 是由马·扎哈罗夫导演的苏联最为著名的摇滚歌剧之一。作曲家阿·雷巴科夫以安·沃兹涅先斯基诗歌谱曲而成。该剧在1981年6月9日于莫斯科列宁共青团剧院首演, 导演为马·扎哈罗夫, 编舞为符·瓦西里耶娃, 艺术指导是奥·申奇斯, 至今仍为该剧院保留剧目。1985年12月31日圣彼得堡的"摇滚歌剧"剧院也将该作品搬上舞台。

- пришлось бы по ногам добираться до середины ряда.
- Да, неудобно. К тому же не все встают, чтобы было легче пройти. Вот я была в Германии – там все встают с кресел даже в кинотеатре, когда ты проходишь.
- У нас тоже всегда проходят к месту лицом к сидящим, но вставать не принято.

### Диалог 3 <около кинотеатра>

- Настя, давай в кино сходим? Я уже сто лет не был.
- А куда?
- Ты не будешь надо мной смеяться?
- Ну, говори.
- Нет, сначала скажи, что не будешь.
- Ладно, не буду. Куда идём?
- В «Аврору». Там неделя ретроспективного показа фильмов Тарковского.
- Господи, это ещё кто?
- Настя, Тарковского стыдно не знать! Это же классика!
- Комедия? Блокбастер? Триллер?
- Не-е-е, это совсем другое кино. Тарковский.
- Хорошо, пойдём. Но сначала поклянись, что это не продолжение фильма «Тот самый Мюнхгаузен». Я после него три дня думала, стоит ли с тобой встречаться.
- Клянусь! После «Соляриса» ты будешь думать: «А ведь я могла с ним не познакомиться! Какой ужас!»
- С каким Солярисом[①]? О, да, это ужасно!
- Со мной, конечно! Солярис не человек.

### Диалог 4 <разговор в кассе кинотеатра>

- Лёша (кассиру): Девушка, два билета, пожалуйста на 21:30.
- Кассир: Вам какой ряд?
- Лёша: Алёнка, нам какой ряд?
- Алёна: Ну ряд десятый – двенадцатый, чтоб всё было видно.
- Лёша: Алёна, ответ неправильный. Нам нужен последний ряд.
- Лёша (кассиру): Скажите, а на последнем ряду эффект 3D сохраняется?

---

① 《飞向太空》(1972)是塔尔科夫斯基的电影，它是依据斯·列姆的长篇小说《Солярис》(1959—1961)改编的同名电影。

*Русский как русский*

> Кассир: Сохраняется, но некоторые зрители жалуются, что голова кружится от 3D. С вас тысяча. Очки получите при входе в зал. Не забудьте вернуть на выходе!
>
> Алёна: Возьмём попкорн и колу?

### Диалог 5

> — Девочки, куда пойдём в субботу?
> — В Мариинский! Или просто сходить в драматический театр?
> — В Мариинский не хочу. Там в субботу опера «Борис Годунов». Такой страшный сюжет!
> — Да, это не для отдыха, а для переживаний. «Нельзя молиться за царя-ирода...» Бррр... Хочется чего-нибудь лёгкого...
> — Давай посмотрим балет «Жизель»!
> — Это, ты считаешь, весело? Ты знаешь, как там всё кончается? Жизель умирает.
> — Ну хорошо. Вот ещё. Малый драматический театр Европы. «Варшавская мелодия». Это, наверное, что-то музыкальное? Комедия? Или оперетта?
> — Сейчас посмотрим... О боже! «Всегда и всюду границы, границы... Границы времени, границы пространства, границы государств. Границы наших сил. Только наши надежды не имеют границ...» Нет. Это спектакль о любви... Тоже печальная история...
> — Пошли. Мне интересно!

### Диалог 6

> — Паша, сегодня музеи бесплатные. Ты слышишь?
> — Раз вход бесплатный, значит, народу будет много.
> — А мы туда пойдём, где немного.
> — Куда, например?
> — В тюрьму.
> — Ну ты даёшь! Зачем?
> — Надо же знать места, где проводили время знаменитые люди.
> — Кто, например?
> — Бакунин, например, декабристы, брат Ленина....
> — И где они сидели?

— В Шлиссельбу́ргской крепости[1], там музей теперь. Представь – идём по коридору, а там таблички на дверях: «Тут сидел Пущин, друг Пушкина; тут сидела жена Петра Первого». Там даже советский маршал Рокоссовский сидел! Зайдём, посмотрим.

— А что там ещё есть?

— Я не знаю, посмотрим – будем знать. Потом в кафе, ты эспрессо закажешь...

— Почему я?

— Так вход я оплачу, а кофе – ты.

— Ты же сказал, что вход бесплатный.

— Я просто пошутил. Конечно, у больших музеев есть бесплатный день, например, в Русском музее третья среда месяца. А это маленький музей, такого дня там нет.

### Диалог 7

— Итак, у нас завтра свободный день. Куда пойдём?

— Дай подумать. В Третьяковке мы были, в Геологический я ходила. Вот! Давай-ка сходим в Музей Востока. Я там уже была, но с удовольствием схожу ещё.

— А что, там так интересно?

— Там искусство разных восточных стран: Ирана, Индии... Я люблю зал Китая. А ты видел Рериха?

— Да, в интернете.

— Рериха, его пейзажи надо видеть в оригинале. Горы, голубой снег... это что-то неземное. Смотришь – и города, люди, вещи остаются внизу...

— А Китай?

— Я тебе покажу резьбу по кости. На огромном бивне вырезаны маленькие деревья, домики, садики, мостики, ручьи. Наверное, художник полжизни вырезал эти пейзажи. Нам, русским, очень недостаёт китайского терпения.

— Да, искусство Китая меня восхищает.

---

[1] 什里谢利堡城堡是俄罗斯西北部列宁格勒州最古老的建筑和历史遗迹之一，坐落于涅瓦河发源地拉多加湖附近的一个小岛上，与俄罗斯争夺伏尔加河两岸及波罗的海入海口的领地密切相关。

*Русский как русский*

### Диалог 8

— Ты умеешь рисовать?
— Ну что значит «умею»…
— Я понимаю, ты не Айвазовский. Хочешь со мной на мастер-класс по живописи?
— Не знаю…
— Там будет урок по акварели. Встречаемся на Университетской набережной около Дворца Меншикова.
— Кто учитель?
— Девочка из Академии художеств.
— Академия? Я читал об этом. Она раньше называлась «Императорская Академия Художеств»?
— Да-да, там учились многие русские художники: Боровиковский, Брюллов, Иванов…
— А после мастер-класса предлагаю сходить в Русский музей.

### Диалог 9

— Слушай, а есть в России какие-нибудь необычные музеи?
— Сколько угодно.
— Например?
— Вот, например, Музей хитростей и смекалки. Там всякие предметы, назначение которых без экскурсовода не понять.
— О, это то, что надо. Люблю разгадывать головоломки. А где он?
— В Переяславле-Залесском. Это город из «Золотого кольца» России. Съездим?
— Давай. А ещё что-нибудь такое есть?
— Есть, но надо поискать в интернете. Вот, например, в Новосибирске есть Музей счастья – хорошее место. «Москву – Петушки» Венедикта Ерофеева читал?
— Кто ж её не читал?
— В Петушках есть Музей петуха.
— И что там за экспонаты?
— Фигурки петухов со всех стран света. Какая у людей фантазия!

Урок 9.   *Искусство. Театр и кино. Музей*

### Диалог 10

— Сегодня я отправила в музей фотографии своих работ.

— Ого! В Эрмитаж? В Третьяковку? В Лувр?

— Не иронизируй! В музее «Эрарта» маленький магазинчик. Там продают авторские работы: изделия из глины, из пластмассы, из ткани, из дерева. Ещё там продают акварели, масло, графику.

— Да-да, помню. И что же ты туда отправила? Неужели мою любимую «Ночь»?

— И её тоже. У них на сайте объявление: «Вы знаете, что значит "творить собственными руками"? Мечтаете, чтобы ваши работы заметили и оценили? Приглашаем к сотрудничеству!»

— Нужно привозить работы самому?

— Нет. Фотографии работ с указанием размеров и материала надо присылать на мейл. Это музей «Эрарта» (Эра Арта).

— А скоро будет персональная выставка?

## 3. ТЕКСТЫ

听录音
请扫二维码

### Текст 1

Куда пойти на выходных – всегда большой вопрос. Прежде чем начинать поиск, вспомните, что летом театры часто уезжают на гастроли. Если вы планируете в июле порадовать себя посещением московских или петербургских театров, вас ждёт разочарование. В это время они могут давать спектакли в других городах или в других странах… Недавно подруга показала мне несколько сайтов, где можно быстро получить информацию.

Соня: Смотри. Есть сайты, где можно купить билеты. Bileter.ru, ticketland.ru, kassir.ru.

Настя: Я не запомню так много!

Соня: И не нужно! Там примерно одинаковые цены. Для выбора билетов можно использовать календарь или ключевые слова.

Настя: Какие слова?

Соня: Сначала надо выбрать, куда идти: в концертный зал, в драмтеатр, в оперу, на уличное представление, на эстрадное шоу. Например, ты хочешь в театр. Можно искать по названию театра, по названию спектакля, по фамилии режиссёра, по жанру.

Настя: Очень удобно! О! Тут краткое описание сюжета, сведения о режиссёре и

## Русский как русский

актёрах.

Соня: Только не торопись покупать билет! Цена билета в разных местах зрительного зала разная.

Настя: А зачем здесь «рекомендованный возраст»?

Соня: В России в театр часто берут с собой детей на взрослые спектакли. Поэтому принято указывать, в каком возрасте рекомендуется смотреть этот спектакль.

Настя: А если написано «16+»?

Соня: Значит, сюда могут не пропустить ребенка, который младше.

Настя: Ясно! Доставка заказов курьером. Как заполнить форму?

Соня: Адрес. Имя получателя. Предпочтительное время доставки. Телефон для связи.

### Текст 2

Для меня лучший отдых – театр. Там я словно в другом мире: забываю и о работе, и о домашних проблемах. В Петербурге более 150 театров. Это театры оперы и балета, драматические, кукольные, музыкальные. Прежде чем решить, в какой театр вы пойдёте, лучше посоветоваться с заядлыми театралами. Если вы любите оперу и балет, лучше идти в Мариинский театр. Если вам ближе оперетта, отправляйтесь в Театр музыкальной комедии на Итальянской, а если любите яркие зрелища с фокусниками и акробатами – вам в Цирк на Фонтанке.

А мой любимый театр – это Учебный театр на Моховой. Это уникальный театр! Там играют студенты Российского государственного института сценических искусств, главного театрального вуза Петербурга. Здание театра – один из памятников архитектуры города, знаменитое Тенишевское училище. На Моховой улице жили критик В. Г. Белинский, композитор М. И. Глинка, драматург Е. Л. Шварц, химик Д. И. Менделеев.

### Текст 3

Люблю классическую живопись, люблю музеи, где она есть, и часто в них бываю. Старые мастера очень долго работали над картинами, поэтому в них есть душа, их можно рассматривать очень долго. Конечно, «Чёрный квадрат» Малевича любят многие. Может, я ошибаюсь, но... постою рядом с ним минуту... да и пойду дальше. Мне не хочется рассматривать эту картину.

Мне больше нравятся картины в тёплых тонах: глядя на них, я чувствую любовь художника к жизни, к природе, к людям. Холодные тона заставляют работать мозг, но не дают человеку душевного покоя. Пейзажи интереснее, чем натюрморты, потому что натюрморты всегда однообразны. Вы знаете, что фрукты и цветы в натюрморте – это не просто красивые предметы, но и напоминание о конечности жизни? А вот пейзажи – это совсем другое! Они дают мне ощущение вечности мира.

Я люблю старые картины за то, что они выжили. Когда я рассматриваю «Мону Лизу», мне не надо гадать, хороша ли картина, я знаю априори (先验地), что это шедевр. А тем, кому она почему-то не нравится, могу лишь повторить: «Этой даме столько лет, что она сама выбирает, кому понравиться, а кому нет».

У вас есть любимый портрет, написанный русским художником? У меня есть. Это портрет Александры Струйской, написанный Фёдором Рокотовым.

## Текст 4

В России очень много литературных музеев. Личные вещи, здания, детали интерьера рассказывают о писателях и поэтах, передавая колорит прошлого. Современные литературные музеи не только показывают посетителям предметы, связанные с жизнью и писателей и поэтов. Там проходят интересные лекции, конференции, встречи.

Самые известные историко-литературные музеи в России – это Государственный литературный музей в Москве и Музей института русской литературы в Петербурге (ИРЛИ) – Пушкинский дом. Здесь работают учёные, которые изучают историю литературы.

В России идея создания литературного музея возникла в 1837 году в связи с гибелью А. С. Пушкина. Конечно, больше всего литературных музеев в России посвящено Пушкину. Это музей Пушкина в Петербурге, на Мойке-12, музей-заповедник в Михайловском, музей Пушкина в Москве, Пушкиногорский музей-заповедник в Псковской области. Есть даже музей, посвящённый герою пушкинских «Повестей Белкина». Под Петербургом, на станции Выра, открыт Музей станционного смотрителя. Там реконструирован ямской двор, в комнате смотрителя можно увидеть предметы быта начала XIX века.

В Петербурге вы можете увидеть музеи-квартиры Ф. М. Достоевского, Н. А. Некрасова, А. А. Блока, дом-музей А. А. Ахматовой в Фонтанном доме, музей М. М. Зощенко.

В Москве вы можете посетить музеи М. Ю. Лермонтова, А. И. Герцена, Л. Н. Толстого, А. П. Чехова, М. Горького, С. А. Есенина, М. И. Цветаевой, В. В. Маяковского.

*Русский как русский*

## 4. УПРАЖНЕНИЯ

**Представьте себе, что...**

1. Вы выбираете, куда сходить: в музей-квартиру Достоевского или в музей-квартиру Ахматовой. Попытайтесь убедить друга в своей правоте.
2. Вы решили провести «Ночь музеев» в Москве. Как правильно распределить время?
3. Вы хотите сходить в Музей воды и в Музей кукол. Поищите в интернете информацию о музеях и расскажите, где они находятся и что там можно увидеть.
4. Какие жанры кинематографа вы знаете? Какие из них ваши любимые?
5. Ваш друг вернулся из театра. Узнайте, какие у него впечатления: что он смотрел, как он оценивает игру актёров, декорации, музыку, атмосферу.

**Знаете ли вы ...**

1. Какие из современных русских дирижёров, актёров, композиторов, певцов имеют мировую славу?
2. Какие русские исторические, приключенческие, детективные, психологические фильмы вы считаете удачными?
3. Какие русские художники жили в Петербурге? А в Москве?
4. Какие культурные мероприятия вас ждут, если вы приедете в Россию зимой?
5. Какие современные русские песни популярны сейчас в Китае?

**Как это по-китайски?**

1. На премьеру спектакля можно приобрести билет без сервисного сбора.
2. Каждый второй понедельник месяца в музее санитарный день.
3. Если мероприятие было отменено, заменено или перенесено, клиент может вернуть билеты и получить денежные средства за билеты на это мероприятие у организатора мероприятия, который указан на билете.
4. В связи с эпидемией (疫情) гриппа в репертуаре возможны изменения.
5. В залах музея видео и фотосъёмка запрещены.
6. Вход в зрительный зал после третьего звонка запрещён.
7. К своему месту следует проходить лицом к сидящим.
8. В кассе распечатанный билет можно получить только один раз.

9. Максимальный срок, до которого вы можете забрать оплаченный билет в кассе, – 2 часа до начала мероприятия.

10. Лимит одновременного заказа (бронирования) билетов одним клиентом составляет 8 билетов.

11. Срок аннулирования заказа – 48 (сорок восемь) часов с момента его оформления.

12. Техническая служба компании оставляет за собой право аннулировать неоплаченный заказ.

13. В музее запрещено трогать руками экспонаты, витрины и заграждения.

14. Просим надеть бахилы!

15. Просим отключить мобильные телефоны. Вход в верхней одежде воспрещён.

1. 购买话剧首演票可免服务费。
2. 每月第二个周一为博物馆保洁日。
3. 凡遇活动取消、安排变化或改期，客户有权退票并从入场票上标明的活动组织者那里获得票款返还。
4. 因流感疫情，剧目安排可能进行调整。
5. 博物馆各展厅内禁止录像及拍照。
6. 第三遍铃声响后禁止入场。
7. 走向自己座位时应面向已经落座的观众。
8. 在售票处打印的门票只可领取一次。
9. 已购入场券可在演出开始前两小时内在售票处取票。
10. 每位客户一次最多只可预订8张票。
11. 下单之后的48小时内，订单可以取消。
12. 公司技术保障部门保留取消未支付订单的权利。
13. 博物馆内禁止触摸展品、展柜及护栏。
14. 请穿鞋套！
15. 请关闭手机。禁止穿着户外大衣入场。

*Русский как русский*

# Часть II. РАСШИРЯЕМ КРУГОЗОР

## 1. СТАТЬИ

### КИНО

Кино бывает разное. Если в фильме показаны события, придуманные сценаристом и сыгранные актёрами, то это художественный фильм. Если режиссёр снимал события реальной жизни, то это документальный фильм. Если фильм короткий (не больше 30 – 40 минут), его называют короткометра́жным, или «киноминиатю́рой», а если фильм продолжается дольше, он называется полнометражным. Ещё фильмы бывают чёрно-белые и цветные, немые и звуковые...

В России многие любят старые советские фильмы: «Доживём до понедельника», «Москва слезам не верит», «Афоня», «В бой идут одни "старики"», «Здравствуйте, я ваша тётя!». Есть люди, предпочитающие триллеры, боевики, фильмы ужасов, вестерны. Есть любители мелодрам, сериалов и мыльных опер. Есть поклонники фильмов философского содержания. Немало зрителей у детективов. Например, «Шерлок Холмс» с Василием Ливановым в главной роли популярен до сих пор.

Но всё-таки главное – не жанр, а талант режиссёра. Вне конкуренции фильмы Андрея Тарковского. Кто не любит комедии Леонида Гайдая, фильмы Эльдара Рязанова, Марка Захарова, Георгия Данелии, Ларисы Шепитько́, Карена Шахназарова!

Всем интересны экранизации литературных произведений. Например, «Войны и мира», «Отцов и детей», «Капитанской дочки», «Двенадцати стульев». Интересно сравнивать экранизации, в которых отражаются взгляды каждого поколения актёров и режиссёров.

Вы замечали, что русские иногда начинают говорить какими-то малопонятными фразами и при этом загадочно поглядывать друг на друга? Они не смеются над вами, они просто вспомнили какой-то фильм и, как шарик в теннисе, перекидывают друг другу киноцитаты. Вот, например, из фильма «Тот самый Мюнхгаузен»:

— *Вы утверждаете, что человек может поднять себя за волосы?*

— *Обязательно. Мыслящий человек просто обязан время от времени это делать.*

— *Умное лицо – это ещё не признак ума. Все глупости в мире совершаются именно с этим выражением лица... Улыбайтесь, господа, улыбайтесь.*

Зачем говорить готовыми фразами? Мне нравится самое простое объяснение: киноцитаты создают особую атмосферу. Логика такая: мы говорим на одном языке, значит, здесь собрались свои люди.

### ВИШНЁВЫЙ САД В КИТАЕ

Китайские зрители хорошо знают сюжет «Вишнёвого сада», лирической пьесы, написанной А. П. Чеховым в 1903 году. Драмы А. П. Чехова сегодня входят в число самых читаемых произведений русской литературы в Китае. Но так было не всегда. Чехов стал известен здесь как драматург благодаря Сун Чуньфану (1892 – 1938), знатоку театрального искусства. Эту пьесу впервые перевели на китайский язык в 1921 году. Вот имена известных китайских переводчиков: Гэн Шичжи (1899 – 1947), Фан Синь (настоящее имя Цай Фансинь, 1902 – 1963), Мань Тао (настоящее имя Чжан Ихоу, 1916 – 1978), Цзы Цзян, Юй Ди (1904 – ?), Цзяо Цзюйинь (1905 – 1975), Цао Цзинхуа (1897 – 1987), Ли Ни (настоящее имя Го Аньжэнь, 1909 – 1968), Жу Лун (1916 – 1991).

Эти имена переводчиков о многом говорят китайской интеллигенции. Даже временное затишье 1970 – 1980-х в китайском чеховедении не стало критичным для поклонников Чехова: интерес к его произведениям сохранился.

После издания перевода «Вишнёвого сада» на китайский язык пьесу ставили российские эмигранты, китайские артисты-профессионалы, студенты. Первая постановка на русском языке была в июле 1939 года: «Вишневый сад» был поставлен русскими артистами, членами клуба эмигрантов из СССР. Это выступление было посвящено 35-летней годовщине со дня смерти А. П. Чехова.

## 2. ПОСЛОВИЦЫ И ПОГОВОРКИ

ТАЛАНТ ТРУДОМ ДОБЫВАЮТ. 勤能补拙。

ТАЛАНТЛИВЫЙ И В МОРЕ СВОЮ ДОЛЮ СЫЩЕТ. 天生我材必有用。

СКОМОРОХ ГОЛОС НА ГУДКЕ НАСТРОИТ, А ЖИТЬЯ СВОЕГО НЕ УСТРОИТ. 艺人能吹善奏，却温饱无着。

ВСЯКИЙ СПЛЯШЕТ, ДА НЕ КАК СКОМОРОХ. 谁都能舞两下，可跳得就不如流浪艺人了（外行永远比不上内行）。

ТАЛАНТ НЕ ТУМАН, НЕ МИМО ИДЕТ. 是金子总会发光。

## 3. АНЕКДОТЫ

① Висит афиша: «Безумный день, или женитьба Фигаро». Публика возмущается: «Скоро спектакль, а артисты ещё не решили, что играть!»

② Драматург хвастается приятелю: — И когда опустили занавес, зал взорвался аплодисментами. — А что было нарисовано на занавесе?

③ — Говорят, что этот спектакль не имеет успеха у зрителей?
— Ну, это мягко сказано. Я вчера позвонил в кассу и спросил, когда начало спектакля.
— И что?
— Мне ответили: "А когда вам будет удобно?"

④ Экскурсовод рассказывает посетителям выставки: «Перед вами шедевр – "Портрет неизвестного". Это ранее неизвестная копия с картины неизвестного художника, сделанная неизвестно кем, неизвестно когда и неизвестно как попавшая в наш музей».

⑤ Был в Музее Карамзина. Возле музея кафе с бесплатным Wi-Fi. Там ребята с чувством юмора... Пароль хххх-хххх (годы жизни Карамзина́). Пришлось в музей возвращаться...

⑥ Художник-абстракционист говорит приятелю:
— Я попал в трудное положение. Клиент хочет, чтобы я изменил цвет его глаз.
— Ну измени, что тебе стоит?
— Так ведь я не помню, в каком месте нарисовал глаза!

⑦ Парк. Художник пишет пейзаж. Мимо проходят отдыхающие. Маленький мальчик говорит папе: «Папа, папа, смотри, как дядя без фотоаппарата мучается!»

⑧ Девочку шести лет спрашивают при приёме в первый класс, сколько она знает времён года... Девочка уверенно говорит: «Три!»
Директор смотрит на маму девочки, отправляет их в коридор. Мама возмущается: «Ну, Лена, и что ты сказала?» «Мама, я и правда не помню никаких "Времён года", кроме Вивальди, Гайдна, Чайковского...» Мама: «А Десятников, а Кейдж!?»

## 4. ВИДЕОМАТЕРИАЛЫ. ФРАГМЕНТ КИНОФИЛЬМА

«Старики-разбойники». Трагикомедия. 1971. Реж. Э. Рязанов.
Время: 21:40 — 26:05

— Ты был прав. Все мои прежние варианты никуда не годились! Сейчас я придумал действительно нечто потрясающее! Идём!

— Куда?

— В музей!

— А что я не видел в музее? И вообще я занят на работе!

— Всё равно ты здесь баклуши бьёшь! Идём!

— Почему баклуши? Почему баклуши? Я не пойду в музей! Ты ведёшь меня насильно!

— А почему ты боишься идти в музей?

— Я боюсь не музея, а тебя!

— Ну, пошли, пошли. Вот, возможно, что Рембрандт – это именно то, что нам нужно!

— Не Рембра́ндт, а Ре́мбрандт.

— В какой зал пойдём?

— Лично я люблю импрессионистов!

— Ну, импрессионистов так импрессионистов… Для тебя я на всё готов!

— Хороший скульптор этот Майоль?

— Он? Конечно, конечно, это не Микеланджело, – но мастер очень интересный.

— Ну ясно. Плохого здесь держать не станут. Обожди меня! Простите, а вы не боитесь, что… кто-нибудь украдёт вот те маленькие статуэтки?

— Одну уже украли! Но теперь с этим покончено. Теперь все статуи приморожены к постаментам!

— То есть как приморожены?

— Очень просто – сжатым воздухом!

— Серьёзно?

— Да!

— Спасибо!

— Пожалуйста!

— Скульптуры отпадают в принципе – они приморожены.

— Ну и очень хорошо. Значит, их никто не утащит! Лучше сюда посмотри. Какое чудо!

— А что ты в ней нашёл? Она такая здоровенная!

— Кстати, о картине не судят по размеру! И потом… Дай мне спокойно смотреть! Я хочу получать удовольствие!

— Мы здесь не за этим!

— А я лично… А я лично здесь потому, что люблю живопись!

— Ну хорошо, хорошо!

— Вот так! Моя любимая картина! Валя, спасибо тебе, что ты сюда привёл меня! Надо вообще почаще встречаться с искусством. Искусство – это единственная непреходящая ценность.

— Да. Я тебе верю! У тебя хороший вкус!

— Да.

Русский как русский

— Да. Конечно, она несколько великовата, но вот её-то мы и возьмём!

— Я не хочу воровать картину!

— Ну, и что ты разорался! Остановись.

— Ну, ладно! Слышь, не нервничай! Пойдём посмотрим выставку Рембрандта!

— Ну, хорошо, я пойду, но если ты себе хоть раз ещё позволишь…

— Не позволю! Ну ладно, ну…ну пойдём, ну чудо…

— Маленьких картин только три!

— Ты опять за своё?

— Скажи, тебе что больше нравится – «Девушка, примеряющая серьги»? Или «Портрет это… молодого человека»?

— Не скажу!

— Девушка, конечно, легче, но у молодого человека рама красивее! Нет, конечно, красть нужно только Рембрандта. Тогда это на самом деле будет преступлением века!

## 5. ПОЧИТАЕМ ВМЕСТЕ

В русской поэзии 1960 – 1970 гг. есть немало стихотворений о цирке. Например, это «Цирк не парк...» Б.Окуджавы, «Я – клоун» Ю.Кима. Что общего в этих стихотворениях?

## ИГРЫ

«Барыня» – это очень старая игра. Сначала ведущий читает стихотворение.

Нам барыня прислала

Сто копеек, сто рублей

И коробочку соплей.

И сказала:

Не смеяться, не улыбаться,

Чёрно-бело не носить,

«Да» и «нет» не говорить,

Букву «эр» не называть

И слова не повторять.

Что это значит? Это значит, что во время игры нельзя употреблять слова с буквой «Р», нельзя отвечать на вопросы «Да!» или «Нет!», нельзя упоминать чёрный и белый цвета, нельзя смеяться и улыбаться (даже если очень хочется). Если кто-то из игроков уже использовал в ответе слово «конечно», вам нельзя его повторять. Конечно, есть и исключения: повтор предлогов, союзов и местоимений допускается.

Итак, нарушение этих правил означает, что вы выходите из игры. Теперь слово ведущему. Он задаёт вопросы, а вы на них отвечаете, соблюдая все требования «барыни». Эта игра для находчивых: учитесь искать описательные обороты в тех случаях, когда трудно найти нужное слово. Примеры вопросов: «Вы пойдёте в театр? Вам нравится опера или трагедия? В какой день недели вы отдыхаете?» Не торопитесь говорить: «Да! Опера! В воскресенье!» Поняли, почему так отвечать нельзя?

《太太》——这是个老掉牙的游戏。一开始主持者朗诵如下诗句：
太太给我们送来，
一百戈比、一百卢布，
还有一整盒儿鼻涕。
太太说：
不许笑来不露齿，
白色黑色不能穿，
"是"与"不是"不许讲，
字母"p"不能说。
用起词来不重复。

这是什么意思呢？意思就是说，在游戏过程中，不能用带字母"p"的词，不能用"是"和"不是"作答，不能提白色或黑色，不可出声笑也不能微笑（无论你有多想）。如果游戏者中已经有人用了"当然"这个词，您就不可以再说。当然，也有例外：前置词、连词、代词可重复使用。

也就是说，违反上述规定您就出局了。现在由主持者开始，他提出问题，您则需遵守所有"太太"的要求进行回答。这个游戏培养随机应变的能力：看您如何在词穷的情况下找到描述性短语。比如这样的问题："您去剧院吗？您喜欢歌剧还是悲剧？您周几休息？"别着急答成："是！歌剧。周日。"您明白为什么不能这样回答吗？

# Урок 10. Свободное время. В гостях. Экскурсии. Развлечения

## Часть I. ЭТО НАДО ЗНАТЬ

### 1. ЛЕКСИКА

- автóбусный тур 乘巴士车旅行
- áктовый зал 大礼堂
- апартамéнт 公寓、豪宅
- банáльный 平庸的、陈腐的
- билья́рд 台球、桌球
- бóулинг 保龄球
- брони́рование 预订、预留
- верховáя ездá 骑马
- Гольфстри́м 湾流
- дéтский городóк 儿童游乐园
- Заполя́рье 北极地区
- карéта 轿式马车
- квест 冒险游戏、密室逃脱
- колесó обозрéния 摩天轮
- кургáн 古墓，冢墓
- нея́вка 缺席、缺勤
- обезья́на 猴子、猿猴

- однодневка 蜉蝣，昙花一现的事物
- односпáльная, двуспáльная кровáть, двухъя́русная кровáть 单人床、双人床、双层床
- отдéльный нóмер 单间
- отéль м. 酒店
- пантоми́ма 哑剧
- пилáтес 普拉提
- пирáт 海盗、强盗
- подтверждéние 确认
- предоплáта (пóлная, десятипроцéнтная, двадцатипроцéнтная) 预付（全额，全额的10%、20%）
- приключéния на дерéвьях 树上拓展
- развéдчик 侦察兵

- регистрáция заéзда/отъéзда 办理入住、离店手续
- скалодрóм 攀岩馆
- совпадéние 巧合
- тéннисный корт 网球场
- тир 靶场
- трáнсфер 转机、转账
- турни́р по го 围棋循环赛
- упря́жка 组、群（套在一起的几匹马或者几只狗）
- хáски м. неизм. 哈士奇
- хóстел бэд-энд-брéкфаст 提供住宿加早餐的旅舍
- частýшка 四句头（俄罗斯民间戏歌）
- экстравагáнтный 怪癖的、古怪的

## 2. ДИАЛОГИ

### Диалог 1

— Сегодня воскресенье, отдохнул бы!
— В смысле? А я что делаю?
— Ты полдня читал, потом играл на гитаре, потом ходил по крышам, потом в изостудию. Разве это отдых?
— А разве нет? Книги, музыка… Знаешь, какие неожиданные виды открываются, когда внизу Нева, Мойка, Фонтанка?
— Ну… Не знаю, конечно… Выходной – это свободное время! Надо выспаться, посмотреть телевизор, поесть, поболтать по телефону...
— Я бы устал от такого «отдыха».
— А я устал бы от книжек и музыки.
— Вот загадка: как получилось, что мы с тобой такие разные? Ведь близнецы!

### Диалог 2 ⟨разговор по телефону⟩

— Привет, как ты?
— Лежу на диване. Отдыхаю от отдыха.
— Удивительное совпадение! Я тоже лежу на диване по той же причине. А ты где отдыхал?
— Поехал на лыжах в лес, думал, что на полчасика, ушёл далеко. Красота в лесу! Снега много! Прошёл 15 километров. А ты где была? Почему лежишь?
— Я пришла из фитнес-клуба. Сначала ходила на пилатес, потом в бассейн. Потом увидела объявление, что можно сходить на танцы. Я люблю активный отдых!
— Жаль, что всё это в помещении. Надо дышать свежим воздухом в выходные!
— Главное – голова отдыхает! И настроение отличное.

### Диалог 3

— Мы с другом улетаем в Россию!
— Что же вы хотите увидеть в этот раз? Север, юг, запад, восток?
— Мечтаю съездить в Мурманск.
— Я даже названия такого не знаю! Где это?

## Русский как русский

— Это город за полярным кругом, на берегу Баренцева моря[1].
— За полярным кругом? Значит, там есть северное сияние?
— Да, это очень красиво.
— Там, наверное, очень холодно?
— Мы холода не боимся! Поедем зимой, чтобы увидеть и сияние, и настоящую полярную ночь.

### Диалог 4

— Здравствуйте! Я хочу купить путёвку в пансионат. Куда лучше?
— Как вам сказать… Есть разные варианты: Сочи, Ялта, Новороссийск. Посмотрим. Начало августа или конец?
— Лучше конец.
— Вот смотрите. Пансионат «Море». Здесь всё для отдыха с детьми. А вот «Алые паруса» – это молодёжный отдых. Турпоходы, экскурсии. О! У них есть скидки!
— Спасибо. Там путёвки без предоплаты?
— Нет, предоплата 10 процентов… Требуется внести в течение 2 часов.

### Диалог 5

— А ты уже забронировал гостиницу?
— Нет. Мы можем посмотреть информацию прямо сейчас. Открываю сайт…
— Подожди! Здесь надо оплачивать бронирование сразу! А вдруг не будет билетов?
— О! Смотри-ка, есть бесплатная отмена бронирования.
— Да, но не позднее чем за сутки.
— Надеюсь, что отменять бронирование не придётся. Давай заодно попробуем купить билет на самолёт через интернет, чтобы уже не думать об этом.
— Даты отъезда и приезда… Фамилия, имя… Сейчас… Оплата банковской картой…
— Вернёмся к бронированию гостиницы. Может, ты хочешь «бвэд-энд-брекфаст»?
— Что это?
— Это дословно с английского значит «кровать и завтрак». Маленькая гостиница, где можно переночевать и позавтракать. Это всегда дешевле.
— Нет, давай посмотрим хостелы и апартаменты.
— В хостеле иногда не очень хорошие соседи. Лучше апартаменты.

---

[1] Баренцево море 巴伦支海。

Урок 10.   Свободное время. В гостях. Экскурсии. Развлечения

### Диалог 6

— Ли Инь, ты летишь в Петербург завтра? Надолго?
— Да! На 10 дней! Я всё распланировал. Прилетаю в Петербург вечером во вторник. В среду утром в Эрмитаж, а вечером в Мариинский театр. В четверг утром иду в Русский музей, а днём, с двух до четырёх, иду в Музей Анны Ахматовой в Фонтанном доме. В пять мой друг приедет к метро «Владимирская», там мы встретимся и будем смотреть стрит-арт. А вечером поедем на теплоходе по Неве. Хочу увидеть ночной город и разведение мостов.
— Стрит-арт? Это то, что на стенках пишут хулиганы, которые считают себя художниками?!
— Ты напрасно так реагируешь. Это целое направление в искусстве, и в Петербурге есть настоящие шедевры!
— Ну-ну! Ты всегда отличался оригинальными взглядами!
— Не отрицаю. А в пятницу утром я ещё успею съездить в Кронштадт, поеду от метро «Чёрная речка».
— Лучше бы погулял по Невскому проспекту! Ведь о нём писали Гоголь и Пушкин!
— Саша, Невский проспект – это банально. Толпы туристов, шум. А вот приехать в Петербург и не посмотреть Морской собор в Кронштадте… Я столько читал о нём!
— Никогда о нём ничего не слышала. А что дальше?
— А дальше – на теплоход! Валаам – Онего – Кижи – Соловки. Пять дней! Потом один день в Петербурге, а потом и домой!
— В последний день, видимо, ты поедешь смотреть фонтаны в Петергофе?

### Диалог 7

— Катя, ты говоришь по-английски?
— Говорю, но не очень. Почему ты спрашиваешь?
— Есть возможность отдохнуть в молодёжном языковом лагере. Каждый день четыре часа английского, потом отдых: пляж, лес, спортзал, много всякого. Что ты думаешь?
— Где это? Сколько стоит?
— Это всего два часа от города. Смена 40 тысяч на двоих. А на одного – 25 тысяч.
— Заманчивое предложение! А смена сколько дней? И что там ещё есть, кроме английского?

*Русский как русский*

— Квесты, боулинг, скалодром, бильярд, турнир по го, соревнование по спортивному ориентированию... 14 дней. Звоним? Решайся!

— С тобой – хоть на край света!

### Диалог 8

— Настя, пошли сегодня на вечер русского романса!

— А где это?

— Да вот, смотри на доске объявлений, внизу слева. «Век русского романса. От Шаляпина до Хворостовского». Состоится сегодня в главном здании университета, в актовом зале.

— Нет, давай пойдём лучше на вечер юмора. Там будут выступать ребята с филфака и с физфака. Посмеёмся!

— А что будут показывать?

— Три конкурса: монолог, исполнение частушек и пантомима!

— Нет, не хочу. Юмор на сцене – это всегда пустые и глупые шутки.

### Диалог 9

— Куда вы ездили на выходных?

— В Старую Ладогу! Это потрясающее место! Представляешь, там земляные курганы VIII – X веков!

— Это там могила Вещего Олега?

— Да! И крепость, и церковь, построенная до монгольского ига.

— Далеко это? Ночевали там?

— Нет! Туда уехали утром на машине, по Мурманскому шоссе 120 километров. А потом ещё после поворота 7 километров. Вечером вернулись.

— А что, поезда туда не ходят? Нет электричек?

— Железная дорога есть только до Волхова. А оттуда через каждые 50 минут рейсовые автобусы на Старую Ладогу.

— Там ведь какой-то уникальный Археологический музей?

— Да! Там больше 130 тысяч экспонатов. В Старой Ладоге постоянно работают археологи.

Урок 10.  Свободное время. В гостях. Экскурсии. Развлечения

**Диалог 10**

— Ты знаешь, что такое «атмосферный»? Я в новостях услышала слово.

— Если ты спрашиваешь, значит, имеешь в виду что-то особенное?

— Да! Оказывается, есть такое понятие. «Атмосферный город».

— Примерно понятно, что это. Это особенный дух, воздух, атмосфера. И что пишут журналисты?

— Самый атмосферный – Санкт-Петербург. Атмосфера императорской России. Потом идёт Сочи – горные водопады, ущелья. Ярославль – уют, атмосфера русской провинции, волжские берега, древние храмы. Великий Новгород и Псков – северная Русь…

## 3. ТЕКСТЫ

听录音
请扫二维码

**Текст 1**

Я не люблю отдых на пляже. Лежать на берегу скучно. Мне нравится продумывать маршруты, которые позволяют узнать что-то новое. Вот и в этом году мы отправились в путешествие по Волге. Наш теплоход прибыл в Плёс. Мы с подругой идём по набережной.

Анна: Посмотри, как в воде отражаются старые купеческие дома.

Мария: Какие холмы! Здесь, наверное, время остановилось!

Анна: А ты знаешь, что это за дом?

Мария: Нет, откуда мне знать? Я здесь впервые!

Анна: Здесь жил русский художник Исаак Левитан. Это дом-музей Левитана. Зайдём?

Мария: Надо купить билеты. А как он сюда попал?

Анна: Ехал по Волге, увидел город с деревянной церковью и… сошёл на берег.

Мария: Нам, пожалуйста, 2 билета.

Кассир: Пожалуйста. Сдачу не забудьте. Аудиогид нужен? На каком языке?

Анна: Давайте на русском. Спасибо.

Мария: Долго Левитан здесь пробыл?

Анна: Три лета. И написал 200 работ.

Мария: Какой чудный вид! Вся Волга видна!

Анна: Давай поднимемся на Соборную гору, сверху обзор ещё лучше.

Мария: А потом спустимся вниз. Там кафе, передохнём немножко.

Анна: А какой здесь чистый воздух! Чувствуешь?

# Русский как русский

Мария: Да, дышится здесь по-другому, и небо здесь тоже другое.

Анна: И простор... Ведь у нас в городе глазам тесно: везде здания, транспорт, а тут – смотришь – и не насмотреться! Дышишь – и не надышаться!

Мария: Смотри-ка... Там пляж. Люди купаются. Пойдём?

Анна: Да, надо освежиться. Мы на теплоход не опоздаем?

Мария: У нас 5 часов стоянка, так что беспокоиться не о чём.

## Текст 2

Мы решили поехать в Заполярье. Солнцем и жарой нас не удивишь, надо посмотреть, как живут люди без солнца. В полярную ночь солнце не поднимается над горизонтом...

Конечно, нам хотелось сначала увидеть Мурманск. Это город-порт, который не замерзает зимой, потому что в Баренцевом море есть тёплое течение Гольфстри́м. Декабрь. Темно утром, темно вечером. А днём, примерно с половины двенадцатого до половины второго, какое-то странное чувство: то ли это ещё утро, то ли уже вечер.

Зато летом здесь полярный день. Светло даже ночью. Мурманчане смеются над петербуржцами, которые говорят о белых ночах. Вот в Заполярье настоящие белые ночи!

Недалеко от Мурманска есть такое место – хаски-парк «Лесная Елань». Чтобы туда попасть, нужно ехать на санях за снегоходом по лесной дороге. В парке мы видели собак породы хаски и северных оленей, прокатились на санях в оленьей упряжке. Экскурсовод рассказал нам много интересного о заполярной природе и о традициях народов Севера.

Но самое главное было вечером: по дороге в Мурманск мы увидели северное сияние!

## Текст 3

Приятель давно звал меня в парк отдыха. Я парки не люблю, уж лучше в лес пойти за грибами, но тут пришлось уступить: он так уговаривдл, что я согласился. Я думал, что парк – это дорожки, тропинки, люди со скучными лицами.

Оказалось, это совсем другое! Чего тут только нет! Читаем указатель у входа. «Конно-спортивная станция». «Теннисный корт». «Тир». «Колесо обозрения», «Детский городок», «Приключения на деревьях», «Рыбная ловля».

Дети сразу заинтересовались «Детским городком». Здесь есть горки, песочницы, качели, карусели, а для родителей – скамейки в тени деревьев.

Пока дети строили крепость из песка, мы продумывали план действий. Ведь нужно, чтобы всем было интересно. Мы, конечно, люди взрослые, но как иногда хочется чего-нибудь необычного! Пожалуй, «Приключения на деревьях» – то, что надо. Это такой многоуровневый комплекс препятствий для детей и взрослых. Здесь можно почувствовать себя альпинистом, пиратом, разведчиком, обезьяной. Дух захватывает! Вот где масса эмоций! После этих приключений мы взяли урок верховой езды, покатались в карете, а под вечер собрались домой.

### Текст 4

Где и как отдыхают люди? Это часто зависит от кошелька. Но не всегда. Есть отдых в России, который каждое лето собирает несколько тысяч людей. Они собираются у озера под Самарой: математики, врачи, студенты, учёные, рабочие... Приезжают по одному и семьями, с детьми и без. Ставят палатки, разводят костры, знакомятся и... поют песни. Они не певцы-профессионалы и не музыканты, они просто любят песни под гитару.

А на озере плавает сцена в виде гитары, стоит микрофон. Авторы будут петь свои песни до глубокой ночи, а зрители будут ахать, громко приветствовать любимых артистов и новичков, аплодировать, смеяться или молчать... Лучшие песни тут же выучат и будут петь. А авторы будут ходить между палатками, как боги. Или как полубоги. Потому что их песни – настоящие, не однодневки, а это редкость в наш торопливый век.

Так проходит Грушинский фестиваль авторской песни. Название неудачное, ведь не бывает песни без автора, но мы к нему привыкли.

## 4. УПРАЖНЕНИЯ

**Представьте себе, что...**

1. Вы забронировали гостиницу, приехали на место, но оказалось, что номер не соответствует условиям, которые описаны на сайте: одна кровать вместо двух, номер для курящих, туалет в коридоре... Что делать?
2. У вас совсем нет времени на экскурсии. Но всё-таки вы решили потратить один день на посещение Подмосковья. Как вы распланировали время с 7:00 до 23:00.
3. У вас есть возможность поехать в Карелию. Обсудите с другом, что там можно посмотреть за 3 дня.
4. Вы должны освободить номер до 12:00, но ваш поезд в 19:30. Договоритесь с администратором о том, где оставить вещи и как их забрать за час до поезда.
5. Вы хотите поехать по «Серебряному кольцу» самостоятельно, без экскурсовода. Обсудите с другом свой маршрут.

*Русский как русский*

**Знаете ли вы …**

1. Какие хобби популярны среди ваших ровесников? А какие были популярны у поколения ваших родителей?
2. Что люди коллекционируют в наше время? Какие коллекции, на ваш взгляд, слишком экстравагантны?
3. Какие русские традиционные музыкальные инструменты вы знаете? А китайские?
4. Какие русские телепередачи вы считаете интересными и почему?

**Как это по-китайски?**

1. Бесплатная отмена бронирования возможна до 30 января 2021 года. После этого за отмену бронирования взимается штраф.
2. Бронируйте, сохранив свои платёжные данные. Мы автоматически заполним их за вас при следующем бронировании.
3. Предоплата не требуется, так как вы платите на месте.
4. В гостинице работает круглосуточная стойка регистрации. По желанию клиента возможна поздняя регистрация отъезда.
5. Вы можете легко поменять даты, добавить номера или отменить бронирование онлайн.
6. Не нужно распечатывать подтверждение бронирования – сохраните его в приложении на телефоне или планшете.
7. Предлагаем бесплатный трансфер от/до аэропорта и приветственный напиток.
8. Отель находится в шаговой доступности от метро, остановки автобуса, супермаркета.
9. Если у вас остались вопросы, обратитесь в службу поддержки клиентов по телефону +7 921-371-05-32.
10. Агентство предлагает пешеходные экскурсии в центре города, вечерние и дневные автобусные экскурсии по главным улицам города, а также обзорную экскурсию «Старинная архитектура».
11. В стоимость программы включены услуги экскурсовода, экскурсионное обслуживание, транспортное обслуживание.
12. Входные билеты в музеи в стоимость экскурсионного обслуживания не включены.
13. Внимание! Все туристы встречаются на точке сбора за 5 минут до начала экскурсии.
14. При опоздании или неявке туриста на экскурсию по любым причинам тур аннулируется и его стоимость не возвращается.
15. Студенты и пенсионеры должны иметь при себе документ, подтверждающий право на льготы.

1. 2021年1月30日之前可以免费取消预订，晚于此取消订单则需收取违约金。
2. 预订时请保存付款信息。下次您再预订时我们将为您自动填写。
3. 无需预付，因为是到店支付。
4. 酒店接待处昼夜服务。客人可延迟退房。
5. 您可轻松地在网上更改日期、加订房间或者取消预订。
6. 客房预订的确认单不必打印，只需将它保存在手机或者平板电脑上即可。
7. 提供免费接送机服务以及欢迎饮料。
8. 酒店毗邻地铁、公交车站及超市。
9. 如您还有问题，请拨打客服电话+7 921-371-05-32。
10. 旅行社提供城市中心步行观光游、城市主要街道夜间及白天巴士观光游，以及"古建筑"巡游。
11. 项目费用中包含导游费、游览服务费、交通服务费。
12. 游览服务费中不包含博物馆门票。
13. 请注意！所有游客在游览开始前五分钟到集结地点汇合。
14. 游客因故迟到或缺席，其游览取消，费用不予退还。
15. 大学生及退休人士需携带自己的身份证件方可享受优惠。

*Русский как русский*

# Часть II. РАСШИРЯЕМ КРУГОЗОР

## 1. СТАТЬИ

### ПОЦЕЛУЕВ МОСТ

Есть в Санкт-Петербурге Поцелуев мост. Это мост через реку Мойку. Он соединяет два острова: Казанский и Второй Адмиралтейский. Был он сначала деревянным, раскрашивали его в разные цвета и потому называли «Цветным». А к концу XVIII века стали его называть Поцелуев мост по фамилии купца Поцелуева, который владел питейным домом «Поцелуй» на берегу реки Мойки.

Каких только историй не рассказывают теперь о том, почему этот мост называется «Поцелуевым»! Говорят, что в восемнадцатом веке на этом мосту прощались с любимыми те, кому приходилось уезжать из города: арестанты, матросы, солдаты... И уж если влюблённые, прощаясь, целовались на этом мосту, то потом обязательно встречались вновь.

XX век добавил свои приметы: в день свадьбы надо пройти или проехать по Поцелуеву мосту, причём начать поцелуй на одном берегу реки Мойки, а закончить на другом. Тогда семейная жизнь будет долгой и счастливой.

В Петербурге много мостов, почему же именно на этом? Потому что он не разводится, а это значит, что влюблённые никогда не расстанутся. Ведь если мост разводной, то расходящиеся части моста – это символ грядущего расставания. Вот такая логика.

### «СЕРЕБРЯНОЕ КОЛЬЦО»

Вы, конечно, знаете, что «Золотое кольцо» России – это города Владимиро-Суздальской Руси: Владимир, Суздаль, Ростов, Ярославль, Кострома и другие. В России есть и города «Серебряного кольца». Это города, когда-то относившиеся к Новгородской земле: Великий Новгород, Старая Русса, Изборск, Порхов, Псков, Великие Луки, Печоры, Вологда, Приозерск, Старая Ладога, Ивангород, Тихвин. Чтобы побывать в этих городах, нужно 8 – 10 дней, поэтому туристы посещают лишь самые известные из них.

Великий Новгород. Каменные стены, сторожевые башни, Кремль, Ярославово Дворище. Обязательно пройдитесь по древним улочкам: там можно увидеть археологические раскопки. Здесь расположен Софийский собор, основанный при Ярославе Мудром. Не пожалейте времени на памятник «Тысячелетие России». На нём представлено 128 скульптурных изображений: Ярослав Мудрый, Иван Сусанин, Екатерина Вторая, М. В. Ломоносов, А. С. Грибоедов... А вот Ивана Грозного здесь нет. Новгородцы не простили ему страшную резню, которую он устроил в Новгороде в 1570 году. Новгородчина после этих событий пришла в упадок, хотя прежде славилась торговлей, культурой, ремёслами, а Новгород называли «Господин Великий Новгород». Недалеко от Новгорода Варлаамо-Хутынский монастырь, где похоронен поэт Г.Р.Державин.

Старая Русса – любимый город Ф. М. Достоевского. Здесь вы можете посетить Дом-музей Ф. М. Достоевского, увидеть памятник архитектуры «Дом Грушеньки»[①]. В 2018 году в Старой Руссе был открыт Музей романа «Братья Карамазовы». В городе есть Музей Северо-Западного фронта, ведь во время Великой Отечественной войны здесь шли тяжёлые бои. К марту 1944 года в Старой Руссе не осталось ни одного жителя.

Псков – один из самых древних городов России. В Пскове можно посмотреть Кремль, вечевую（市民大会） площадь и Троицкий собор. Во второй части крепости расположился Довмонтов город. Это музей под открытым небом. В Мирожском монастыре сохранились фрески домонгольского периода. Псковщина[②] связана с именем Пушкина.

Вологда. Достопримечательность города – Софийский собор, построенный по указу Ивана Грозного. В музее «Домик Петра I» есть личные вещи царя. Из Вологды можно съездить в Кирилло-Белозерский монастырь. Зайдите в музеи «Вологодская политическая ссылка», «Вологодское кружево», «Мир забытых вещей». На Воло́годчине[③] жил Николай Рубцов, поэт северной деревни.

## 2. ПОСЛОВИЦЫ И ПОГОВОРКИ

КТО С РАБОТОЙ В ЛАДУ, ТОТ И С ОТДЫХОМ НЕ В СПОРЕ. 好好工作，安心休息。
ЛУЧШЕ ОДИН РАЗ УВИДЕТЬ, ЧЕМ СТО РАЗ УСЛЫШАТЬ. 百闻不如一见。
ЧТО НИ ГОРОД – ТО НОРОВ. 百里不同风，千里不同俗。
В КАКУ СТРАНУ ПОПАЛ, ТАКУ И ШАПКУ НАДЕНЬ. 入乡随俗。

---

① «Дом Грушеньки» 陀思妥耶夫斯基的长篇小说《卡拉马佐夫兄弟》中的一位女主人公格鲁申卡的住所。
② Псковщина 普斯科夫州是普希金家庭领地米哈伊洛夫斯科耶的所在地。普希金第二次流放居住于此并创作了包括《叶甫盖尼·奥涅金》《鲍利斯·戈尔诺夫》等多部作品，他也葬于米哈伊洛夫斯科耶附近的圣山修道院。
③ Вологодчина 沃洛格达地区，距离莫斯科 450 公里，是冰雪老人的故乡。

*Русский как русский*

## 3. АНЕКДОТЫ

① Существуют дороги, которые построили, но забыли отметить на карте. Есть дороги, которые отметили на карте, но забыли построить. Существует и третий вид – не строили, не отмечали, но они есть!

② Если вы заблудились в лесу и у вас нет компаса, ждите осени – птицы полетят на юг.

③ Звонок в турагентство: — Девушка, что из «Золотого кольца» популярно у туристов? — Суздаль, Ростов, Кострома… — Спасибо. Ростов. Я кроссворд разгадываю.

④ — Как это так получилось, что Колумб отправлялся в Индию, а оказался в Америке? — Ошибка туроператора.

⑤ — Как провёл отпуск? — Отлично. — Где был? — Пока не знаю. Фотографии ещё не напечатал.

⑥ Заселился турист в отель. — Так… еда… завтрак с 7 до 11, обед с 12 до 16, ужин с 17 до 23. Да они с ума сошли! А когда же город смотреть?

⑦ Семья собирается в отпуск. — Детей отдадим маме, — говорит жена, — собаку — тёте, кошку возьмёт дворник. Муж: — Я думаю: если в квартире будет так тихо, зачем нам куда-то ехать? Можно отдохнуть и дома.

⑧ Если вы заблудились в лесу, то не пытайтесь вернуться. Стойте там, где стоите. Так вас быстрее найдут.

⑨ — Я слышал, ты разбогател! Как это тебе удалось? — Я перевозил туристов на остров на лодке. Билет туда стоил пять рублей. — Так мало? — А обратно пятьсот.

⑩ Клиент приходит в турагентство: — Хочу съездить туда, где я ещё не был. — Есть тур в Австралию. — Был три раза! — Тогда Куба. — Был! — Может, в Перу? — Вчера вернулся. — Хорошо, мы дадим вам глобус, а вы сами выберете, куда поехать. Клиент долго смотрит на глобус, потом говорит: — Дайте другой глобус! На этом я уже везде был!

## 4. ВИДЕОМАТЕРИАЛЫ. ФРАГМЕНТ КИНОФИЛЬМА

«Счастье — это…». Мелодрама. 2015. Реж. А. Прохоров, Л. Залесский.
Время: 32:18 — 37:30

— Поехали!
— Я вожу-то плохо!
— Поехали! Зелёный!
— Сюда иди! Иди, я сказал!
— Я с тобой никуда не пойду!
— Сказал – слезь!
— Оставь меня!
— Сюда подойди!
— Поехали! Он сумасшедший! Сейчас за нами погонится! Псих! Он жениться на мне размечтался! Крутой у тебя байк!
— Да! Это мне врач посоветовал купить!
— Что?
— Я говорю, врач посоветовал купить!
— Врач? Какой врач?
— Психиатр! У меня просто психогенная депрессия! Понимаешь? Если бы у меня была эндогенная депрессия, она в мозге возникает… в мозгу… в мозгах…
— А у тебя с мозгами что-то не в порядке?
— Врач сказал, да. Мне можно помочь только радикальными методами лечения.
— Останови!
— Чего?
— Останови, говорю.
— Держись крепче!
— Везёт мне сегодня на психов!
— Вы меня не так поняли!
— Лечись давай, пока трамваи ходят!
— Вы меня неправильно поняли! Я нормальный! Я не псих! Поверьте, я не псих!
— Девушка!
— Прости, сейчас! Да?
— Этот тип на байке вам что-то хочет сказать!
— Я нормальный!

*Русский как русский*

— Девушка, подождите, мне только два слова сказать!

— Простите! Вы простите мне мою настойчивость, но у меня с мозгами-то всё в порядке. У меня просто депрессия. А врач говорит, чтобы от неё избавиться, я должен просто влюбиться, и вот… я вас увидел и влюбился. С первого взгляда. Правда. Честное слово.

— Слушайте, что вы ко мне привязались? Что вы от меня хотите?

— А я хочу… да… чтобы вы мне дали свой номер телефона…

— Зачем?

— Чтоб я вам позвонил!

— Зачем?

— Так ну… чтоб мы могли встретиться.

— Зачем?

— Чтобы мы смогли сходить куда-нибудь.

— Куда?

— А я не знаю, куда. Куда хотите. Кино. Театр.

— Я с вами никуда не захочу…

— Ну вдруг захотите?

— Нет. Не захочу.

— Подождите! Ну позвонить вам хотя бы можно?

— Звоните!

— А как же я вам позвоню! Я же вашего номера телефона не знаю…

— Извините, вам она очень нравится?

— Очень!

— Можете встретить её на площади трёх вокзалов. Она с подругой по телефону договаривалась. В пять. Не опаздывайте.

— Уважаемые гости столицы! Приглашаем вас на увлекательнейшую экскурсию по Москве! Москва! Город Пушкина и Булгакова, Есенина и Пастернака, Станиславского, Немировича и Данченко!

— Простите, вы тут девушку не видели?

— Что такое? Какую девушку?

— Ну красивую, очень красивую…

— Тут полно красивых девушек!

— Да нет, она просто села ко мне на мотоцикл, потом на автобус, а потом в метро. Она должна здесь с подругой встречаться в пять часов, а я опоздал, и вот её нету!

— Не надо опаздывать!

## 5. ПОЧИТАЕМ ВМЕСТЕ

> Прочитайте «Записки русского путешественника» Е. Гришковца. Кто из героев русской литературы много путешествовал? А из писателей и поэтов?

# ИГРЫ

В дороге можно сыграть в «Трёхлитровую банку». Ведущий произносит русский алфавит. Один из участников говорит ему: «Стоп!» Допустим, ведущий в это время дошёл до буквы «К». Теперь все по очереди называют существительные на букву «К», но с одним ограничением: все соответствующие предметы должны помещаться в трёхлитровую банку. Например, на букву «К» в банку влезут конфета, котлета, колбаса, ключ, каша, а вот кровать точно не влезет. И не надо говорить, что она «просто очень-очень маленькая». Всё равно с вами никто не согласится! Кто не может сказать слово, выбывает из игры. Выиграет тот, кто останется последним.

旅途中可以玩"三升罐子"这个游戏。起头的那个人朗读俄语字母表。参加者之一打断他。假如此时刚说到字母К，则所有人轮流说出以К开始的名词，但有一个条件：说出的所有物品必须能够装进一个三升的罐子里。比如，以字母К开始的可以装入罐子的有：糖果、肉饼、香肠、钥匙、粥，但是床却装不进去。也不可以狡辩说"很小很小的床"。反正没人会同意您说的！谁卡住说不出就得出局，留到最后者为胜。

# Урок 11. Здоровье. Болезни. Аптека. Спорт

## Часть I. ЭТО НАДО ЗНАТЬ

### 1. ЛЕКСИКА

- аллерго́лог 过敏症专家
- амбулато́рно 在门诊
- ана́лиз кро́ви, мочи́, ка́ла 验血、验尿，验便
- анги́на 咽炎
- антибио́тик 抗生素
- а́стма 气喘、呼吸困难
- бахи́лы 鞋套
- бессо́нница 失眠
- бодри́ть 使振作、驱赶
- бронхи́т 支气管炎
- воспале́ние 炎症、发炎, воспале́ние лёгких 肺炎
- вы́вих 脱位、脱臼
- вы́дох 呼气、呼出
- высо́кое давле́ние 高血压 ни́зкое давле́ние 低血压
- гастри́т 胃炎
- гипс 石膏
- грипп 流感
- депре́ссия 抑郁、抑郁症
- домофо́н（单元门外呼叫住宅的）对讲机
- запо́р 便秘
- кал 粪便
- ка́риес 龋洞
- кардио́лог 心脏病学家，心脏病大夫
- корешо́к 根茎、草药（根）

- лежа́ть пласто́м 瘫倒
- мазь ж. 软膏
- мали́на 树莓、马林果
- миксту́ра 药剂、混合剂
- морж 海象、冬泳者
- морс 果汁水、饮料
- нарко́лог 麻醉师
- насто́йка 浸酒、酊剂
- невропато́лог 神经科医生
- оды́шка 喘息、呼吸困难
- окочу́риться 死亡
- окули́ст 眼科医生
- о́страя респирато́рная ви́русная инфе́кция (ОРВИ) 急性呼吸道病毒感染
- о́строе респирато́рное заболева́ние (ОРЗ) 急性呼吸道疾病
- отоларинго́лог (简称ЛОР) 耳鼻喉科医生
- патологоана́том 病理解剖学家
- перевя́зка 包扎
- перело́м 骨折
- пищваре́ние 消化
- пло́мба 镶补物、铅封
- полоска́ть 涮、漱
- порошо́к 粉末、药粉
- прогрева́ние 热敷
- про́рубь м. 冰窟窿

- процеду́рный кабине́т 治疗室、处置室
- психиа́тр 精神病医生
- расстро́йство желу́дка 肠胃紊乱
- рентге́н X光、伦琴射线
- рентгеногра́фия 伦琴射线照相术
- симпто́м 症状、病兆
- ско́рая по́мощь 急救车
- сни́мок 片子
- со́да 纯碱、小苏打
- сотрясе́ние мо́зга 脑震荡
- стациона́рно 住院
- стомато́лог 口腔科医生
- стресс 精神压力
- суста́в 关节
- табле́тка 药片
- терапе́вт 内科医生
- тра́вма 外伤, тра́впункт 外伤处置室, травматологи́ческая кли́ника 外伤医院
- удаля́ть зуб 拔牙
- уко́л 针剂
- успокои́тельный 令人安心的、镇静的、安神的
- хиру́рг 外科医生
- хозя́йственное мы́ло 洗衣皂
- эйфори́я 精神愉悦

## 2. ДИАЛОГИ

### Диалог 1 <в регистратуре>

— Добрый день! Можно номерок к терапевту?
— Да. Ваш полис? На какое время?
— Нельзя прямо сейчас?
— Можно. Сейчас доктор свободен.
— Здравствуйте! Можно к вам?
— Да-да, пожалуйста. Вы взяли номерок в регистратуре? На что жалуетесь?
— У меня падает зрение.
— Сочувствую. Но я терапевт, а вам нужен окулист, его кабинет рядом. Вернитесь в регистратуру, объясните, что перепутали врача. Нужно поменять номерок.

### Диалог 2

— Добрый день. Я прилетел из Китая. У вас можно оформить медицинскую страховку?
— Да. Вы на год? На шесть месяцев?
— На год. Вот паспорт, его перевод, заверенный нотариусом, миграционная карта.
— Оплатите в кассе стоимость программы страхования. 3000 рублей. Вы один? Или с друзьями прилетели?
— Мы втроём. Просто они сегодня решили пойти в музей.
— Звоните им сейчас же, страховку оформляют в течение суток, иначе штраф.
— Передам обязательно! А что входит в программу страхования?
— Это очень дешёвая программа, в неё входит только первичная медико-санитарная помощь и специализированная медицинская помощь в неотложной форме. Она не включает в себя визиты к стоматологу и лечение хронических болезней.

### Диалог 3

— Вот неожиданная встреча! Ты не перепутал кабинет? Это гастроэнтеролог.
— Нет, у меня гастрит.
— Как? Ты же рекламировал здоровый образ жизни и правильное питание!
— Я два года ел только фрукты и орехи. Сначала было много энергии, а потом стало портиться настроение, но я решил, что надо проявить силу воли. Теперь лечусь.

*Русский как русский*

— Что говорит врач?
— Говорит, что без тёплой пищи человек жить не может. А ты что тут делаешь?
— У меня тоже гастрит. Врач говорит, что нельзя пить пиво, есть жареное мясо и жирный суп, а я это очень люблю.
— Да... Взгляды у нас разные, а результаты одинаковые...

### Диалог 4

— Как вы себя чувствуете?
— Отлично! Хочу на работу!
— Давайте по порядку. Температура нормальная?
— Да, и насморк уже прошёл. Горло не болит. Кашля почти нет.
— Давайте послушаем легкие. Та-ак. Дыши́те... Не дыши́те... А теперь резкий выдох. Всё.
— Ну как? Нормально?
— Да! Только надо ещё раз сдать кровь и мочу, чтобы знать, что всё действительно хорошо.
— Вы дадите направление? А когда справку можно будет получить?
— Справку о временной нетрудоспособности я дам, когда будут готовы анализы.
— Простите, ещё вопрос. Это что было? ОРВИ или ОРЗ?
— ОРВИ. Хорошо, что вы так быстро поправились. Будьте здоровы!

### Диалог 5

— Оленька, что-то я неважно себя чувствую.
— А что с тобой, бабушка?
— Кружится голова, знобит, глазам больно.
— Полежи, а я сейчас вызову скорую помощь.
— Алло! Скорая? Примите вызов, пожалуйста! Женщине плохо.
— Что случилось?
— Видимо, давление. Головокружение, озноб, болят глаза.
— Имя, фамилия, год рождения, адрес.
— Анна Фёдоровна Кротова. Пятьдесят второй. Искровский проспект 15, квартира 40, код домофона 708.
— Машина выехала. Ждите.

### Диалог 6

— Алло! Здравствуйте! Это частная клиника «Айболит»[1]? Сколько стоит приём?
— Приём три тысячи.
— Так дорого? У меня есть полис.
— У нас частная клиника, поэтому ваш полис не действует. После второго визита скидка 50 процентов. К какому специалисту хотите попасть?
— У меня аллергия. У вас есть аллерголог?
— Так... Записываю... К Покровскому. Это врач от бога[2]. В течение часа доберётесь к нам?
— А я и не знал, что он у вас работает! Конечно, доберусь!

### Диалог 7

— Здравствуйте! Вы можете удалить мне зуб?
— Может быть, не будем торопиться? Он давно болит?
— Два дня мучаюсь! Покоя ни днём ни ночью. Лучше вырвать, не могу терпеть.
— Он реагирует на горячее? Или на холодное?
— И на горячее, и на холодное! А если на улице мороз, то я вообще разговаривать не могу, потому что от холодного воздуха болит.
— Всё-таки сначала посмотрим, что с ним. Садитесь в кресло... Откройте рот... Так... Здесь просто кариес. Нет, это ещё хороший зуб, поставим пломбу.
— Неужели его ещё можно вылечить?
— Конечно, можно! Такой зуб удалять рано, он ещё послужит!

### Диалог 8

— Добрый день! Вы сегодня прекрасно выглядите! Покраснение исчезло, отёка нет.
— Спасибо большое! Это благодаря лечению! Мне подходит мазь, которую вы посоветовали.
— Вижу. Хорошо. А настойку пьёте?
— Нет, я два дня пил, а сегодня не хочу, уже всё нормально. Лишние лекарства пить вредно.

---

[1] 阿伊波利特是克·楚科夫斯基深受孩子们喜爱的童话作品《阿伊波利特》的同名主人公。阿伊波利特一词由两部分组成："ай+болит"（阿伊 + 波利特），意思是"哎呀，疼啊"。
[2] 或许不止医生，专业素养很高的音乐家、教师、物理学家、翻译、学者也可被称为"上帝派来的"。

*Русский как русский*

— Эх, молодой человек… Настойку нужно пить пять дней подряд, иначе мы не сможем закрепить результат лечения. Вы же хотите поправиться?
— Ладно. Убедили.

### Диалог 9

— Добрый день! Как наш зайчик①?
— Здравствуйте, Олег Иванович! Он сегодня долго спал, хорошо кушал, улыбается!
— Вот и славно! А как наше горлышко? Скажи дяде А-А-А! Молодец!
— Я не знаю, что бы мы делали без нашего доктора, да, Митя? А как теперь продолжать лечение?
— Сейчас воспаления нет, горлышко чистое, поэтому главное лекарство – сон, фрукты, свежий воздух.
— Ясно. А когда можно выходить на прогулку?
— Сегодня посидите дома, а в среду можно на улицу. Воздух – тоже лекарство.
— А вы к нам ещё придёте? Митенька, позовём в гости дядю доктора?
— Надеюсь, что в ближайшем будущем не приду. Митя здоров, а я нужен другим детям.

### Диалог 10

— Я просто в отчаянии. Помогите, вы же психиатр.
— Расскажите, что с вами происходит.
— Не могу работать. Сажусь к компьютеру – начинаю плакать. Мне нужны успокоительные.
— Сколько часов в день проводите за компьютером?
— Примерно 8 днём и 7 ночью.
— То есть рабочий день с утра до вечера?
— Нет, с 8 вечера до 4 утра. Я работаю бухгалтером, беру работу на дом. К компьютеру сажусь в 8 вечера, спать ложусь в 3 – 4 утра, просыпаюсь в 8, настроение плохое. Утром встать не могу. Всё противно! А к 10 надо на работу.
— Такой образ жизни приводит к нервным срывам. Когда были в отпуске?
— От отпуска я уже два года отказываюсь. На выходные беру работу.

---

① 俄国人惯常对孩子用这些亲昵的爱称：小太阳、小金子、小兔子、猫咪、小猫、小鸟等。

— Надо перестроить график работы, спать по ночам. Тогда лекарства будут не нужны.

— Не надо меня воспитывать! Помочь не хотите! Тоже мне… Врач! До свидания!

## 3. ТЕКСТЫ

### Текст 1

听录音
请扫二维码

Сегодня я пришёл в университетскую поликлинику. Прежде чем идти на приём к врачу, нужно надеть бахилы и обратиться в регистратуру. Там хранятся индивидуальные медицинские карты.

Медсестра: Здравствуйте. Страховой полис, пожалуйста. Вы к какому специалисту?

Николай: Я к отоларингологу.

Медсестра: Время 12:15 устроит? Знаете, где он принимает? Пятый этаж, кабинет 16.
…

Врач: Здравствуйте. Какие жалобы?

Николай: У меня не дышит нос. Я простыл неделю назад, потом стало лучше, но насморк не проходит, особенно тяжело дышать ночью.

Врач: Температура была? Чем лечились?

Николай: Да, первые три дня 39.5, потом упала до 37.5. Лечился народными средствами: полоскал горло ромашкой, солью, содой, пил морс, горячий чай с мёдом и малиной, нос промывал хозяйственным мылом, грел ноги в горячей воде.

Врач: Плохо. При высокой температуре ноги греть нельзя. Что ещё беспокоит?

Николай: Немного голова болит.

Врач: Дома сидели? Или на занятия ходили?

Николай: Я ничего не пропускал, даже в мороз ездил в университет!

Врач: Зачем такие подвиги, да ещё с такой температурой? Вы должны были лежать в постели и лечиться.

Николай: Думаете, что-то серьёзное?

Врач: Мне не нравятся симпто́мы. Видимо, воспаление. Надо сделать снимок.

Николай: Нужно было есть таблетки?

Врач: Естественно! Если снимок покажет воспаление, начнём принимать антибиотики. На пятом этаже кабинет рентгенографии, потом в лабораторию. Нужен анализ крови.

## Русский как русский

Николай: Спасибо. А потом сюда вернуться?

Врач: Да, вместе со снимком. Надеюсь, ничего страшного там не будет.

### Текст 2

Врачи бывают разные. Кардиолог лечит сердце, стоматолог лечит зубы, отоларинголог лечит уши, горло и нос, гастроэнтеролог лечит болезни органов пищеварения, аллерголог спасает от аллергии, хирург делает операции, нарколог лечит от алкоголизма. Сначала врач должен обследовать больного и поставить диагноз. Говорят, что хороший врач лечит не болезнь, а человека. Это значит, что он видит не только симптомы, но и причины заболевания, а ещё умеет морально поддержать своего пациента.

Если помощь нужна срочно, лучше вызвать скорую помощь. Номер телефона во всех городах один: 03. Обычно она приезжает быстро. Врач не только окажет первую помощь, но и посоветует, что делать дальше: остаться дома или поехать в больницу, пойти утром к врачу или на работу.

Если вы чувствуете себя неплохо, но что-то немного беспокоит, не ждите, когда начнутся серьёзные проблемы. Сходите в поликлинику по месту жительства. Там помогут.

Кроме такой поликлиники, есть ещё «ведомственные»: поликлиника метрополитена, университетская поликлиника, железнодорожная поликлиника и другие. В поликлинике лечатся амбулаторно. Это значит, что вы приходите на приём к врачу, а потом лечитесь дома самостоятельно или посещаете процедурный кабинет. В этом кабинете делают уколы, прогревания, промывания.

Если врач рекомендует лечь в больницу, то есть лечиться стационарно, у него есть основания. О человеке, попавшем в больницу, говорят, что он *лежит в больнице*, его *положили в больницу*. Там единый распорядок дня, осмотров, процедур. Насильно в больнице никого не держат, но лучше прислушаться к мнению врача.

В России, как и во всех странах, есть диагностические центры. Здесь можно за короткое время пройти все обследования у специалистов.

Надеюсь, эта информация вам не понадобится. Я искренне желаю вам получать медицинские знания только из книг, из фильмов или из нашего учебника.

### Текст 3

Положа руку на сердце, скажите, знаете ли вы своё тело? Уважаете ли его просьбы? Нет. Вы не уважаете своё тело. Вы относитесь к нему хуже, чем к рабу! А когда оно вам намекает, что нужен отдых, а потом отказывается жить так, как вы хотите, вы идёте к врачам. Только они лечат симптомы, а не болезнь.

Много ли телу для счастья надо? Мало! Нужна физическая нагрузка каждый день. Нужно спать. Нужна разнообразная еда. Телу не нужны алкоголь и никотин. Они разрушают нервную систему. Ему очень не нравится лишний вес. Вес вреден для суставов и для сердца, он утомляет сердце, печень и почки.

Сегодня я иду… на речку. Я ничего не перепутал. За окном минус 15. Просто есть такая зимняя забава: моржева́ние, то есть купание в холодной воде. Людей, которые занимаются моржеванием, называют моржами.

На замёрзшей реке много людей, слышен громкий радостный смех. Долго тут не простоишь, а они… прыгают в прорубь посреди реки. От всего происходящего мороз по коже, но тут же тебе расскажут, как полезно купаться в ледяной воде. Вода-то тёплая! Это на воздухе минус 15, а в воде 0 градусов! После такого купания забудешь все свои проблемы, а здоровый оптимизм будет с тобой до конца зимы. Врачи говорят, что зимнее плавание лечит депрессию, астму, бессонницу, помогает преодолеть стресс, бодрит тело и душу. И, разумеется, ты навсегда забудешь о простудах. Купаться зимой можно и в 10 лет, и в 75, было бы желание. Ну, завтра вы пойдёте со мной?

### Текст 4

Знаете, как иногда не хочется просыпаться рано утром и идти в школу? Но надо вставать, умываться, завтракать и целый день учиться. Мы с братом решили, что пора устроить маленькие каникулы, то есть… заболеть.

Брат очень удивился. Как можно заболеть, если ты совершенно здоров? Не пугать же родителей несуществующей болезнью? Но я его успокоила. Мы никого не будем ни пугать, ни обманывать.

Утром я разбудила брата очень рано, родители ещё спали.

— Вставай скорее! Пошли на балкон! — тихо сказала я.

— Зачем? — спросил он.

— Сегодня на улице минус один. Мы постоим на балконе и простудимся.

— А долго стоять надо?

— Хватит и одной минуты!

— Какая ты умная! Мы замёрзнем и заболеем? — он с восторгом посмотрел на меня.

Мы постояли минуту босиком и вернулись в комнату. В школу мы шли бодро и весело.

— Таня, мы уже завтра заболеем?

— Может быть, уже сегодня!

Следующим утром мы всё повторили, но нам показалось, что одной минуты мало, нужно минуты три, тогда будет результат.

— Таня, может, ещё холодной водой облиться?

— Да, точно. Чтобы наверняка.

Мы каждый день обливались холодной водой и дружно выходили на балкон мёрзнуть. Начались холода, выпал снег. Стоять было холодно, поэтому мы делали разные упражнения. Так прошёл месяц. На балкон мы уже могли выходить на 20 минут... Когда же мы заболеем?

Однажды утром в комнату вошла мама. Она увидела нас на балконе и испугалась:

— Дети! Что вы там делаете? Там мороз!

Пришлось нам всё рассказать. Она позвала папу, и они хохотали так, что я чуть не заплакала от обиды. Папа понял это и сказал:

— Эх вы, хитрецы! После такой закалки вы никогда не будете болеть!

— А мы думали...

— Теперь организм не боится ни холода, ни нагрузок! Вы молодцы!

Вот такая история. И больше мы не думаем, как заболеть. Всё равно не получится.

## 4. УПРАЖНЕНИЯ

**Представьте себе, что...**

1. Вы решили рассказать другу о том, какой вид спорта самый полезный и наименее травматичный. У него есть своё мнение: он считает лучшим видом спорта лыжи.
2. Вам надо собраться в поход. Обсудите, какие лекарства надо купить в аптеке заранее.
3. Ваш друг жалуется на боль в горле и насморк. Дайте совет: как лечиться, к какому врачу идти, чего лучше не делать.
4. Вы приобрели медицинский полис. Спросите, какие услуги для вас остались платными.

Урок 11.   Здоровье. Болезни. Аптека. Спорт

**Знаете ли вы ...**

1. Как называются разные болезни?
2. Что входит в медицинский осмотр при поступлении в вуз или на работу?
3. Как называются разные врачи и что они лечат?
4. Если вы сидите на диете, что можно есть, а что нельзя?

**Как это по-китайски?**

1. Программа добровольного медицинского страхования обязательна для иностранцев, приехавших в Россию.
2. Вызвать врачей можно по телефонам: 112 – с мобильного телефона, с городского – 03 (скорая).
3. Не меняйте положение головы пострадавшего при травме позвоночника!
4. До приезда врача надо проверить наличие признаков жизни (пульс, дыхание, реакция зрачков на свет) у пострадавшего.
5. Обеспечьте неподвижность кости в области перелома.
6. Обморок – это внезапная потеря сознания. Если сознание не возвращается в течение 3-5 минут, вызывайте скорую помощь.
7. Если человек упал в обморок, придайте ему горизонтальное положение, обеспечьте приток свежего воздуха (расстегните одежду, откройте окна и двери), брызните на лицо холодной водой, похлопайте его по щекам.
8. Если человек тонет, будьте осторожны: подплывайте сзади, держите за волосы или подмышки, держа лицо над поверхностью воды.
9. Признаки солнечного удара – тошнота, рвота, головная боль, шум в ушах, слабость.
10. При солнечном ударе человека необходимо поить прохладной подсоленной водой (пить часто, но маленькими глотками).
11. При обморожении отведите человека в тепло и дайте ему горячее сладкое питьё.
12. При отравлении необходимо много пить и принимать активированный уголь.
13. Нельзя мазать ожоги маслом или жиром.
14. Тренер необходим, чтобы составить программу индивидуальных тренировок и скорректировать питание.
15. Какие членские привилегии (скидки, бонусы, подарки) предоставляет этот фитнес-клуб?

*Русский как русский*

1. 前往俄罗斯的外国人须有自愿医疗保险计划。
2. 请医生上门出诊的电话是：手机拨打112，座机拨打03（急救中心）。
3. 如果伤及脊椎，需保持伤员头部姿势。
4. 医生到达之前必须确认伤者的生命体征（脉搏、呼吸、瞳孔对光的反应）。
5. 要保持骨折部位的骨头姿势固定不变。
6. 昏厥——即突然失去知觉。如果3至5分钟内没有恢复知觉，呼叫急救车。
7. 遇人昏倒，帮助他躺平，保证新鲜空气的吸入（解开衣服，打开门窗），往脸喷凉水，拍打双颊。
8. 遇到溺水者需要小心：从后方游向他，抓住他的头发或腋窝，保证他的脸露出水面。
9. 中暑的表现是——恶心、呕吐、头疼、耳鸣、虚弱无力。
10. 中暑者需要喝凉盐水（小口，分多次喝下）。
11. 遇到冻僵者要把他转移到温暖的地方并且给他喝滚热的甜饮。
12. 中毒者需要大量喝水并且服用活性炭。
13. 烫伤不可以抹油或者油膏。
14. 制定个性化的锻炼计划及修正饮食习惯，需在教练指导下。
15. 这家健身中心能够提供哪些会员福利（折扣、优惠、礼品）？

# Часть II. РАСШИРЯЕМ КРУГОЗОР

## 1. СТАТЬИ

### ПРОСТУДА

Простуда – это состояние, вызванное переохлаждением, но обычно «простудными» заболеваниями называют и грипп, и ОРЗ, и ОРВИ, и ларингит, и трахеит. Первые признаки у них одинаковые: насморк, першение в горле, ощущение тяжести в голове, иногда боль в суставах. В России люди редко обращаются к врачу, если у них простуда. Неужели они молча страдают и мучаются? Конечно, нет. У нас каждый знает о народных средствах, которые не дадут простуде перерасти в настоящую болезнь.

Например, можно взять луковицу, мелко нарезать, положить на тарелку, поставить рядом с кроватью, где вы спите. В луке много фитонцидов, которые убивают микробов. Точно так же действует и чеснок.

В аптеке продаются разные травы: мята перечная, шалфей, ромашка. Если пить чай из этих трав, состояние улучшится. Полезно пить чай с лимоном, имбирём и мёдом.

Горло лучше всего полоскать ромашкой и шалфеем, а нос хорошо промывать хозяйственным мылом. Это дедовский способ, но, если повторять процедуру 2 – 3 раза в день, помогает хорошо. Есть любители покупать в аптеке специальные растворы для носа, например, «Аквамарис». Такой раствор можно сделать самостоятельно: литр кипячёной воды плюс чайная ложка соли плюс 2 – 3 капли йода.

### О БЫТОВОЙ ХИМИИ

Современные моющие средства могут отмыть любую грязь. Но не будем забывать, что многие порошки, жидкости, спреи опасны для здоровья: ведь эти химические соединения могут вызвать аллергию, кашель, болезни кожи. Как быть?

Вспомним советы наших бабушек. Если надо вымыть унитаз, можно использовать уксус: он очистит поверхность и уничтожит запах. Если надо вымыть посуду, ваш помощник – пищевая сода. Она убирает жир и грязь. Многие хозяйки в качестве моющего средства для посуды используют горчичный порошок. Это очень экологично. Замечательное средство – соль. Она может удалить следы от вина на одежде. Просто надо потереть пятно солью.

Если в холодильнике неприятный запах, купите в аптеке активированный уголь и положите на полку 3 – 4 таблетки. Уголь впитывает запахи.

Этот краткий перечень средств поможет вам сохранить здоровье и сэкономить деньги.

*Русский как русский*

### 2. ПОСЛОВИЦЫ И ПОГОВОРКИ

ДЕРЖИ ГОЛОВУ В ХОЛОДЕ, ЖИВОТ — В ГОЛОДЕ, А НОГИ — В ТЕПЛЕ. 头脑要冷，肚子要饿，脚丫要暖。

ЗДОРОВЬЕ НЕ КУПИШЬ. 有钱买不来健康。

ЛУК ДА ЧЕСНОК СЕМЬ НЕДУГОВ ЛЕЧАТ. 洋葱、大蒜百病消。

СКРИПУЧЕЕ ДЕРЕВО ДОЛЬШЕ ЖИВЁТ. 病病歪歪过百年。

ШЕВЕЛИСЬ БОЛЬШЕ – ПРОЖИВЁШЬ ДОЛЬШЕ. 生命在于运动。

### 3. АНЕКДОТЫ

① Врач говорит пациенту: — За выпивку и курение вы расплачиваетесь своим здоровьем! — Если бы только здоровьем, доктор! Вы не представляете, каких денег это стоит!

② Пришёл мужик к психиатру: — Доктор, у меня всё плохо: здоровья нет, денег нет, никто меня не любит. — Ну, сейчас мы быстренько поправим! Садитесь, закрывайте глаза и повторяйте за мной: — У меня всё хорошо. Я здоров, богат и благополучен. Я люблю и любим. Мужик открывает глаза: — Я рад за вас, доктор. Но мне-то что делать?!

③ — Как вы себя чувствуете? — спросил врач больного. — Гораздо лучше, доктор. Помогло ваше лекарство. Я всё делал по инструкции. — А что было в инструкции? — «Держать плотно закрытым».

④ Приходит пациент к окулисту. — Первую строку снизу видите? — Да. — Читайте. — Издательство «Полиграфия», тираж 5000 экземпляров.

⑤ Объявление в кабинете врача в больнице: «Доктор цветы и конфеты не пьёт».

⑥ Аптекарь вводит в курс дела молодого практиканта:

— А из этой бутылки мы наливаем, когда рецепт совсем неразборчивый.

⑦ У нас на работе ввели ежегодную проверку у нарколога и психиатра. Видимо подозревают, что трезвые и нормальные люди за такую зарплату работать не будут.

⑧ — Невроз вашей жены не опасен. С ним она проживёт сто лет, — говорит психотерапевт.

— А я? — спрашивает муж.

## 4. ВИДЕОМАТЕРИАЛЫ. ФРАГМЕНТ КИНОФИЛЬМА

«Невероятные приключения итальянцев в России». Комедия. 1973. Реж. Э. Рязанов и Ф. Проспери.

Время: 3:54 — 6:45

— Вот она! Видишь, как ей плохо?! Пластом лежит, бедная! Может, окочурилась?

— А это не наше дело.

— Взяли!... Оп-па!

— Что вы со мной делаете?! Что вам надо?!

— Значит вы не та русская синьора…

— Нет, она выше, на третьем этаже!..

— Извините!! Ошиблись!

— Нахалы! Олухи! Будьте вы прокляты! Медицинские пиявки! Я буду жаловаться!

— Антонио, куда её? Куда её пристроить?

— Откуда я знаю, спроси у доктора.

— Доктор, куда нам её положить?

— Откуда я знаю, здесь всё забито, ищите сами.

— Может, там где есть, а?

— Здесь тоже всё занято. Ты смотри, как все любят болеть!.. А там нет ничего?.. Нет. Пошли дальше… Есть тут свободная койка?

— Осторожно, здесь стол!

— А здесь есть свободная койка?

— Сам видишь!

— Неужели нельзя потесниться?

— В туалете свободно.

— Тебя б туда положить, остряк!

— Перевернём синьору…

— Молодец, держится!

— Сестра, вы бы хоть светофор поставили!

— Где тут поставить?!

— Извините, доктор, нашей старушенции совсем плохо!

— У вас тут тесней, чем на стадионе!

— Вот, кажется, свободная койка!

— Не может быть! Осторожней на повороте! Я падаю!

— Держись за носилки!

*Русский как русский*

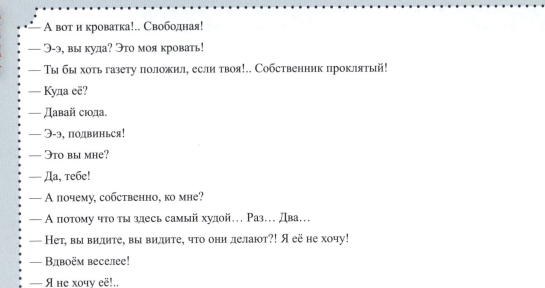

— А вот и кроватка!.. Свободная!
— Э-э, вы куда? Это моя кровать!
— Ты бы хоть газету положил, если твоя!.. Собственник проклятый!
— Куда её?
— Давай сюда.
— Э-э, подвинься!
— Это вы мне?
— Да, тебе!
— А почему, собственно, ко мне?
— А потому что ты здесь самый худой… Раз… Два…
— Нет, вы видите, вы видите, что они делают?! Я её не хочу!
— Вдвоём веселее!
— Я не хочу её!..
— Эй, да ты погляди на неё!.. Сколько в ней секса!
— Убери руку, не видишь, нога сломана?

## 5. ПОЧИТАЕМ ВМЕСТЕ

Прочитайте рассказ М. М. Зощенко «История болезни». Как вы думаете, это смешная история или грустная? Вы знаете, кто из русских писателей работал врачом?

## ИГРЫ

Как трудно бывает сделать выбор! Можно поиграть в игру «Я бы лучше…». К ней не готовятся. Главное – вспомнить союзы «потому что», «если… то», «или… или».

Например, вы спрашиваете: «Если бы надо было выбрать: кататься на лыжах или плавать в бассейне, что бы ты выбрал?» Ответ: «Я бы лучше пошёл в бассейн, потому что…». Чтобы игра была интереснее, можно заранее придумать варианты вопросов. Если бы вы выбирали, в каком классе учиться: в первом или в одиннадцатом, что бы вы выбрали? Если бы вы выбирали, чем лечить насморк: китайскими традиционными средствами или европейскими… на чём лететь в Красноярск: на вертолёте или на самолёте… что есть на завтрак: овсянку или макароны… куда ехать на стажировку: в Москву или в Петербург?

Урок 11. Здоровье. Болезни. Аптека. Спорт

作选择是有多困难！来玩儿游戏"那我最好……"无需事先准备，重点是只要记着连接词"因为""如果……就""或者……或者"。

比如，你提问："如果需要选择：滑雪或者在泳池游泳，你会选择哪个？"回答是："那我最好去泳池，因为……"要想游戏有趣，就得提前想一些问题。如果让您选择，在一年级还是十一年级学习，您会怎么选？如果让您选择治疗伤风的办法，那您会选择传统中医方法还是西医……去克拉斯诺达尔是乘直升机还是坐飞机？早饭吃什么：燕麦还是通心粉……上哪里进修：去莫斯科还是彼得堡？

# Урок 12. Праздники. Поздравления. Тосты. Подарки

## Часть I. ЭТО НАДО ЗНАТЬ

### 1. ЛЕКСИКА

- атрибу́т 属性、表征
- бока́л 高脚杯
- бре́зговать 嫌弃
- бу́лка 白面包
- весе́ннее равноде́нствие 春分
- гвозди́ка 石竹、康乃馨
- гирля́нда 花条、一串串的装饰物、彩灯串
- горе́ть 燃烧、发红
- до́ждик 小雨、彩带
- ёлка 新年枞树
- ёло́чные игру́шки 新年枞树配饰
- зерно́ 种子、谷物

- изю́м 葡萄干
- инстру́кция 规程、细则
- колядова́ть 圣诞或新年时，挨家挨户去唱节日祝福歌，得到款待及馈赠
- кутья́ 蜜粥（多用米加上蜜、葡萄干熬成，葬礼宴上待客用）
- мешо́к 口袋
- мимо́за 含羞草，金合欢
- наряжа́ть 打扮、装饰
- подбира́ть 挑选、配上
- поми́нки 葬后宴
- по́хороны мн. 葬礼、出殡
- пра́ведник 有德者、正人君子

- приорите́т 优先权
- пшени́ца 小麦
- рю́мка 带脚的酒杯
- свёкор 公公, свекро́вь м. 婆婆
- сверше́ние 成就、实现
- серпанти́н 弯曲的彩带、蜿蜒的山路
- тюльпа́н 郁金香
- фона́рик 小灯、灯笼、手电筒
- хризанте́ма 菊花
- шлем 头盔
- экстри́м 极端、极限运动

Урок 12. *Праздники. Поздравления. Тосты. Подарки*

## 2. ДИАЛОГИ

听录音
请扫二维码

### Диалог 1

— Здравствуйте, Борис Николаевич! Пришёл вас поздравить с днём рождения.
— Ну так поздравляйте, я вас слушаю очень внимательно.
— Борька, с днём рождения! Будь здоровым и крепким, живи ещё сто лет! Это тебе!
— Спасибо! А что это?
— Открывай, смотри!
— ОГО! Шлем! Для мотоцикла! Спасибо, ты настоящий друг!
— Пожалуйста, Борь. Извини, я на минутку, мне надо дальше бежать, у меня работа.
— Счастливо! После работы зайдёшь?
— Только завтра могу!

### Диалог 2 ‹на кухне›

— Вот и я. Привет! Извини, что немного опоздала. Когда гости придут?
— Должны через 2 часа. Слушай, ты поможешь? А то я ничего не успеваю!
— А я зачем приехала? Чтоб помочь! Сколько нас будет? Десять, вас четверо и я – всего 15.
— А ты долго искала, куда поставить машину? Тут вокруг запрещена стоянка. Мы ставим машину далеко, а потом идём 10 минут пешком.
— А Александр где?
— Саша позвонил и сказал, что приедет только через час. Он забирает детей из школы.
— Он всегда помогает и детей забрать, и в магазин зайти… Это резать? Ты уже вымыла?
— Да, режь. Потом на булку масло, сверху красная рыба.
— Мясо уже в духовке?
— Нет, я пока не ставила. Рано. Надо ещё придумать, кого с кем посадить рядом.
— Да! Это проблема! Свекро́вь со свёкром так и не помирились?
— Нет! Разводиться хотят.

*Русский как русский*

### Диалог 3

— Ната, звонят. Иди открывай.
— Девчонки! Заходите! О, какие вы румяные с мороза! Холодно на улице?
— Не, мы просто быстро шли, там ветер со снегом. <втроём, на мотив Happy Birthday> С днём рождения тебя! С днём рожденья тебя! С днём рожденья, с днём варенья, с днём рожденья тебя-я-я-я![①]
— Вот тебе подарок от всех сразу! В этом большом мешке ты найдёшь…
— Синюю шапочку с шарфом, чтобы тебе всегда было тепло!
— Набор карандашей, чтобы тебе всегда было легко сдавать экзамены!
— Зонтик из Пекина, чтобы тёплые воспоминания о Китае защищали тебя от дождя и ветра в Петербурге!
— Нравится? От всей души!
— Супер! Раздевайтесь, проходите. Мама, знакомься, это Даша, Маша, Саша.

### Диалог 4

— Мама, это Сергей. Я тебе про него говорила.
— Это с филфака? Заходите, Сергей, я не кусаюсь! Меня зовут Галина Федоровна.
— Наташа много о вас рассказывала.
— Наверное, про то, как я ругаюсь, когда она поздно домой возвращается?
— Нет, про то, что вы интересуетесь живописью и ходите в походы.
— Это правда! Она и про вас мне говорила. Что же мы стоим? Садитесь, гости дорогие. Будьте как дома! К столу! К столу! Садитесь. Ну, теперь все тут? Будем начинать? Первый тост за нашу Наташеньку! С днём рождения! Счастья, любви, удачи!
— Ура!!!
— Я немного с вами посижу, а потом пойду по делам. Вы без меня справитесь, молодёжь?
— Галина Фёдоровна, будьте спокойны за будущее этого дома! Мы будем вести себя прилично!
— Ой, делайте что хотите, но без экстрима. Я же сама молодая была.
— А второй тост за родителей, которые воспитали такую замечательную дочь!

---

① 将生日比作甜蜜如果酱的日子。为了和果酱 варенье 一词对应，这里的生日也变成了 рожденье。

Урок 12. *Праздники. Поздравления. Тосты. Подарки*

### Диалог 5

— Ян Ди, ты придёшь на старый Новый год?

— В каком смысле? А разве Новый год бывает старым?

— У нас бывает! Просто раньше в России год начинался на 13 дней позже, чем в Европе. В 1918 году в стране ввели новый календарь.

— Но в календаре, который висит на стене, этот день не отмечен красным цветом!

— Да, потому что это неофициальный праздник.

— А многие его отмечают?

— Конечно! А ты заметил, что мы поздравляем друг друга с Новым годом почти три недели, хотя Новый год наступает в ночь с 31 декабря на 1 января?

— Да, это удивляет.

— Примерно с 25 декабря поздравляют «с наступающим», 1–2 января – «с Новым годом!», а потом «с наступившим».

— У вас даже в поздравлениях грамматика! Ужас!

### Диалог 6 ‹8 Марта. В магазине «Цветы»›

— Здравствуйте! Помогите, пожалуйста, выбрать букет.

— Хорошо, что вы рано пришли! 8 марта у нас всё раскупают до десяти утра!

— Мне нужно четыре букета.

— Одинаковые? Разные? Подешевле? Подороже?

— Даже и не знаю.

— Розы? Мимозы? Тюльпаны? Гвоздики? Хризантемы? На какую сумму?

— Нужно четыре очень красивых букета. Это маме, жене, тёще...

— А ещё один – любимой девушке?

— Нет, любимой девочке. Ирочке. Это моя дочка.

— Молодой человек, сколько ей лет? Ей можно просто шоколадку!

— Нет, только цветы! Ей пять, но 8 марта – это и её праздник!

### Диалог 7 ‹разговор на работе›

— Мы завтра будем поздравлять Андрея. У него родился сын! Ты с нами?

— Поздравлять? Да, я с вами! Давно родился?

— Родился позавчера. А поздравим завтра.

— А это удобно? Наверное, у них сейчас много забот? И вдруг мы придём…

# Русский как русский

—А мы к нему не пойдём. У нас не принято приходить в дом, где родился малыш, пока ему не исполнится месяц.
—Как это?
—В первый месяц могут приходить только близкие родственники и очень близкие друзья. И родители могут не всем показывать ребенка.
—Где же мы его поздравим?
—Он придёт на работу завтра утром, а сегодня мы купим подарок. Таня собирает деньги.
—Что покупать будем?
—Коляску от всего коллектива.①

### Диалог 8

—Дорогие гости! Сегодня мы собрались здесь, чтобы сказать слова благодарности нашему дорогому Павлу Ивановичу. Прошу наполнить бокалы!
—Готово!
—У всех есть?
—Джентльмены, ухаживайте за дамами!
—Я могу начать? Прошло 40 лет с тех пор, как Павел Иванович начал работать на нашем заводе. Сколько сил и энергии отдал этот человек нашему коллективу! Сначала это был Павлуша, потом Паша, потом Павел, потом Павел Иванович. Это профессионал, каких мало, надежный товарищ, душевный человек! Пожелаем Павлу Ивановичу новых трудовых свершений, новых успехов! Паша, мы гордимся тобой! Ура!
—Спасибо, дорогие коллеги, спасибо, Анатолий Егорович. Только мои успехи не совсем мои. Здесь, в коллективе, я нашёл единомышленников, друзей, здесь встретил любимую женщину. Без вас не было бы никаких достижений. Я счастлив, что моя жизнь прошла здесь. Спасибо вам!
—Паша, ведь правда, здесь, у нас на глазах всё было! Помнишь, как мы сдавали сессию на заочном отделении? А как диссертацию защищали? Какой был праздник!
—Предлагаю выпить за мою музу. Без тебя, Любовь Петровна, не было бы диссертации.
—Пьём стоя и до дна!

---

① 俄国人有在单位给同事贺喜的习惯。各种缘由的重要事件，比如某人生日（除了男人40岁生日之外）、某家添丁、乔迁等都会有人出面牵头，组织凑份子送礼。

## Диалог 9

— Знаешь, я вчера была в гостях. Утром еле встала.
— Ты в гостях что-то пила?
— Да! Представляешь, хозяин дома открыл бутылку вина, сначала налил себе немного, потом женщинам, потом мужчинам, потом снова долил себе.
— Это правильно! Такая традиция. Раньше хозяин дома должен был показать, что вино не отравлено, что он пьёт вместе со всеми.
— А я думала, он так сделал, потому что хотел налить себе, потом понял, что это неприлично, и стал наливать гостям.
— Нет-нет! Что ты! Ты не так поняла.
— А что такое «по нарастающей»? Там все говорили, что будут пить «по нарастающей».
— Это так: начинают с не очень крепких напитков, а потом можно более крепкие.
— Почему?
— Если делать наоборот, то быстро опьянеешь. Ты что пила вчера?
— Я пробовала всё: водку, коньяк, потом вино и ликёр. Поэтому голова болит.

## Диалог 10

— Маша сегодня не пришла на семинар. Ты не знаешь, что случилось?
— Знаю, она сказала. Она была на похоронах, а потом ходила на поминки.
— Кто умер? Поминки? Это как-то связано с «вспоминать»?
— У них соседка умерла, старушка, которая жила в их доме. Маша ей часто помогала: в магазин ходила, убирала в квартире. Поминки – это такой обычай: вспоминают добрые дела покойного, говорят о том, какой он был хороший человек.
— А что ещё там делают?
— Ещё принято есть кутью и блины.
— Что такое «кутья»?
— Что рис или зёрна пшеницы с изюмом. В России чаще рис. Зёрна – символ Воскресения. А изюм – символ наслаждения праведников на том свете, в Царствии небесном①.
— А поминки сразу после похорон?
— В день похорон, потом на девятый день после смерти и на сороковой день.

---

① 俄语中 царство 指的是沙皇统治的帝国，而 царствие 指的是宗教意义上的天堂。

*Русский как русский*

## 3. ТЕКСТЫ

听录音
请扫二维码

### Текст 1

Для россиян сегодня вечером наступит самый любимый праздник: Новый год. Его принято встречать в кругу семьи. Мы всегда приглашаем близких друзей, и они приезжают, хотя добраться к нам очень нелегко, ведь мы живём в новом районе.

Мы никогда не уезжаем из города в новогодние праздники. Хочется побыть дома, вспомнить всё хорошее, что было в этом году. Сегодня с утра мы с сыном наряжали ёлку, а Таня готовила салат оливье, пекла торт, придумывала конкурсы для гостей.

Гости обещали прийти к семи часам вечера, но вот уже почти половина восьмого, а ещё никого нет. Впрочем, мы не волнуемся: гости любят опаздывать. Мы и сами такие.

Как всегда, в последний момент оказывается, что что-то забыли купить. Надо сходить за сметаной и купить чёрного хлеба: 1 января его может не быть в магазине.

В полвосьмого пришла первая пара – Зина и Коля Некрасовы. Они всегда приходят первыми. Следом всей семьёй пришли Чернышовы. У них трое детей, и все ещё маленькие, поэтому верят, что в новогоднюю ночь придёт Дед Мороз.

В восемь часов мы, весёлые и нарядные, наконец-то сели за большой стол, покрытый белой скатертью, уставленный разными блюдами.

— Наверное, все замёрзли в дороге, — говорю я, — наливайте, не стесняйтесь. Я предлагаю поднять бокалы за то, чтобы все наши обиды, неприятности и неудачи остались в старом году. Пусть с нами останутся лишь тёплые и приятные воспоминания!

И вдруг кто-то громко стучит в дверь. Гости смотрят на нас... Кто бы это мог быть?

Я встаю из-за стола, открываю дверь, и в комнату входит… Дед Мороз!

— А вот и я! – восклицает он, — С Новым годом! Ну, кто знает стихи? Кто умеет петь и танцевать? Покажите Деду Морозу, чему вы научились за год?

Дед Мороз раскрывает мешок и раздаёт подарки. Дети счастливы! А как вкусно пахнет ёлкой и мандаринами!

### Текст 2

В России есть традиция завершать учёбу в школе праздником, который появился в советскую эпоху. Он называется «Последний звонок». Занятия уже заканчиваются, впереди только выпускные экзамены. 25 мая школьники слышат свой последний звонок и прощаются с родной школой.

Праздник начинается с официальной части. Все собираются в актовом зале (иногда

Урок 12. *Праздники. Поздравления. Тосты. Подарки*

на улице). Директор школы, учителя, родители произносят напутственные слова. В ответ выпускники говорят слова благодарности школе. После этого первоклассница, которую несёт на плечах парень-выпускник, звонит в колокольчик.

Выпускники обычно обмениваются небольшими колокольчиками и отпускают в небо воздушные шары. После этого начинается неофициальная часть. В каждой школе свои традиции: где-то это концерт, который готовят школьники, где-то капустник, где-то танцы. Есть школы, в которых принято в этот день вместе отправляться на природу. В городах выпускники вместе гуляют, иногда идут в ресторан.

Праздник прощания со школой есть в Норвегии, в Италии, в Белоруссии и других странах.

### Текст 3

У нас есть замечательный преподаватель. Его любят все студенты! Он большой чудак: живёт в своей науке, даже о дне рождения может забыть, если ему не напомнить. А про Новый год что говорит? Вы не представляете! Он говорит, что это обычный рабочий день, а праздники – развлечение для бездельников. Но пока я работаю секретарём на кафедре, я буду ему напоминать, когда у него день рождения.

— Владле́н Васильевич! Вас приглашают в актовый зал института!

— По какому поводу, Софья Сергеевна?

— Ну как же? Студенты факультета знают, что у вас сегодня юбилей, и решили поздравить любимого профессора. Все собрались в актовом зале…

— День рождения… Чей юбилей?

— Ваш, Владлен Васильевич!

— Точно, Софья Сергеевна, у меня сегодня действительно день рождения, Вы мне на прошлой неделе напоминали... А нельзя перенести его на другой день? На послезавтра?

— Да как же, Владлен Васильевич! Там и стол накрыли, и торт… Студенты даже капустник① подготовили, сотрудники пришли с цветами.

— У меня статья горит, у нас приоритет в этой области, не опубликуем – конкуренты догонят, они уже нам на пятки наступают②. Сегодня дедлайн, не до праздника! Мне надо ссылки проверить… Нет, не могу, никак не могу!

— Давайте я ссылки проверю, пока вы в актовом зале будете? Они там такие весёлые, глаза горят – ну как не пойти? Даже бывшие выпускники пришли, как они выразились «с

---

① "白菜会", 自导自演带有歌舞秀、滑稽节目的娱乐晚会, 节目内容与晚会主角有关。
② 成语, 紧紧跟随, 赶上。

## Русский как русский

днюхой»[1] поздравить.

— С че-е-ем? Знаете, правда, проверьте-ка пока ссылки в статье, а я пойду посмотрю на этих выпускников. Эх, что за слово такое... «Днюха»...

### Текст 4

Быть гостем в России непросто. Русские пьют для радости и от горя, за компанию, пьют, чтобы поговорить по душам, и просто от нечего делать. И всегда перед тем, как выпить, они придумывают какой-нибудь остроумный повод, почему обязательно надо выпить, и называют такой повод «тост». Есть даже фильм «Кавказская пленница», в котором один молодой филолог поехал собирать тосты. Этот фильм стал культовым в России. По-моему, русские редко осуждают любителей выпить и многое им прощают. Недавно я смотрел русский детектив. Там главные герои пили по любому поводу, а на экране была строка: «Алкоголь опасен для вашего здоровья». Где логика?

Если вам придётся быть в гостях, будьте готовы к испытанию алкоголем. Если вы не знаете, как правильно пить крепкие напитки, лучше не пробуйте. Лучше всего не пить и сказать, что пить вам запретил врач. Тогда вам все будут сочувствовать и оставят в покое. Но если вы захотите выпить с каждым, кто хочет выпить с вами, – берегитесь! Когда утром придёте в себя, вам будут рассказывать удивительные истории из вашей жизни после третьей рюмки.

## 4. УПРАЖНЕНИЯ

**Представьте себе, что...**

1. Вы приглашены в гости. Узнайте, по какому поводу и куда вы должны приехать.
2. Русские друзья спросили, что принято делать в Праздник середины осени（中秋节）.
3. Вы принимаете у себя дома русских гостей (своих родственников, своего одноклассника). О чём будете говорить за столом? Чем угощать?
4. В России есть День энергетика, День медицинского работника, День строителя, День подводника, День филолога и др. А в вашей стране?
5. Какие подарки вы бы не хотели получить на день рождения или на Новый год?

---

[1] 俄语口语中（主要在年轻人间）流行各种缩略语，比如把生日 день рождения 缩为 днюха, 祝你生日快乐就变成 «С днюхой». день рождения 被写成 ДР, С днём рождения 则为 СДР（读音为 сдэрэ），类似中文里中的"生快"。

Урок 12.   *Праздники. Поздравления. Тосты. Подарки*

**Знаете ли вы ...**

1. Какие праздники бывают в России?
2. Что принято дарить женщинам 8 Марта?
3. Что нельзя приносить в качестве подарка в России?
4. Какие комплименты обычно говорят женщинам или мужчинам?

**Как это по-китайски?**

1. В России есть официальные праздники, отмеченные в календаре красным цветом, и неофициальные праздники.
2. Новогодние подарки кладут под ёлку, потому что считается, что их приносит Дед Мороз.
3. Русский Дед Мороз приходит со своей внучкой, которую зовут Снегурочка.
4. В день рождения желают здоровья, успехов в работе, счастья и радости.
5. Нельзя опаздывать, если вас пригласили по важному поводу: заключение брака, свадьба, юбилей.
6. Если это обычная дружеская вечеринка, вы имеете право опоздать даже на полчаса, и за это никто вас не осудит.
7. Если хотите помочь хозяйке, обязательно спросите у неё разрешения.
8. Замужним женщинам (женатым мужчинам) не принято желать «счастья в личной жизни», потому что считается, что они уже нашли своё счастье.
9. В России чётное количество цветов покупают, чтобы положить на могилу на кладбище.
10. Во время поминок принято пить, не чокаясь, не принято громко разговаривать и смеяться.
11. Когда произносят тост, смотрят на человека, которому этот тост адресован.
12. Когда кто-то произносит тост, неприлично разговаривать, закуривать, есть или пить: надо внимательно слушать.
13. Обычно перед окончанием домашнего праздника гости пьют за хозяйку дома.
14. Самый последний тост обычно за гостей, которым хозяева дома благодарны за то, что они пришли в гости.

*Русский как русский*

地道俄语

1. 在俄罗斯既有在日历中标红的法定节假日，也有非官方节日。
2. 新年礼物一般放在枞树下，因为说它们是冰雪老人送来的。
3. 俄国的冰雪老人总是与自己那个叫雪姑娘的孙女一起到访。
4. 生日时人们送上祝福：身体健康，事业有成，幸福快乐。
5. 如果您受邀参加重要活动：订婚、婚礼、纪念日，切不可迟到。
6. 假如只是一般的朋友派对，您可以晚到些，即便迟到半个小时都不会有人怪罪。
7. 若想给女主人帮忙，必须首先征得她的同意。
8. 一般不会祝愿已婚女人（或已婚男人）"个人生活幸福"，因为人们觉得，他们已经找到了自己的幸福。
9. 在俄罗斯，双数的花是买来上坟扫墓用的。
10. 在葬后宴上，喝酒不碰杯，不能大声喧哗与嬉笑。
11. 发表祝酒词时，应看着你祝酒的那个人。
12. 有人祝酒时，聊天、抽烟或者吃喝都有失礼节，应该专心地聆听。
13. 在家庭聚会接近尾声时，客人们会为这家的女主人干杯。
14. 最后一杯酒一般敬给客人们，主人们以此感谢他们的光临。

# Часть II. РАСШИРЯЕМ КРУГОЗОР

## 1. СТАТЬИ

### ПРАЗДНИКИ В РОССИИ

В России много праздников, и вряд ли найдётся человек, который сможет перечислить все. Ведь их больше двухсот! И это не шутка. Почему так много? Потому что есть праздники светские и церковные, официальные и неофициальные, профессиональные и общенародные. Есть памятные дни, а ещё праздники, которые отмечают только в отдельных регионах или республиках, а ещё дни воинской славы, а ещё… Скажу так: всю информацию не запомнить. Остановимся на той, которую знает каждый россиянин.

Нерабочие праздничные дни в России – это дополнительные выходные дни, связанные с праздниками. Их список утвержден Трудовым кодексом России. Если вы собираетесь поехать в Россию, посмотрите календарь праздничных нерабочих дней заранее, иначе рискуете не попасть в музеи и на экскурсии. В России есть памятные дни – в эти дни люди работают. Например, 22 июня – День памяти и скорби. Это день нападения фашистской Германии на Советский Союз, поэтому в течение дня нельзя проводить развлекательные мероприятия в учреждениях культуры, на телевидении и радио.

В России есть профессиональные праздники. Это форма признания профессиональных заслуг специалистов: учителей, медицинских работников, энергетиков, подводников, библиографов, филологов, металлургов, геологов… Список очень большой.

В календаре есть дни воинской славы, когда народ вспоминает победы российских войск, сыгравшие важную роль в истории страны. Например, 27 января – День снятия блокады Ленинграда.

### МАСЛЕНИЦА

Масленица – это восточнославянский традиционный праздник, похожий на карнавал в европейских странах. Некоторые ученые думают, что до христианства Масленица была связана с днем весеннего равноденствия, которое у народов, живших по солнечному календарю, считалось началом нового года.

Обычно этот праздник отмечали целую неделю перед Великим постом. У Масленицы нет конкретной даты: она меняется каждый год, потому что зависит от празднования Пасхи. Масленица – это народные гуляния, блины, колядова́ние. Вся неделя делится на две части: Узкая Масленица (понедельник, вторник и среда) и Широкая Масленица (четверг, пятница, суббота и воскресенье). Раньше в первые три дня можно было работать, а с четверга все работы прекращались. Конечно, сейчас в нашей стране так никто не делает.

Исследователи фольклора утверждают, что Масленица была связана с началом полевых работ, к которому начинают готовиться уже в конце зимы – в начале весны. Кульминация масленичной недели – воскресенье, именно в этот день чучело Масленицы сжигали, пепел раскидывали по полям, чтобы год был урожайным. Многие обряды Масленицы были связаны с молодожёнами и неженатой молодёжью. В современном массовом сознании главный атрибут Масленицы – блины. Блины никогда не были символом солнца у славян. Они были поминальным блюдом. Какая связь между поминками и новым урожаем? Самая прямая: старое умирает, давая силы новому.

## 2. ПОСЛОВИЦЫ И ПОГОВОРКИ

НЕ ВСЁ КОТУ МАСЛЕНИЦА, БУДЕТ И ВЕЛИКИЙ ПОСТ. 好日子也会有个头。

ГОСТЬ – НЕВОЛЬНИК: ХОЧЕШЬ – ЕШЬ И НЕ ХОЧЕШЬ – ЕШЬ. 客随主便。

ГДЕ НЕ ЛЮБЯТ, НЕ ГОСТИ́, А ГДЕ ЛЮБЯТ – НЕ ЧАСТИ. 不欢迎你的地方别去，欢迎你的地方别常去。

ПИР НА ВЕСЬ МИР. 盛情款待。

НЕ КРАСНА ИЗБА УГЛАМИ, А КРАСНА ПИРОГАМИ. 再美不如馅饼飘香。

## 3. АНЕКДОТЫ

① — Ты на своём дне рождения была самая красивая. — Спасибо! Я старалась! — Специально гостей подбирала?!

② Хозяева — гостям: — Уже уходите? — Да. — А почему так медленно?

③ Инструкция "Как вести себя в гостях": 1) Нет, я не хочу. 2) Спасибо, я не голоден. 3) Я не стесняюсь, просто не хочу есть. 4) Ну если только чуть-чуть...

④ Ребёнок пишет письмо Деду Морозу: «Дорогой Дедушка Мороз! Это письмо не спам, а реальная возможность заработать...»

⑤ Хозяйка обращается к гостю: — Вам подать рюмку коньяку или вы предпочитаете чашечку кофе? — Лучше чашечку коньяку.

⑥ — Дорогой, мне так не хочется идти в гости к родственникам. — Мне тоже. Но ты представь, если мы не пойдём, как они обрадуются. — Да. Надо идти.

⑦ Бабушке очень понравился скайп. — Вы посмотрите, как удобно! И вроде бы у нас гости, а готовить и порядок наводить не надо!

⑧ — Чего не спишь? — В интернете сижу. — Круто, а я в гостях. — У кого? — У тебя! — Чёрт, извини, забыл...

⑨ — Летом 23% россиян отдыхали на курортах, 18% – на даче, 46% – не брали отпуск.
— А где ещё 13% россиян? — Продолжали отмечать Новый год!

⑩ Нужны не только предпраздничные рабочие дни, оканчивающиеся на час раньше, но и послепраздничные, начинающиеся на два часа позже.

## 4. ВИДЕОМАТЕРИАЛЫ. ФРАГМЕНТ КИНОФИЛЬМА

«Ирония судьбы, или С лёгким паром!» Мелодрама, комедия. 1975. Реж. Э. Рязанов.
Время: 7:17 — 12:28

— Женечка!
— Угу...
— У меня есть к тебе неожиданное предложение.
— Правда? Не пугай.
— Жень...
— Что?
— Давай встречать Новый год вместе? А?
— Конечно, вместе. Господи! Мы и собираемся вместе.
— Нет. Ты не понял. Давай совсем вместе, а?
— Это как "совсем"? Я не понимаю.
— Не пойдём к Катанянам.
— Нет, Галя, это неудобно. Нет, ну что ты, Мы же договорились. Это мои друзья. И потом, ты же салат уже приготовила из крабов. А я так люблю крабы!
— Ну и тем более! Съедим их вместе.
— Где ж мы их съедим-то?
— Женька! Какой ты непонятливый! Мы же будем встречать здесь, у тебя.
— Вот тут вот? Подожди. А Катаняны-то как? Я не...
— Олег предлагает встречать Новый Год, между прочим, в ресторане Останкинской башни.
— Дай мне, пожалуйста, макушечку. Он вращается.
— Кто вращается?

*Русский как русский*

— Макушечку дай мне, пожалуйста. Ресторан вращается.

— А-а… Ну, если ты хочешь вращаться, тогда, конечно, вращайся.

— Женя! Я хочу встречать Новый год с тобой. Только с тобой.

— Правда? Давай!

— Глупый какой!

— А кого мы ещё позовём?

— В том-то весь и фокус, что никого. Понимаешь, никого.

— Нет. Ну подожди, ну как "никого"? А мама как же? Мама как? С нами будет?

— Мама? А мама уйдёт. Всё приготовит, накроет на стол, я ей помогу. У тебя мировая мама!

— Замечательная идея! Как она мне самому-то первому в голову не пришла?!

— Но кто-то же должен быть сообразительным?

— Это будешь ты.

— Женька, ну я упаду, Женька, прекрати!

— Подожди, подожди… А как же Катаняны? Я не понимаю…

— Олег предлагает мне встречать Новый год в Суздале в монастыре!

— К чёрту Олега! К чёрту монастырь!

— Женька! Я не хочу в монастырь. Я хочу быть с тобой.


— Со мной?

— Простите, как мне пройти на 3-ю улицу Строителей?

— Улица Строителей вон за теми высокими домами.

— Да, налево.

— Там увидите церковь.

— Спасибо.>


— Мы будем встречать Новый год вдвоём. Ты и я.

— Я выпью…Разбуянюсь,

— Ну…

— Расхрабрюсь… И наконец скажу тебе всё, что я должен сказать.

— Женька! Неужели ты сделаешь мне предложение? После двухлетнего знакомства…

— Давай подождём до Нового года, должны пробить куранты… Подождём давай… Давай подождём…

— Нет, я боюсь, что у тебя никогда не хватит смелости.

— Это трусость… старого холостяка. Знаешь, я уже делал предложение одной женщине. К моему великому изумлению, она согласилась. Вот. Но потом, когда я представил себе, что она будет жить в моей комнате, каждый день… мелькать у меня перед глазами… Туда-сюда, туда-сюда…

Я не выдержал и сбежал в Ленинград.

— А от меня ты тоже убежишь?

— Нет, от тебя не убежишь. Всё решено окончательно и бесповоротно. Держался-держался и рухнул.

— Женя... А как ты считаешь, когда люди поют?

— Поют?

— Когда-когда... На демонстрациях.

— Так... А ещё?

— В опере поют. Когда выпьют, поют.

— Балда!

— Почему?

— Знаешь, когда люди поют?

— Когда нет слуха и голоса?

— Нет.

— Когда они счастливы.

— Правильно.

## 5. ПОЧИТАЕМ ВМЕСТЕ

Прочитайте рассказ Б. Ш. Окуджавы «Девушка моей мечты». Почему мама не хотела смотреть весёлый фильм?

# ИГРЫ

Играть в «Контакт» нужно весёлой компанией. В этой игре надо отгадывать слова. Ведущий должен задумать слово и сообщить об этом другим участникам. Например: «Я загадал слово на букву К». Слово должно быть нарицательным существительным в начальной форме (ед. ч., им. п.).

Теперь участники задают вопросы-определения, стараясь отгадать слово. Например: «Это не домашнее животное, которое даёт молоко?» Ведущий должен быстро сообразить, кого имеет в виду автор вопроса, и крикнуть: «Нет, это не коза!» Главное – успеть. Ведь если кто-то из игроков догадается раньше и крикнет «Контакт!», дальше два игрока хором выкрикнут слово (например, «коза» или «корова»), и ведущий будет обязан сказать вторую

## Русский как русский

букву. Тогда игроки должны придумать новый вопрос, уже зная две буквы этого слова. Конечно, если участники, вступившие в «контакт», назвали разные слова (один назвал «козу», а второй – «корову») или не успели, то ведущий не говорит вторую букву.

Когда слово отгадано, ведущим становитсе другой.

玩儿"接通"的必须是一群活泼的小伙伴。这个是猜词游戏。主持者想好一个词后告诉其他参加者们。比如说："我出的谜是一个以K打头的词。"这个词必须是普通名词原形（单数第一格）。

现在参加者们通过提问来猜词。比如："这是不是能够产奶的家畜？"主持者必须快速反应出提问者所指："不，不是山羊！"重要的是——抢先。如若游戏玩家中某人先行猜出，他就会抢先喊"接通！"，接着两名玩家异口同声地喊出这个词（比如"山羊"或者"母牛"），那么主持者就得往下说出第二个字母。游戏玩家已经获知两个字母，他们需要想出新的问题提问。当然，如果"接通"的玩家们说出的不是同一个词（比方说，一个喊"山羊"，另一个说"母牛"）或者没来得及抢在起头者之前说出正确答案，那起头者则无需说出下一个字母。

词语猜出来后，换别人当主持者。

# Урок 13. Телефон. Вичат. Вайбер. Скайп

## Часть I. ЭТО НАДО ЗНАТЬ

### 1. ЛЕКСИКА

- аббревиату́ра 缩写、简称
- айпа́д iPad 平板电脑
- айфо́н iPhone 手机
- аккумуля́тор, вне́шний аккумуля́тор 蓄电池，充电宝
- андро́ид Android 安卓系统
- бо́нусный счёт 积分账户
- быть на свя́зи 保持联络
- вича́т Wechat, 微信
- вспы́шка 闪光、爆发
- га́джет 配件、周边产品
- гара́нтия 保障
- гро́мкая связь 手机免提声音
- грузи́ться 装货、(程序) 运行、装载
- дева́йс 装备
- дефи́с 连字符、短划线

- диагона́ль м. 对角线、手机尺寸
- доба́вить в чёрный спи́сок 拉入黑名单
- заблоки́ровать но́мер 冻结号码
- заме́тка 简讯、标记
- заря́дное устро́йство, заря́дка, поста́вить на заря́дку 充电装备、充电器、充上电
- звёздочка 星号键
- ка́рта па́мяти 存储卡
- кача́ть 摇晃
- моби́льник, моби́ла 手机
- моше́нник 骗子
- навига́тор 浏览器、导航仪
- настро́йки 设置

- перезвони́ть – перезва́нивать 重拨一次电话
- планше́т 平板电脑、图板
- плёнка 膜、胶片
- потра́тить ба́ллы 使用积分
- поцара́паться 划出、剐出道子
- приложе́ние, обуча́ющее приложе́ние 应用，学习软件
- прове́рить бала́нс 查余额
- разряди́ться 电池耗光
- решётка # 号键
- роня́ть 掉落，摔
- ски́нуть вы́зов (ски́нуть звоно́к) 不接（挂掉）
- сма́йлик 笑脸符号
- смартфо́н 智能电话
- чехо́л 手机套、手机壳

## 2. ДИАЛОГИ

听录音
请扫二维码

### Диалог 1 ‹в салоне мобильной связи›

— Федя! Привет! Что ищешь?
— На каникулы улетаю домой, хочу сестре мобильник купить. Что скажешь?
— Ей сколько? Десять? Возьми Samsung Galaxy Ace. Для девчонки как раз. Позвонить, эсэмэску отправить… что ещё?
— Ну, ты детей не знаешь! Им и в интернете надо посидеть, и чтобы видео хорошо грузилось… Она ещё качает игры из интернета.
— Она тоже играет? Тогда бери этот. Размер экрана хороший: она зрение не испортит. И силиконовый чехол.
— Я слышал, он тормозит иногда…
— Бывает. Зато экран прочный даже без защитной плёнки – не поцарапается.
— А вспышка у него яркая?
— Да. Хороший вариант.

### Диалог 2

— Раздумываешь, стоит ли покупать смартфон с большой диагональю?
— Да! Не могу понять, чего больше: плюсов или минусов.
— А какие плюсы?
— Удобно смотреть фильмы, играть в игры, пользоваться навигатором. Можно использовать его как электронную книгу.
— А заряд долго держит?
— Да, очень долго.
— Да он может заменить планшет! А какие минусы?
— Во-первых, в карман не влезает. Во-вторых, дорого.

### Диалог 3 ‹в салоне мобильной связи›

— Купил у вас телефон неделю назад. Это просто чёрт знает что!
— А что вас не устраивает?
— Вы сказали, что телефон с двумя сим-картами. Но пока я говорю по одной, другая занята. А мне люди не могут дозвониться!
— Вы пробовали звонить самому себе?

— Да.
— И что?
— И ничего. «Абонент недоступен или находится вне зоны действия сети».
— Всё ясно. Вам нужен сотовый с двумя симками, которые работают параллельно. Попробуйте вот этот. Вставьте в него обе карты и позвоните с одной на другую.
— Вызов проходит! Всё работает. Спасибо.

### Диалог 4 ‹в общежитии›

— Куда ты на ночь глядя?
— Мне надо быстро съездить на «Новочеркасскую».
— Прямо сейчас, в одиннадцать вечера?
— Ты не представляешь, как мне повезло! Только что прочитала объявление на сайте: продаётся новый айфон. Всего 2000 рублей!
— Что? Почему так дёшево?
— Потому что хозяин потерял документы. А так он совсем новый: на фотографии видно, что им почти не пользовались.
— Так. Ты никуда не пойдёшь.
— Не надо командовать! Я уже позвонила и договорилась. Он принесёт его к метро. Ему срочно нужны деньги.
— Ты понимаешь, что новый телефон без документов – это странно? Почему надо продавать его ночью? Ты понимаешь, что он может быть краденым?
— Ой, я не подумала...

### Диалог 5

— Ты не видел моё зарядное устройство? У меня мало зарядки осталось.
— Видел. Но не скажу где. Потому что у меня есть подарок. Смотри! Это новый девайс: внешний аккумулятор.
— Зачем? Мне хватает зарядки. Ещё одну штуку с собой носить!
— Он очень лёгкий, и его можно использовать для зарядки ноута. Теперь ты не будешь искать свои провода.
— Ага! Теперь я буду искать свой внешний аккумулятор! Шучу. Спасибо тебе! Больше я не буду скидывать звонки, когда садится телефон.

*Русский как русский*

### Диалог 6

— Что за человек! Просила его быть на связи, а он уже три часа не отвечает!
— Может быть, у него телефон разрядился, а он не заметил. Кстати, ты о ком говоришь?
— Конечно, о Егорушке. Всё у него в порядке! Длинные гудки!
— Оставь ему голосовое сообщение, чтобы перезвонил. Ты сколько раз звонила?
— Уже двадцать семь.
— С ума сошла? Он занят. Или забыл телефон дома.
— А если он меня заблокировал? Включил в чёрный список?
— Не говори глупости! Он от тебя без памяти в прямом и в переносном смысле! Из-за твоих фотографий у него в телефоне память кончилась!

### Диалог 7

— Варя, я проверила баланс, и вдруг оказалось, что у меня минус!
— Тебя это удивляет? Ты же каждый день много звонишь. Деньги кончились.
— Нет, я звоню мало! Я вчера положила на номер 1500 рублей!
— Надо позвонить оператору и узнать, в чём дело. Может быть, ошибка.
— Звони. Включи громкую связь, я помогу, если что.

<*голос автоответчика в телефоне*>

— Здравствуйте! Вас приветствует компания мобильной связи. Внимательно прослушайте информацию. Вас интересуют услуги мобильной связи и мобильного интернета с телефона, планшета, USB – модема? Нажмите один. Домашний интернет, телефония, цифровое и кабельное телевидение? Нажмите два. Если вы хотите узнать о специальных акциях и предложениях, нажмите 4. Вы хотите уточнить информацию по действующему тарифу? Нажмите три. У Вас другой вопрос? Звёздочка. Пять. Ноль. Решётка. Дождитесь ответа оператора.

<*Звучит музыка*> <*Голос автоответчика в телефоне*>

— Ваш звонок очень важен для нас! К сожалению, сейчас все операторы заняты. Вам ответит первый освободившийся оператор. Ориентировочное время ожидания – 5 минут.

### Диалог 8

— Катя! Смотри! Мне пришло сообщение! От Лены!
— Не успела из дома уйти – уже сообщение отправила? Она что-то дома забыла?
— Нет! Она просит помочь! Смотри: «Срочно переведи мне 300 рублей на номер +7(911)174-30-33. Я в больнице. Потом всё объясню. Лена».
— Ужас какой! Давай переведём 500 рублей! Вдруг она захочет позвонить домой!
— Подожди… А почему такой странный номер? У неё другой номер!
— Так… Надо ей позвонить!
— Алло! Лена! Это ты? Почему ты в больнице? Где ты? Что? Что? Что?
— Говори скорее. Что с Леной?
— Какие мы дурочки! Она в библиотеке. Говорит, что это телефонные мошенники. Они посылают СМС с просьбой о помощи, используя распространённые русские имена.
— Вот это да!

### Диалог 9

— Маша, я купила новый телефон, и мне предложили оформить бонусную карту, на которую начисляются какие-то баллы. Ты знаешь, что это? Как их тратить?
— Ян Ди! Это здорово! Покажи, какая карта.
— Вот. Жёлтая с картинкой.
— У меня такая же! Ты любишь пирожные и тортики?
— Да! Особенно кафе «Шоколадница» и «Север».
— Эти баллы ты можешь потратить в «Шоколаднице». Просто покажи эту карту официанту.
— И будет скидка?
— Если баллов много, то ты можешь расплатиться баллами. Кстати, список магазинов-партнёров есть в «личном кабинете» на сайте.
— А как я узнаю, сколько у меня баллов?
— Можешь зайти на сайт, а можешь позвонить оператору. На карте написан номер.

*Русский как русский*

### Диалог 10

— Ты слышал новость? В школе, где учится мой брат, директор запрещает пользоваться телефоном во время урока!

— Директор молодец! На уроке ребёнок должен учиться, а не сидеть в телефоне.

— А если надо срочно посмотреть какую-то информацию в интернете? А если надо решить трудный пример? Или ответить на эсэмэску?

— Маша, ты сама понимаешь, что говоришь? Ты сама себя слышишь?

— А что? Скажешь, что я неправильно думаю? Детям нужна свобода, а не контроль!

— Маша, успокойся. Почитай психологическую литературу. Современные школьники так привыкли к интернету, что отвыкли самостоятельно мыслить. Они даже таблицу умножения не знают, потому что телефон всегда под рукой.

— Ты говоришь то же, что моя бабушка. Не знала, что ты такой консерватор!

— Маша, я думаю, мнение бабушки надо уважать.

— Почему? Она же вообще ничего не понимает в телефонах и в интернете.

— Да, но она без интернета закончила университет и написала диссертацию.

## 3. ТЕКСТЫ

听录音
请扫二维码

### Текст 1

Скайп – это популярное приложение, разработанное компанией Microsoft. В скайпе можно обмениваться сообщениями, есть аудио – и видеочаты (в том числе групповые). Благодаря скайпу можно проконсультироваться у врача, взять урок у репетитора, сдать экзамены, не выходя из дома. Говорят, через скайп можно организовать видеоконференцию со ста участниками. Не знаю, правда ли это. Я не пробовал.

Скайп экономит время: не надо никуда ехать, стоять в пробках, ждать автобуса. Не надо подвергать себя опасности во время эпидемий. Можно спокойно расположиться за столом и заниматься, если, конечно, у вас быстрый интернет. Для таких занятий нужна и хорошая видеокамера, чтобы учитель мог видеть, как ученик пишет в тетради.

Проблемы у скайпа тоже есть. Внутри скайпа можно звонить бесплатно, но звонки на телефоны внутри России, как и по всему миру, платные. Скайп отбирает клиентов у сотовых операторов, поэтому они (операторы) его не любят и даже с ним борются. Вторая проблема – тайна переписки. Всё, что вы пишете и говорите, доступно сотрудникам Microsoft, а также спецслужбам. Разговаривая по скайпу, помните об этом.

## Текст 2

У любителей болтать и отправлять СМС ещё совсем недавно куча денег уходила на оплату этих удовольствий. Сейчас ситуация изменилась: появились «мессенджеры». Вы слышали эти названия: Viber, WhatsApp, WeChat?

В России самые популярные — Viber и Whatsapp. У них очень простая регистрация, после скачивания они привязываются к номеру мобильника Все контакты из телефона автоматически можно использовать в мессенджере. Приложение WhatsApp было разработано для старых моделей смартфонов Nokia. Viber появился позже, он рассчитан для установки на более современные мобильные устройства. Если у вас очень старый аппарат, то не получится установить вайбер.

И вайбер, и вотсап поддерживает мобильные телефоны на базе Android, iPhone, Windows Phone, Nokia S40, Nokia Symbian, Blackberry. И вайбер, и вотсап могут поддерживать групповые чаты, отправку фото, видео, голосовых сообщений. Оба могут совершать видеозвонки. Оба приложения устанавливаются бесплатно, оба безопасны, у обоих есть свои поклонники.

Есть и минусы. У каждого свои. Но каждый человек видит плюсы и минусы исходя из своих интересов. Например, в вотсапе нет рекламы. Я думаю, что это хорошо. А в вайбере она есть. И кому-то это нравится.

## Текст 3

Наш язык стремится соответствовать темпу времени. В СМС сообщениях, кажется, главное – краткость. Каждый хочет написать кратко, короче или короче некуда.

Многие используют фонетический принцип: как слышим – так и пишем. Например, вместо «сейчас» – «щас». В СМС знакомые слова сокращают или заменяют: вместо «хорошо» пишут «хор» вместо «кстати» – «кста», вместо «спасибо» – «спс». О запятых, кавычках, тире, двоеточиях никто не помнит. Бедный дефис! Его постоянно забывают.

Многие используют опцию «автонабор», то есть «автоматический набор». Это удобно: не надо думать, как написать слово. Сами посудите: сколько времени нужно, чтобы написать поздравление другу? Конечно, можно написать так: «От всей души поздравляю с днём рождения! Счастья, любви, радости, удачи! Оставайся всегда таким жизнерадостным и открытым, каким мы тебя знаем и любим!» Но это долго и старомодно. В СМС пишут кратко: «Поздравляю с ДР!» А где же эмоции, пожелания, тёплые слова? В СМС это смайлики, графические значки, передающие эмоции и действия. Есть разные смайлики: «целую», «люблю», «победа», «смущён», «извини», «надеюсь»…

Не знаю, как вам, а мне больше нравится, когда меня поздравляют по-старому.

*Русский как русский*

**Текст 4**

В России много сотовых операторов, но самые крупные компании – МТС, «Мегафон», «Билайн». У них самое большое число абонентов. По статистике 2017 года, МТС работает в 118 регионах страны, у него около 178 миллионов телефонных номеров. «Билайн» распространён в 185 регионах. У него примерно 135 миллионов номеров. «Мегафон» работает на территории 142 регионов России. Он содержит более 134 миллионов телефонных номеров. Популярными операторами, не входящими в «большую тройку», являются «Tele2», «Ростелеком». А всего в России больше ста действующих операторов сотовой связи.

Раньше можно было по номеру определить, какой компании принадлежит номер. Например, все знали, что если номер начинается с 911, то это МТС, а если с 921 – это «Мегафон». Но недавно было принято решение о том, что можно переходить к новому оператору, сохраняя старый номер телефона. Это очень удобно.

## 4. УПРАЖНЕНИЯ

**Представьте себе, что...**

1. Вы должны договориться с другом о встрече в салоне мобильной связи. Он хочет купить телефон, а вы пытаетесь доказать ему, что новый телефон не нужен.
2. Вы решили рассказать другу, как работает вичат, как пользоваться смайликами, как отправлять сообщения, как звонить.
3. Вы пришли в салон связи, чтобы купить русскую сим-карту. Поговорите с продавцом.
4. Обсудите с продавцом тарифы мобильной связи. Учтите, что вам нужно звонить в разные города России. Есть ли способ сделать звонки дешёвыми?

**Знаете ли вы ...**

1. Какие номера телефона в России вы должны запомнить для экстренных случаев (пожарная служба, полиция, скорая помощь...)?
2. Как по-русски называются основные настройки?
3. Как по-русски называются разные функции телефона?
4. Как называются по-русски главные операции компьютера?

Урок 13.    Телефон. Вичат. Вайбер. Скайп

**Как это по-китайски?**

1. Тариф с абонентской платой выгоднее, чем тариф с повременной платой.
2. Недостаток средств на счёте может привести к блокировке.
3. Как сменить тарифный план?
4. Я хочу войти в личный кабинет абонента и изменить пароль.
5. Когда средства будут успешно зачислены получателю, отправитель будет проинформирован через входящее сообщение.
6. Я хочу посмотреть информацию по своему тарифу.
7. Я хочу отключить все платные услуги.
8. Я хочу получить полную детализацию счёта и информацию по подключённым опциям.
9. Я хочу узнать баланс бонусного счёта и потратить баллы.
10. Мне нужно связаться онлайн со службой поддержки.
11. После неправильного введения пароля более трёх раз доступ к персональным данным будет заблокирован.
12. 112 – оперативная и экстренная служба спасения (Единая служба).
13. При нулевом балансе можно воспользоваться опцией «Обещанный платёж».
14. Как восстановить сим-карту?

1. 套餐资费比计时资费更划算。
2. 账号欠费会导致停机。
3. 怎样变更话费套餐？
4. 我想进入用户个人空间修改密码。
5. 当收款方成功收到转账时，付款方将收到短信通知。
6. 我想看一下自己的资费信息。
7. 我想停用所有付费项目。
8. 我想了解账户费用明细以及开通项目的信息。
9. 我想查询账户余额并且用掉积分。
10. 我需要联系线上客服。
11. 密码输错三次后用户信息将被暂时锁定。
12. 紧急救援服务电话为——112（统一救援平台）。
13. 账户余额为零时可以使用"欠费"选项。
14. 怎样修复SIM卡？

# Часть II. РАСШИРЯЕМ КРУГОЗОР

## 1. СТАТЬИ

### ТЕЛЕСРФОН

Телефоном мы стали пользоваться недавно. Первые телефоны появились в России в конце 1870-х – начале 1880-х годов и были очень тяжёлыми (весили почти восемь килограммов). Люди удивлялись, глядя на это изобретение: по телефону можно было поговорить даже с человеком из другого города!

Абонент не мог сделать звонок сам: сначала он связывался с телефонной станцией, где работали специально обученные люди. Так появилась новая профессия – телефонисты. Обычно на таких станциях работали девушки-телефонистки. Абонент называл номер собеседника, телефонистка соединяла два номера. Эта работа была не только ответственной, но и тяжёлой. Обычно сюда принимали девушек, имевших хорошие рекомендации. Во время разговора телефонистки могли слышать каждое слово, поэтому они давали обещание не передавать никому информацию, которую узнали из разговоров. Телефон становился всё более доступным, и в начале XX века в Москве было уже около трёх тысяч телефонов.

Одно из ранних стихотворений о телефоне написал в 1926 году детский писатель К. Чуковский. Оно начинается так: «У меня зазвонил телефон. – Кто говорит? – Слон! – Откуда? – От верблюда! – Что вам надо? – Шоколада!» Стихи весёлые, но когда телефон звонит с утра до вечера, это не очень весело.

### О КРАТКОСТИ

Форумы и чаты – сфера, где соединяются письменная и разговорная речь. Всё здесь спонтанно, живо, остро! А сколько разных способов привлечь внимание читателя! Например, аббревиатуры. Многие из них Появились под влиянием англоязычного интернета. Например: *IMHO (In My Humble Opinion)* – «по моему скромному мнению» (*ИМХО́*), имеет русский аналог *ПМСМ* (перевод «По моему скромному мнению»). *ЛС* – это *личное сообщение*, русскоязычный аналог *PM Private messages.* В чатах вы увидите такие слова: *рега (регистрация), модер (модератор), инфа (информация), норм – нормально, соотв — соответственно*.

Аббревиатуры – распространенное явление. Стандартные русские аббревиатуры: *МСК – Москва, кол-во – количество, т.к. – так как, т.е. – то есть, т.п. – тому подобное*. В речи студентов и школьников типичны: *уд – удовлетворительно, неуд – неудовлетворительно, проф –*

*профессор, фак – факультет, препод – преподаватель, завкаф – заведующий кафедрой, физра – физкультура, литра – литература, истграм — историческая грамматика.*

## 2. ПОСЛОВИЦЫ И ПОГОВОРКИ

ЯЗЫК БЕЗ ПРИВЯЗИ ЧТО СУНДУК БЕЗ ЗАМКА. 口无遮拦就像箱子没上锁。

В УМНОЙ БЕСЕДЕ УМА НАБЕРЕШЬСЯ, А В ГЛУПОЙ СВОЙ РАСТЕРЯЕШЬ. 宁与智者争高下，不跟愚者论短长。

ТАЙНОЕ ВСЕГДА СТАНОВИТСЯ ЯВНЫМ. 纸包不住火。

СЛОВО — СЕРЕБРО, А МОЛЧАНИЕ — ЗОЛОТО. 说话是银，沉默是金。

## 3. АНЕКДОТЫ

① В день рождения первые три поздравления я получил по СМС от самых близких и дорогих мне людей: от «Мегафона», «Сбербанка» и «Декатлона». И только к обеду начали звонить друзья, братья, сёстры...

② При входящих вызовах сразу сообщайте собеседнику, что у вас садится аккумулятор. Это позволяет услышать только самое важное.

③ — "Ты почему не отвечаешь?! Это уже 25-я моя эсэмэска!". — "Да я телефон потерял...".

④ — Девушка, какой у вас телефон? — «Самсунг». — Нет, я имею в виду номер. — Федеральный. — Да нет же, цифры какие? —Арабские.

⑤ Когда мне становится скучно, я отправляю сообщение на случайный номер: "Я спрятал труп... что делать дальше?"

⑥ Если вы хотите узнать, что про вас думают друзья и знакомые, позвоните в их присутствии с мобильного и послушайте, какая мелодия зазвучит. Будете удивлены.

⑦ — И что это за новый Славик у тебя в контактах на телефоне? Я туда позвонила, а там женский голос! И как это понимать?! — А очень просто! Там такая же дура схватила телефон, чтобы послушать, что за новый Сергей у Славика в телефоне.

⑧ Пишу своей девушке SMS: "Спокойной ночи!" В ответ приходит: "А чего таким тоном?".

## 4. ВИДЕОМАТЕРИАЛЫ. ФРАГМЕНТ КИНОФИЛЬМА

«Питер FM». Мелодрама, комедия. 2006. Реж. О. Бычкова
Время: 1:09:56 — 1:13:13

— Алло.

— Максим?

— Привет, Маш.

— Привет, извини, что так поздно. Мне никто не звонил?

— Нет, никто.

— Понятно.

— А что это за звук? Ты где?

— На мосту сижу.

— Романтика.

— Угу. Ещё какая.

— А что там, на мосту?

— На мосту... на мосту холодно, страшно. Вода течёт, туман, собака бежит лохматая.

— Тоже хочу на мост.

— Могу занять место. Да, забыл, извини, днём тебе какой-то парень звонил.

— Костик, наверное.

— Твой жених?

— Угу.

— А когда свадьба? Алло? Маш? Ты что, плачешь что ль? Да ладно, не реви, он позвонит. Извини.

— Да нет, просто свадьбы не будет.

— Поругались?

— Понимаешь, мы уже давно вместе. Ещё со школы, а Костя, он очень хороший, я... я сама не знаю, как так всё... И вдруг поняла, что... что я не могу. Ну и сказала ему... сегодня.

— Жалко его?

— Угу.

— Да ладно, не жалей. Меня тоже девушка бросила, ничего. Живу как-то.

— Грустно.

— Ну а что тут можно сделать. Да жизнь вообще штука непредсказуемая. Это только в кино всё по сценарию.

— А ты мне обещал дом показать.

— Покажу. У меня с домами особенные отношения.

— Почему?

— Потому что я архитектор.

— И какие же у вас отношения?

— Ну, ты что, дома как... ну, как люди. Но родные, близкие. Можно договориться. Иногда такого расскажут, можно тома писать.

— Пишешь?

— Не, ленюсь. Ну в Питере вообще… тут такие... экземпляры попадаются.

— А ты уезжать собрался. Поедешь?

— Пока тебе трубу не отдам, не уеду.

— Тогда ты надолго задержишься.

— Знаешь, я не решил, но, наверное, лучше уехать.

— Монету бросал?

— И в Фонтанку, и в Неву.

— Молодец.

— А ты когда-нибудь в Чижика попадал?

— Ни разу. А ты?

— Я тоже.

— Завтра встретимся?

— Конечно.

— Странно, у тебя такой голос... ну как будто слышал много раз.

— Может быть.

— Спокойной ночи, Максим.

— Спокойной ночи, Маша.

## 5. ПОЧИТАЕМ ВМЕСТЕ

Прочитайте стихотворение В. С. Высоцкого «07». Как вы думаете, когда написан этот текст? Вы знаете литературные произведения, в которых упоминается телефон?

# ИГРЫ

«Испорченный телефон» («Сломанный телефон») – очень старая игра. Суть её в том, чтобы передать устное сообщение по цепочке. Особенно интересно играть, когда много участников. Ведущий шепотом произносит на ухо соседу фразу, в которой

## Русский как русский

есть труднопроизносимое слово, тот передаёт её (тоже тихо, причём не уточняя и не переспрашивая) дальше по цепочке. Когда наступает очередь последнего участника игры, состав и смысл исходного предложения обычно меняется до неузнаваемости. Начинается обсуждение, как и в какой момент появились искажения. Это всегда смешно и неожиданно. Вот попробуйте: «Ведь не тех же ребят я спрашивал, а совсем с другими говорил».

"坏掉的电话机"（"废弃的电话机"）是个老掉牙的游戏。其实就是口头依次传话。人多玩起来更有意思。第一个人凑到第二个人耳边悄声把话传给他。这句话里应该有不易发音的词。第二个向后传话（也必须轻声传达，并且不允许确认和重问），这样一个传一个。一般来说，传到最后一个游戏者时，那句话最初的内容和意思都会完全走样。讨论一下是从哪个环节怎么就出现歪曲的，这向来既好笑又意外。来试试这句："我问的可不是那些家伙，而完全是跟其他人说的。"

# Урок 14. Почта. Интернет. Банк

## Часть I. ЭТО НАДО ЗНАТЬ

### 1. ЛЕКСИКА

- абонéнтская плáта 用户费
- бескоры́стный 无私的
- бессрéбреник 廉洁的人
- бóнус 红利、奖励金
- бухгалтéрия 会计、会计学
- валю́та 货币、外币
- дáта операции 办理日期
- до востребования 邮局待领
- дохóд 入账、进款
- залóг 押金、抵押
- идентификациóнный нóмер 识别代码
- кáрта дебетóвая / креди́тная 借记卡/信用卡
- кешбэ́к 返现
- ковáрство 阴险、奸诈
- коми́ссия 手续费
- креди́тный ли́мит 贷款额度
- лесть ж. 谄媚

- локáльная сеть 局域网
- налóженный платёж 货到付款
- нóмер и дáта договóра 合同编号与日期
- нóмер лицевóго счёта 个人账户账号
- обмéн 兑换
- опись вложéния 物品清单
- остáток 余额、余数
- откла́дывать 储蓄
- отчёт по операции 收支明细
- первосвящéнник 最高司祭、最高僧长、最高主教
- перевóд 转账、翻译
- пери́од вы́писки 账期
- платёж 付款
- предáтельский 叛变的
- провáйдер 供应商
- процéнт за обслу́живание 提成
- процéнтная стáвка 利率
- равноду́шный 漠然的
- расхóд 支出、费用
- реквизи́т 必填项目、客户基本信息
- СМС-уведомлéние 短信通知
- термина́л 终端设备、航站楼
- тетрадрáхма 古希腊银币
- уведомлéние о вручéнии 签收回执
- упомина́ться 提及、列入
- цéнные отправлéния 保价邮寄
- чертá 界限、特点
- шéкель м. 谢克尔（以色列币）
- «Яндекс-деньги» Yandex 钱包

*Русский как русский*

## 2. ДИАЛОГИ

听录音
请扫二维码

### Диалог 1 ‹в банке›

— Здравствуйте! У меня проблема. Перестали поступать СМС-сообщения, а операции по карте совершаются.
— Да, действительно. Давайте посмотрим услугу «Мобильный банк».
— У меня подключён полный пакет услуг, должны поступать сообщения о любых операциях.
— Надо проверить, не переполнена ли память телефона.
— Ой… Точно! А я боялась, что это моше́нники!

### Диалог 2 ‹разговор с оператором контактного центра›

— Вас приветствует оператор колл-центра банка «Жизнь». Как я могу к вам обращаться?
— Анна, меня зовут Анна. Я потеряла мобильный телефон, подключённый к мобильному банку. Что делать?
— Сейчас я переведу ваш звонок в службу помощи, чтобы заблокировать услугу. Скажите, в мобильном телефоне нет данных по вашей карте?
— Я в разделе «Заметки» хранила номер карты, пароль и логин для входа в банк онлайн.
— Вы должны срочно позвонить в службу поддержки пользователей оператора сотовой связи и заблокировать мобильный телефон.

### Диалог 3 ‹в банке›

— Добрый день! Могу я вам помочь?
— Я хочу перевести деньги моей семье, и как можно скорее.
— Вы хотите перевести с банковской карты на карту, с карты в пункт выдачи наличными или воспользоваться электронным кошельком?
— Наличными.
— Тогда советую сервис моментального перевода денег. Ознакомьтесь с информацией и подберите себе оптимальный вариант.
— Это действительно не так просто: тут надо учесть и размер комиссии, и близость пункта выдачи денег к месту проживания получателя, и скорость перевода…

— Присядьте, пожалуйста, вон там в кресло, подумайте и возвращайтесь сюда. Мы закрываемся в 18:00.
— Я уже подумал. Самое простое – с карты на карту. У меня есть номер карты жены.

### Диалог 4

— Владимир Николаевич, вы часто бываете в Китае. Скажите, где лучше менять рубли на юани?
— Хорошо, что спросили.
— То есть это сложно?
— Да нет, но надо знать некоторые детали. Например, если вы положили деньги на кредитную карту, чтобы потом снимать юани в банкоматах в Пекине, то вам надо обязательно узнать в банке, обслуживается ли ваша карта в Китае.
— А не проще ли въехать в Китай с долларами и там менять их на юани?
— Может, проще. Но вы теряете на покупке долларов и обмене на юани.
— А у них в банке трудно менять валюту?
— Лучше в первый раз идти туда с переводчиком. Вам придётся заполнить заявление на обмен. Там нужно указать гражданство, данные паспорта и название гостиницы, в которой вы остановились, сумму, которую надо обменять.

### Диалог 5 ‹в салоне мобильной связи›

— Валера, я хотела войти в онлайн-банк и нечаянно удалила с сотового СМС с паролем доступа к счёту!
— Сколько минут действителен пароль?
— Минуту.
— А сколько прошло?
— Не знаю…
— Попробуй открыть папку «Сообщения», найди раздел «Удалённые сообщения», твоя СМС должна лежать там.
— Да. Вот. 47690. Ой! Не получается войти по этому паролю.
— Значит, прошло больше минуты. Пароль одноразовый. В личном кабинете есть опция «Запросить новый пароль». Видишь?
— Получилось!
— Сейчас новый пароль придёт – не стирай.

Русский как русский

### Диалог 6

— Что это за картинка у тебя на карте?
— Это карта «Пирамида».
— Это Сбербанк?
— Нет, это карта салона «Сеть». Она выдаётся бесплатно. Нет ни абонентской платы, ни комиссии за совершение платежей с карты.
— А если хочешь снять с карты наличные?
— Тогда есть комиссия. Один процент.
— А чем она хороша?
— Хороший кешбэк. Можно накопить бонусы и использовать их при покупке товаров в магазинах и компаниях-партнерах. 10 бонусов – 1 рубль скидки.
— Не понимаю.
— Например, я хочу купить мобильный телефон в салоне «Сеть». Телефон стоит 4000 рублей, и у меня на карте 10 000 бонусов. 10 000 бонусов это 1000 рублей. За телефон я плачу 3000 рублей.

### Диалог 7 ‹около банкомата›

— Скажите, здесь можно снять деньги, если у меня карта другого банка?
— Снять, конечно, можно, но лучше узнать, какие тарифы действуют на использование карты при выдаче наличных в банкоматах.
— Это невыгодно?
— Всё зависит от того, какая карта. Если карта нашего банка, то никаких процентов вы не платите. Если другого банка, то это может быть очень невыгодно.
— А какие варианты комиссии могут быть?
— Например, на снятие собственных денежных средств клиента – 1%, но минимум 100 рублей. А при снятии денежных средств кредитного лимита – 5%, минимум 400 рублей.
— Значит, если я хочу снять 1000 рублей из кредитного лимита, банкомат возьмёт 400 рублей?
— Комиссия может изменяться. Лучше проверить информацию о тарифах на сайте в разделе «Тарифы на обслуживание карты».

## Диалог 8

— Зачем тебе евро?
— Хочу съездить в Финляндию на три дня. Ты знаешь, где сегодня хороший курс?
— Давай посмотрим в интернете.
— Так… Продажа… Покупка…
— А мы что делаем? Мы покупаем или продаем?
— Мы покупаем. Смотрим «продажа».
— Банк продаёт евро за 77 рублей. А покупает за 72.
— А есть льготный курс, если человек покупает или продаёт очень много валюты?
— Например, 1000 евро? Да, есть! Банк около метро. При покупке от 1000 евро курс 76.40.

## Диалог 9

— Я что-то не понимаю, как заплатить за эти билеты…
— Тут можно по карте. Перечень банков есть на сайте. Можно наличными курьеру, можно через «Яндекс. Деньги».
— А что такое «Связной»?
— Это салон связи. Туда можно прийти и внести сумму, они дадут кассовый чек.
— А тут ещё перечислены какие-то платёжные системы…Адреса банкоматов…
— Да, но я тебе не советую. Это терминалы для внесения наличных, которые есть во всех больших магазинах.
— Почему не советуешь?
— Во-первых, они берут большую комиссию. Некоторые до 10 процентов. Во-вторых, они могут не дать чек или плохо его распечатают. Такой чек нельзя сдать в бухгалтерию.

## Диалог 10

— Вы хотите отправить посылку?
— Да. Мы договорились с подругой, что я отправлю до востребования.
— Такое отправление хранится на почте 30 дней. Её отдадут получателю, когда он придёт и предъявит удостоверение личности.
— А что надо писать там, где адрес?
— Пишите фамилию, имя, отчество, страну, населённый пункт, индекс почтового

*Русский как русский*

- отделения. «До востребования».
- — Простите, я забыла индекс?
- — Как называется населённый пункт? Хвойная? Новгородская область? Индекс 174580.

## 3. ТЕКСТЫ

听录音
请扫二维码

### Текст 1

Сегодня у меня очень важное дело. Надо отправить посылку. Я никогда не была на почте, поэтому решила попросить Аню, мою соседку по комнате, пойти на почту со мной. Вдруг окажется, что там надо заполнить какие-нибудь документы? Ведь я не знаю, как это делать. На почте мы подошли к окну «Посылки», и я стала слушать, о чём Аня разговаривает с девушкой, сотрудницей «Почты России».

Аня: Скажите, можно отправить посылку в Чанчунь?

Девушка: Да, это международное отправление. Вы знаете, что нельзя посылать за границу?

Аня: Там большой список. Мы хотим послать гостинец: конфеты, печенье, две футболки, календарь, духи.

Девушка: К сожалению, духи отправлять нельзя.

Аня: Почему? Ведь духи – это совсем маленькая бутылочка.

Девушка: У нас такие правила. Возьмите на столе бланк «Опись вложения». Напишите список всего, что будете отправлять.

Аня: А коробку у вас нужно покупать? Или где?

Девушка: Да, коробку у меня. Давайте посмотрим вес. Так… Два килограмма.

Аня: Девушка, а можно написать «Ценная»?

Девушка: Пишите что хотите. Если «ценная», то надо указывать цену. Чем больше укажете, тем больше уплатите страховку.

Аня: Например?

Девушка: Например, напишете, что цена 2000 рублей – заплатите страховку 200.

Аня: А что вы посоветуете?

Девушка: Сами посмотрите: конфеты, печенье, футболки стоят около 1000. Если посылка потеряется, вам возместят 1000 рублей. Вот и пишите: «Тысяча рублей».

Аня: Буквами писать? Или цифрами?

Девушка: И буквами, и цифрами.

208

Аня: А когда она дойдёт?

Девушка: Посылки за границу от недели до месяца.

### Текст 2

В России существуют разные виды экспресс-доставки: срочная в тот же день и менее срочная в течение нескольких дней. Самые популярные службы экспресс-доставки – «ЕМС – Почта России», «Сити Экспресс», DHL, Pony Express.

Если нужно срочно доставить документы в черте города, можно отправить их от «двери до двери» до конца рабочего дня. Вам не нужно выходить из дома и искать офис: курьер приедет сам, привезёт упаковку, квитанции, заберёт посылку. В тот же день вы получите СМС с информацией о времени доставки.

Срок доставки зависит не только от выбранного вами времени, но и от расстояния. В зависимости от расстояния срок от 2 до 14 дней.

Все посылки, приходящие из-за рубежа, проходят таможенный досмотр. Сколько времени занимает этот процесс? Во всех странах по-разному. Это не зависит от курьера или компании. Таможня может задержать посылку в связи с необходимостью предоставления дополнительной информации.

Вы можете отследить статус вашей посылки онлайн. Статус – это информация о том, что сейчас происходит с посылкой: ещё в пункте отправления, в пути или уже в пункте назначения. Чтобы отслеживать статус, надо знать идентификационный номер посылки. Этот номер сообщает курьер, с которым вы отправляете посылку.

### Текст 3

Советы по обмену валюты всегда полезны. Каждый хочет, чтобы обмен был выгодным и безопасным. Во-первых, используйте официальные способы, даже если они чуть дороже. Не надо менять валюту на улице, в метро, у случайных людей. Самое надёжное место – банки. Например, в России есть «Сбербанк», «ВТБ», «Почта-Банк», «Сити-Банк».

Во-вторых, обычно покупку валюты выгоднее совершать утром, хотя в некоторых банках время суток не влияет на разницу между покупкой и продажей. В-третьих, до того, как вы пойдёте в банк, проверьте по интернету все возможные варианты, сравните разные предложения. Помните: если вам нужна редкая валюта, нужно узнать, в каком банке она есть. Например, в банках Ноябрьска вряд ли можно купить польские злотые. Наконец, если вы хотите обменять очень большую сумму, лучше обращаться в крупные банки. В

*Русский как русский*

небольших районных отделениях таких денег может не быть.

В России банки обычно работают с 9:00 до 20:00, суббота – короткий день (до 16:00 – 18:00). Операции по вкладам и счётам совершаются только в это время.

### Текст 4

Интернет уже перестал быть развлечением, это часть нашей жизни. На планете к 24 января 2017 года было 3 885 567 619 пользователей интернета. В Китае постоянно пользуется интернетом 53 процента населения, в России – 76, в Великобритании – 94.

Беспроводной доступ в интернет обычно есть в аэропортах и отелях на базе WiFi. Там можно выйти в сеть с ноутбуков или телефонов. Кроме того, можно зайти в интернет в хороших кафе. Эти услуги могут быть совершенно бесплатными или бесплатными только для клиентов. В Москве и Петербурге интернет есть в метро.

Крупные библиотеки дают читателям возможность подключиться к локальным сетям, и это очень хорошая возможность получить информацию, которую иначе вы не получите. Например, с домашнего компьютера нет доступа к крупным архивам или каталогам многих научных библиотек, а с библиотечного компьютера можно и посмотреть, что там есть, и почитать, и заказать нужные копии. Почему? Потому что библиотека уже оплатила доступ к этим ресурсам.

Если вы приехали в Россию надолго, то главное – правильно выбрать провайдера. Спросите у соседей, к какому провайдеру подключён дом, в котором вы живёте. Так будет проще, экономнее и надёжнее.

## 4. УПРАЖНЕНИЯ

**Представьте себе, что...**

1. Вам нужно обменять деньги. Обсудите с другом, где сегодня обменный курс лучше.
2. Вам надо положить на свою карту деньги, но банкомат не принимает купюры. Спросите консультанта банка, что делать.
3. Вы не понимаете, почему у вас на карте на 3000 рублей меньше, чем должно быть. Вы уверены, что ничего не покупали. Обратитесь за помощью в банк.
4. Вам предлагают кредит. Деньги нужны, но условия какие-то странные: предоставить паспорт и всё… Как отказаться от этого кредита?

## Урок 14. Почта. Интернет. Банк

**Знаете ли вы ...**

1. Какие сайты чаще всего посещают русские?
2. Как называются разные банковские карты?
3. К кому обратиться, если вы хотите отправить книги в Китай?
4. Какие крупные банки есть в России?

**Как это по-китайски?**

1. Идентификатор пользователя – логин и постоянный пароль – вы можете получить на странице самостоятельной регистрации.
2. Введите номер вашей банковской карты и подтвердите его одноразовым паролем.
3. Операции со счетами, вкладами, кредитами доступны онлайн.
4. Доступ к вашим счётам и вкладам, открытым в нашем банке, возможен на территории любой страны.
5. Чтобы заключить договор банковского обслуживания, нужен паспорт.
6. Одноразовый пароль приходит в СМС на мобильный телефон и используется для подтверждения входа в онлайн-банк и подтверждения совершения операций.
7. Действие одноразовых паролей ограничено тремя минутами.
8. Если ваши анкетные данные устарели (например, из-за смены фамилии и т.п.), необходимо сообщить об этом в отделение банка.
9. Операционное время банка – это время, в которое обрабатываются документы. Обычно с 9:00 до 17:00 с понедельника по пятницу.
10. Переводы поступают на счёт получателя не позднее следующего рабочего дня.
11. Просмотреть все операции по карте вы можете в выписке по счёту.
12. В целях безопасности платежи и переводы частным лицам и организациям необходимо подтверждать одноразовым паролем.
13. В случае превышения суточного лимита, установленного банком, карта может быть временно заблокирована.
14. При совершении платежа или перевода была допущена ошибка в реквизитах. Как вернуть деньги?
15. Я хочу получить справку, подтверждающую перевод денег.
16. Срок рассмотрения заявки на кредит зависит от вида кредита.
17. Рекомендуем вам как можно быстрее погасить задолженность и в будущем своевременно выплачивать сумму обязательного платежа по вашей карте.
18. Моя карта повреждена. Можно перевыпустить карту?

*Русский как русский*

1. 用户标识——注册名和密码您可在注册界面上获得。
2. 输入您的银行卡账号,并以动态密码进行确认。
3. 可以在网上管理账号,进行存款、贷款交易。
4. 在我行开通的账户及存款可以在任何国家境内进行交易。
5. 签署银行服务协议必须出示身份证件。
6. 动态密码会以短信形式发至用户手机,用于登录网上银行以及认证交易操作。
7. 动态密码三分钟内有效。
8. 如果您的个人基本信息失效(例如,由于姓氏更改等原因),必须告知银行。
9. 银行营业时间一般是周一至周五的9:00-17:00,此时段内处理文件。
10. 转账款一般于两个工作日内到账。
11. 您可以在对账单上查看银行卡的所有交易。
12. 为确保个人及单位付款及转账的安全性,必须以动态密码进行确认。
13. 若消费数额超过银行规定的当日最高额度时,银行卡可能被临时锁住。
14. 付款或转账过程中如果票据出错,如何追回钱款?
15. 我要开一张转账证明。
16. 贷款申请审核时间取决于贷款类型。
17. 建议您尽快还清所欠款项,并在以后为您的银行卡及时还款。
18. 我的银行卡坏了。可以补办新卡吗?

# Часть II. РАСШИРЯЕМ КРУГОЗОР

## 1. СТАТЬИ

### ЯМЩИК

Слово *ямщик* образовалось от слова *ям* – "почтовая станция, на которой меняют лошадей". Ямщики селились на почтовых станциях, а станции в Московском государстве были на расстоянии 30 – 40 вёрст друг от друга. Верста равна 1066,8 метра. В XV – XVI веках ямщики стали отдельным сословием русского общества. Во второй половине XVII века ямская служба объединилась с почтовой, а *ямские дворы* стали называть *почтовыми станциями*.

Образ ямщика запечатлен во многих произведениях литературы и искусства. Например, в стихотворениях «Зимняя дорога» А. С. Пушкина, «В дороге» Н. А. Некрасова, в рассказе А. П. Чехова «Происшествие (Рассказ ямщика)». Широко известны картины русских художников: «Ямщик, опирающийся на кнутовище» В. А. Тропинина и «Рязанский ямщик» А. Е. Архипова.

А сколько песен о ямщиках! Самые известные – «Когда я на почте служил ямщиком…», «Вот мчится тройка почтовая», «Однозвучно звенит колокольчик», «Степь да степь кругом». Романс «Ямщик, не гони лошадей...» существует в нескольких версиях и исполняется до сих пор. Слова были написаны Николаем фон Риттером в начале XX века и отражали настроения своего времени: «Ямщик, не гони лошадей, мне некуда больше спешить...»

### ТРИДЦАТЬ СРЕБРЕНИКОВ（三十块银币）

Это крылатое выражение употребляется в значении *цена предательства*. В Новом Завете, в Евангелии, говорится о том, как Иуде предложили тридцать сребреников, чтобы он предал Иисуса Христа: «Тогда один из двенадцати, называемый Иуда Искариот, пошёл к первосвященникам и сказал: что вы дадите мне, и я вам предам Его? Они предложили ему тридцать сребреников; и с того времени он искал удобного случая предать Его». (Евангелие от Матфея, гл. 26, ст. 14 – 16)

Получив сребреники, Иуда поцеловал Иисуса. Выражение «поцелуй Иуды» означает лицемерие, коварство.

Однако откуда в Новом Завете появились сребреники? В тексте должны упоминаться шекели или тетрадра́хмы, а не денежная единица Киевской Руси X века. Всё дело в русском переводе: там тридцать монет названы сребрениками, и именно поэтому в русском языке есть выражение «предать за тридцать сребреников», а не за тридцать тетрадрахм.

А вот слово бессребреник в русском языке означает человека бескорыстного, равнодушного к богатству и материальным благам.

*Русский как русский*

### 2. ПОСЛОВИЦЫ И ПОГОВОРКИ

ДЕНЬГИ – ДЕЛО НАЖИВНОЕ. 钱是可以挣来的。

НЕ В ДЕНЬГАХ СЧАСТЬЕ. 有钱不一定幸福。

КОПЕЙКА РУБЛЬ БЕРЕЖЁТ. 积少成多，集腋成裘。

НЕ БЫЛО НИ ГРОША, ДА ВДРУГ АЛТЫН. 意外之财。

### 3. АНЕКДОТЫ

① А вы тоже заметили? Когда вы берёте деньги в банке, с вас требуют зало́г（押金）. А когда вы кладёте деньги в банк, вам залог не предоставляют.

② — Скажите, у вас есть возможность откла́дывать деньги?
— Возможность есть, денег нет.

③ — Я, кажется, достиг финансовой стабилизации.
— И в чём это выражается?
— В том, что денег не было, нет и, похоже, не будет.

④ — Моя девушка как мобила. – Что, такая же современная и необходимая?
— Нет, когда заканчиваются деньги, она со мной не разговаривает.

⑤ — Пап, пап, а на нас отразится финансовый кризис?
— Нет, сынок, отразится он на тех, у кого много денег, а нам просто конец!

⑥ Судья сообщает подсудимому, что он оправдан.
— Что это значит?
— Это означает, что вы свободны, поскольку не доказано, что вы ограбили банк.
— Слава богу! Значит, деньги я могу оставить себе?

⑦ — У вас есть счёт в банке? — Да, но он не в мою пользу...

⑧ Отец-олигарх говорит своему сыну: «Вот тебе, сынок, миллиард на первое время, а дальше сам крутись, как сможешь».

⑨ — Звонок на радиостанцию: — Я нашёл чемодан с миллионом рублей и паспортом на имя Кузнецова Кузьмы Кузьмича! Включите, пожалуйста, для Кузьмы Кузьмича хо-о-орошую песню от меня.

⑩ С вас требуют взятку? Не дай себя обмануть! Установи новое приложение «Яндекс.Взятка» и узнай, кому и сколько давать.

## 4. ВИДЕОМАТЕРИАЛЫ. ФРАГМЕНТ КИНОФИЛЬМА

«Мамы». Мелодрама, комедия. 2012. Реж. Е. Абызов, С. Андреасян
Время: 15:40 — 17:25

— Александра!

— Да, Михаил Юрьевич.

— Наберите этот номер с городского. Узнайте, почему я не могу дозвониться. Запомнили?

— Можно ещё раз взглянуть? Спасибо.

— Михаил Юрьевич, я всё узнала. Мобильная связь у всех абонентов сети недоступна из-за перегрузки. Ваш телефон, по которому вы звоните, тоже недоступен.

— Я понял.

— К сожалению.

— Я подписал всё. Можете забрать…. А когда восстановят связь? Ну, я понял. Никогда. Всё. Спасибо.

— Я могу идти?

— Нет. Закажите мне билет до Копейска. На ближайший рейс.

— Но вы же…

— Оксана, мне нужен билет до Копейска на ближайший рейс. Я вас очень прошу. Извините… Оксана! Оксана! Вы сегодня потрясающе выглядите.

— Билеты только на завтра. На 9:15. Вы знаете, сегодня выходной, я пытаюсь до всех дозвониться, но ещё со связью проблемы и…

— То есть просто надо больше денег дать – и всё! У нас остался ещё один запасной букет?

— Будет.

— Кстати, собранные волосы и менее яркая помада вам больше идут. Извини…те. Букет и с праздником…

31:30 — 31:56

— Выбираешь нужную СМС. Переходишь в страницу телефонных данных. Ну… вот так. И рассылка. Вуаля! Пятьдесят мам получат крик о помощи. А двадцать из них пришлют деньги. Из которых ты получаешь зарплату и покупаешь подарок своей маме. Если в одном месте убудет, в другом обязательно…

— Прибудет.

— Вот. Закон сохранения энергии.

## Русский как русский

**59:50 — 1:01:56**

— Здравствуйте. На счёт. Пополнить… баланс.

— Деньги придут в течение сегодняшнего дня.

— Нет, надо сейчас. Моему сыну плохо с сердцем.

— Могу посоветовать вам только терминал. У фонтана.

— Ничего не… не видно.

— Выберите оператора.

— Мне «Билайн».

— Мальчик, сынок… Ты понимаешь… Я ничего не вижу. Очки сломались. Ты можешь… заплатить… за телефон? Вот деньги. Вот номер. Я подержу…

— Без проблем, бабушка.

— Ой… А ты номер не перепутал?

— Не-а!

— Мамуля! Я в домике! Мам!

**1:09:20 — 11:11:20**

— А? Сы́ночка! Сына! Сы́ночка!

— Я так нанервничался, мамулёк!

— Ничего, не страшно! Я получила твоё сообщение, побежала класть тебе деньги.

— Дай я посмотрю, мама.

— Да.

— Это ты посылал?

— Пятьдесят мам получат крик о помощи. А двадцать из них пришлют деньги.

— Посылал.

— Это что-то связанное с твоей работой. Да?

— Да. В понедельник на исповедь к батюшке ходил. Хм. Он мне говорит, вот любое зло… вот любое зло, которое сделаешь, всё повернётся против тебя. Мам, ты что, тоже веришь, что так вот… примитивно устроен мир?

— Ну… Примитивно… А как?.. Пообещай мне, что ты уйдёшь с этой… секретной… проклятой работы… Ну… ты у меня один. Твои сердечные приступы… Я не выдержу… Я не выдержу… Сынок…

— Ну, не нервничай, я тебя прошу…

— Обещаешь? Обещаешь?

— Обещаю. Обещаю.

## 5. ПОЧИТАЕМ ВМЕСТЕ

Прочитайте комедию Н. В. Гоголя «Ревизор». Был ли Хлестаков настоящим ревизором?

# ИГРЫ

Сначала разделимся на группы по 5 человек: бабушка–дедушка–папа–мама–ребёнок. Составляем рассказ о каждом члене семьи (возраст, профессия, заработная плата, стипендия, пенсия, возможные источники других доходов). Считаем итоговую сумму доходов всей семьи. Данные заносим в таблицу. Каждая семья планирует расходы в следующем месяце: питание, одежда, предметы домашнего обихода, квартплата, транспорт, кино, театр, концерты... Расскажите о своих расходах.

Эта игра учит правильно употреблять числительные и аргументировать свою точку зрения.

首先分成五人一组：奶奶、爷爷、爸爸、妈妈、孩子。编出关于每位家庭成员的故事（年龄、职业、工资收入、奖学金、退休金，其他可能的收入来源）。计算一下全家人收入总和。把它们填入表格中。家庭中每一位都得规划下一个月的支出：食品、衣物、家庭日用品、房费、交通费、电影、戏剧、音乐会……讲讲自己的开销。

这个游戏教人正确使用数字并论证自己的观点。

# Урок 15. Поиск работы. Договор и договорённость

## Часть I. ЭТО НАДО ЗНАТЬ

### 1. ЛЕКСИКА

- авторите́тность ж. 权威性
- акко́рд 和弦
- анима́тор 以某个角色在聚会、晚会上主持的人
- аннота́ция 摘要、简评
- вака́нсия 空缺
- ва́хтовый ме́тод 定期轮休制（连班之后补休，常常是从事野外工作考察者的日程）
- вста́ть на́ ноги 自立
- гре́ческий 希腊的
- дво́рник 扫院的、看院人
- дисциплини́рованность ж. 纪律性
- доброжела́тельность ж. 善意、热忱
- за́пись на собесе́дование 预约面试
- инфанти́льный 幼稚的、患幼稚病的
- испыта́тельный срок 试用期、考察期
- квалифика́ция 专业素养，熟练程度

- колл-це́нтр 呼叫中心
- коммуника́бельность ж. 易于共事，善于合作
- консульта́нт по персона́лу 人力资源顾问
- контра́кт 合同
- ко́рочки 证件、毕（结）业证
- курье́р 信使、快递员
- лице́нзия 许可证、特许
- нелега́льный 不合法的
- непо́лный день 非全日制工作
- несовершенноле́тний 未成年人的
- опла́та труда́ 劳务费
- отве́тственный 负责的, отве́тственность ж. 责任心
- по́длый 下流的, по́длость ж. 下流、卑鄙
- подрабо́тка 挣外快
- пози́тивный, пози́тивность ж. 正面, 积极
- по́лный день 全日制工作
- претенде́нт 申请者、主张人
- разно́счик 发送者、货郎

- раскле́йщик 张贴者
- распространи́тель м. 散布者、传播者、推销员
- репети́тор 家教
- свобо́дный гра́фик 弹性工作制
- сде́льная, повреме́нная, почасова́я (опла́та) 计时工资制、计小时工资制、计件工资制
- сертифика́т 证书、凭证
- сиде́ть на ше́е (у кого́) 靠某人养活
- симпо́зиум 讨论会、座谈会
- си́нтаксис 句法、句法学
- сме́нный гра́фик 倒班制
- собесе́дование 面试
- ста́вка 全薪, полста́вки 半薪
- тата́рский 鞑靼的
- убо́рщица 清洁女工
- удалённая рабо́та 远程工作、居家办公
- целеустремлённый 有目的的, 坚定目的性的 целеустремлённость ж. 目标明确

Урок 15. *Поиск работы. Договор и договорённость*

## 2. ДИАЛОГИ

听录音
请扫二维码

### Диалог 1

— Дима, ты нашёл работу?
— Нашёл, но не работу, а подработку. В бюро переводов.
— Туда часто надо ходить? Есть присутственные часы?
— Приходить раз в неделю на дежурство: сидеть и отвечать на звонки заказчиков. А работать можно дома.
— Зарплата сдельная? Или повременная?
— От двухсот рублей за страницу. Сколько перевёл – столько получишь.
— Это же очень мало!
— Это на время испытательного срока. Если я у них смогу проработать месяц, то страница будет четыреста рублей.

### Диалог 2

— Здравствуйте! Я по рекомендации Андрея Васильевича Тимофеева.
— Да, он звонил. Вы в магистратуре, правильно?
— Да. Я занимаюсь синтаксисом современной прозы.
— И к нам пришли преподавать китайский? А опыт работы есть?
— Есть, но небольшой. Я давала уроки русским студентам, которые учились в Пекине.
— Неплохо. Какой уровень они сдавали?
— Они сдавали HSK[①] – 3, HSK – 4.
— Возьмёте пока одну группу. Два раза в неделю, среда и суббота с 17:30 до 20:30. Они сдали второй уровень на прошлой неделе, а с марта начинают готовиться к третьему.
— А какая будет зарплата?
— Хороший вопрос. У нас один час 750 рублей. То есть одно занятие 1500 минус налог 13 процентов.

---

① HSK 汉语水平考试。

Русский как русский

### Диалог 3

— Экскурсионное бюро «Варя́ги». （瓦良格人）
— Скажите, пожалуйста, обслуживаете ли вы гостей из Китая?
— Да, у нас часто бывают китайские туристы.
— Я переводчик с китайского. Ваш сайт мне очень нравится, и я хочу у вас работать.
— А кто вы, откуда знаете китайский, где живёте?
— Китайский – мой родной язык, живу в Ярославле, потому что женился на русской.
— Приезжайте к нам в офис, я не имею права решать вопросы трудоустройства и заключения контрактов. Вам надо встретиться с заместителем генерального директора.
— Что взять с собой?
— Паспорт, регистрационный лист, документы об образовании. Не знаю, что он вам предложит, но если у вас есть трудовая книжка, то возьмите тоже.

### Диалог 4

— Вы на собеседование? Вакансия – переводчик технической документации?
— Да. Я по записи. На 10 утра.
— Хорошо. Я Илья Григорьевич, консультант по персоналу. Пойдёмте на четвёртый этаж, вас ждут в кабинете 444.
— Спасибо. А о чём обычно спрашивают?
— Всё просто: почему вам нужна именно эта работа и именно в нашей компании, почему ушли с последнего места работы. Сейчас всё сами увидите.
— У меня это первый опыт устройства на работу. Ответить на вопросы – и всё?
— После собеседования вам дадут задание: тестовый перевод.
— А когда я узнаю, взяли ли меня на работу?
— На эту должность у нас 20 претендентов вместе с вами. Вчера прошли собеседование 14, сегодня ещё 6. Решение будет послезавтра.

Урок 15.   *Поиск работы. Договор и договорённость*

### Диалог 5

— Ира, я себе нашла чудо-работу!
— Сколько платят?
— Тысячу в час! Не долларов, как ты понимаешь. Зато коллектив – супер!
— А что делать надо? И сколько человек в коллективе?
— Мы работаем втроём, мы анима́торы! Знаешь, сейчас родители часто приглашают на праздники к детям таких людей, которые могут всё организовать. Минимум – 3 часа.
— Это же так сложно! А если дети непослушные? Хулиганы какие-нибудь?
— Нет, что ты! Ведь все дети любят, когда с ними играют, поют, бегают и прыгают.
— А что, русские родители не могут это делать сами?
— Конечно, это могут не все.
— Неужели твой акцент никто не слышит? Как с языком?
— Я теперь столько говорю по-русски, что акцент пропал. Мне друзья сказали.

### Диалог 6

— Вы успешно прошли собеседование и можете с понедельника приступать к работе.
— Спасибо! Я так рада! Но сегодня пятница. Уже три часа дня. Я не успею привезти вам документы. Когда же мы подпишем контракт?
— А мы его не будем подписывать. Начнёте работать без оформления, после окончания испытательного срока вернёмся к этому разговору.
— Простите, а как же я буду получать зарплату?
— Зарплату будете получать раз в неделю. Инна Борисовна вам будет передавать деньги в конверте.
— А когда кончится испытательный срок, меня оформят за́дним числом[①]?
— Нет, у нас так не принято. Понедельник – 1 октября, испытательный срок кончится 1 декабря. Оформление с 1 декабря.
— А если после испытательного срока окажется, что я не устраиваю работодателя?
— Тогда мы вас просто не оформим.
— Извините, мы так не договаривались. Я буду искать другую работу.
— Надо же! Какая сейчас молодёжь капризная!

---

① 在俄罗斯，如果你被单位录取，一般会以单位实习日结束的那天作为起薪时间。

*Русский как русский*

### Диалог 7

— Здравствуйте! Нам нужен учитель китайского. Мне Майя Павловна дала ваш телефон.

— Здравствуйте! Да, она меня предупредила, что вы будете звонить. Скажите, зачем ребёнку нужен китайский? Он планирует учиться в Китае?

— Нет, просто он начал изучать этот язык в школе на факультативе, ему понравилось, поэтому мы решили перейти в школу с преподаванием китайского.

— А какой класс? В школе нужно будет сдавать вступительный тест?

— В этом и проблема! Надо будет сдавать вступительные тесты по русскому, математике, английскому, китайскому. Вы поможете? Сколько у вас стоит урок?

— Обычно тысяча рублей полтора часа. Но я никогда не приезжаю к ученикам. Вы сможете его привозить?

— Да, сможем. Давайте встретимся завтра в шесть?

— В это время у меня другой ученик, я буду свободна только в 19:30.

— Это нам очень поздно. Он ложится спать в десять вечера. А какие ещё есть варианты?

— Есть время с трёх до половины пятого и с половины пятого до шести.

### Диалог 8

— Смотри, какие требования: коммуникабельность, целеустремлённость, дисциплинированность, ответственность, доброжелательность, приятная внешность, позитивность.

— Что это такое? Что ты читаешь? Трудоустройство? Вакансия ангела?

— Нет! Это вакансия блинопёка. В сеть блинных.

— Что ещё нужно?

— Нужна медицинская книжка, опыт работы на руководящей должности не менее трёх лет, в общепите（公共饮食）не менее года, умение работать на компьютере.

— А степень кандидата наук и знание пяти иностранных языков не приветствуется? А водительские права?

— Про это не сказано. Зарплата 62 тысячи. Работа неделя через неделю.

— Слушай, это чья-то шутка. Так не бывает.

### Диалог 9

— Я по объявлению. Это у вас требуется экскурсовод для сопровождения группы?
— Да, это наше объявление. У вас английский и немецкий свободно? Сертификаты есть?
— Да, у меня сертификаты С2 по этим языкам. И китайский родной.
— Да и с русским проблем нет, как я слышу.
— Русский у меня без сертификата, но я учился на русском отделении.
— Ладно. Корочки экскурсовода? Опыт работы?
— Есть китайское удостоверение, я возил туристов на Великую китайскую стену.
— Это хорошо. У нас придётся сдать экзамен по истории России, а потом провести пробную экскурсию.
— Экзамен? По всей истории России?
— Нет, о современности мы не спрашиваем. Главное – хорошо знать дореволюционный период. Возьмите вопросы. Хватит трёх дней на подготовку?

### Диалог 10

— Ты знаешь, что Чжан заплатила большой штраф?
— За что? Она же такая воспитанная, образованная девушка!
— Мы тоже удивились. Оказывается, она решила провести экскурсию по Красной площади. Собрала группу, пригласила даже свою одноклассницу, которая тоже сейчас в Москве…
— И что в этом плохого?
— Это нелегальная деятельность.
— Боже мой! Это же не торговля наркотиками или ещё какой-нибудь гадостью!
— Просто у неё нет лицензии на эту деятельность. К ней подошла девушка, сказала, что тоже хочет послушать, предложила деньги.
— И Чжан взяла?
— Да, ведь ей платят за экскурсии. А девушка оказалась из полиции. Пока что надо заплатить штраф 7000 рублей. При повторном задержании ей грозит депортация.

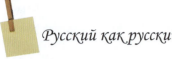

## 3. ТЕКСТЫ

听录音
请扫二维码

### Текст 1

Сегодня Миша наконец-то написал резюме. Осталось совсем немного: отредактировать, сделать фотографию, отправить на сайт. Мы всегда готовы помочь другу, тем более в такой ответственный момент.

Миша: Девочки, прочитайте ещё раз, пожалуйста!

Таня: Давай. Так. Образование высшее. МГУ. Филологический факультет.

Ирина: Отделение написано?

Миша: Отделение русского языка и литературы. Год выпуска – 2015. И тут ещё сведения о сертификатах. Английский. С2.

Таня: Опыт работы. Ассистент кафедры русского языка с 1.09.2015 по 28.06.2016.

Ирина: Может быть, это не нужно? Ведь ты хочешь быть переводчиком с английского?

Миша: Нет, надо, ведь это опыт работы в коллективе, пусть будет.

Таня: Дальше. Волонтёр-переводчик на международных симпозиумах и конференциях.

Ирина: Не надо перечислять всё подробно. Надо написать о трёх-четырёх самых больших, а остальное просто дать списком: город и дата.

Миша: Согласен, а то всё резюме получится из одних симпозиумов.

Таня: Ещё редактировал аннотации в коллективной монографии, которая вышла…

Ирина: Это надо написать точно. Это очень важная информация. Посмотри в интернете, когда она вышла. И напиши объём работы: 24 аннотации (по главам).

Таня: А фотографии другой нет? Здесь розовая рубашка. Думаю, надо что-то менее легкомысленное.

Ирина: Конечно! А то подумают, что ты инфанти́льный!

### Текст 2

Я студент. Учусь неплохо. Не могу сказать, что отличник, но хвостов нет, проблем нет. Однокурсников консульти́рую по любому предмету. Надо поискать работу. Точнее, подработку. Уже третий курс, хватит сидеть на шее у родителей. Пора встать на́ ноги.

Сначала я стал читать газету «Ищу работу». Но там было много старых объявлений, поэтому я решил открыть сайт Avito, на котором всегда свежие объявления и удобная система поиска. Я написал в строке поиска «без опыта работы, студент». Оказалось, что предложений очень много: возможны вахтовый метод (277 вакансий), полный день (900 вакансий), сменный график (387 вакансий), свободный график (324 вакансии), неполный день (163 вакансии) и удалённая работа (26 вариантов).

Наверное, полный рабочий день – это не для студентов. Разве может человек одновременно присутствовать на лекциях и на работе? Сменный график – это тяжело: например, два дня с 8:00 до 16:00, а следующие два дня с 22:00 до 6:00. Вряд ли сможешь пойти после работы в университет или в библиотеку. Самое удобное – это удалённая работа. Сидишь дома, работаешь… Требуются сотрудники колл-центров. Нет, не хочу.

А вот свободный график… Требуются расклейщик объявлений, распространитель листовок, разносчик газет, курьер, уборщица, дворник… А это что такое? «Тайный покупатель». И какие обязанности? «Требования к соискателю: проверять соблюдение законов о продаже алкогольной продукции несовершеннолетним (закупка алкогольной и табачной продукции, реализуемой с нарушениями). Премии еженедельно». Это выгодно, но работа какая-то… подлая. Разве я для этого учился в университете?

### Текст 3

Не перестаю удивляться тому, как по-разному мои однокурсники относятся к учёбе. Мне даже удалось создать свою классификацию типов отношения к учёбе. Может быть, она несовершенна, но я опираюсь на свои наблюдения.

Для многих учёба – непосильный труд, что-то скучное, с чем надо смириться. Я как-то спросил приятеля: «Зачем ты учишься, если тебе неинтересно? Может быть, лучше пойти работать или поступить в другой вуз?» Ответ меня изумил: «Родители хотели, чтобы я учился на медицинском, вот я и страдаю!»

Есть люди, которые надеются получить диплом, а знания им не нужны. Получил «тройку» – и достаточно! Они считают, что им будет легче устроиться в жизни, что диплом – это пропуск в мир других возможностей. Такая позиция мне чужда: ведь рано или поздно такой «специалист» не сможет справляться со своими обязанностями, потому что у него нет ни знаний, ни умений, ни привычки трудиться.

К счастью, есть студенты, которые сами выбрали будущую профессию и увлечены учёбой. Их большинство. Они никогда не пропускают лекции, готовятся к сессии не во время сессии, а весь семестр. У нас в группе из 15 человек 8 – круглые отличники! Как-то я спросил Яшу, нашего старосту, не надоело ли ему учиться. Может, и так в жизни повезёт? Он ответил: «Везёт тому, кто сам везёт. Я привык рассчитывать на себя, ведь когда я приду на работу, у меня не будет времени читать конспекты или учебник. Всё должно быть в голове». Мне близка его позиция.

*Русский как русский*

### Текст 4

В России в последние 20 лет появилась новая тенденция: растёт спрос на репетиторов. Ещё 40 лет назад репетитора искали крайне редко: либо если у школьника были очень серьёзные проблемы, либо если он планировал поступать в очень престижный вуз. Сейчас ситуация изменилась: школа не может обеспечить достойный уровень обучения.

Самые востребованные предметы – английский, русский, математика. Реже требуются репетиторы по биологии, химии, физике, истории, обществознанию. Ещё реже – по географии, астрономии. Очевиден рост онлайн-репетиторства: есть спрос – есть предложение.

Один урок (45 минут) стоит от 400 до 2000 рублей. Это зависит от опыта работы репетитора, от класса ученика, от цели обучения, от региона. Например, урок математики для ученика 6 класса, пропустившего школу из-за болезни, будет стоить намного дешевле, чем урок для выпускника, который готовится к ЕГЭ. В больших городах цены выше, чем на периферии（外省、地方）.

Неизвестно, каковы доходы репетиторов, кто они по образованию, по специальности, по социальному статусу или по возрасту. Абсолютно полной и достоверной статистики нет, потому что мало кто из репетиторов работает легально. Если посмотреть сведения о репетиторах на сайтах, можно увидеть, что примерно три четверти репетиторов – женщины. Соответственно, мужчины – одна четверть. Обычно стаж работы репетитора – не меньше 10 лет, хотя довольно много начинающих: это студенты, аспиранты и молодые учителя. Они составляют более 25 процентов, цены у них ниже, чем у преподавателей вузов. Принято проверять документы и сертификаты репетитора до начала занятий.

## 4. УПРАЖНЕНИЯ

**Представьте себе, что…**

1. Вы пришли на собеседование в компанию «Репетиторские услуги». Расскажите о себе.
2. Вам поручили подготовить и провести экскурсию по территории университета для гостей из России.
3. Ваша подруга хочет работать переводчиком. О чём её могут спросить на собеседовании?
4. Вас приняли на работу, но в первый день оказалось, что работодатель не хочет следовать достигнутым договорённостям.

5. Вы должны объяснить, что учитесь, поэтому не можете работать на полную ставку. Договоритесь с работодателем о том, как вы будете работать.

**Знаете ли вы ...**

1. Как называются по-русски основные должности в компании и в учреждении?
2. Сколько зарабатывает переводчик, гид, репетитор?
3. Какие факторы являются решающими при выборе работы?
4. Какие качества потребуются, если вы будете работать в представительстве китайской компании за границей?

**Как это по-китайски?**

1. Трудовые отношения в РФ регламентирует и регулирует Трудовой кодекс РФ.
2. На собеседование приглашаются дипломированные специалисты.
3. Оплата труда сдельная, премии ежеквартальные.
4. В договоре подряда или оказания услуг указывают, кто предоставляет услугу, а кто оплачивает её.
5. В трудовом договоре должен быть указан срок окончания работ.
6. При неофициальном устройстве на работу можно остаться без зарплаты.
7. Гид-экскурсовод сопровождает гостей в турах, а также в походах и круизах (水路旅行), обеспечивает их безопасность и решает их бытовые проблемы.
8. Если вы хотите добиться высоких результатов, необходимо повышать квалификацию.
9. Чтобы работать легально, нужно получить лицензию.
10. Меня интересует возможность карьерного роста.
11. Работа по договору оказания услуг не даёт существенных социальных гарантий: оплачиваемого больничного листа, отпуска и премии.
12. Возможно трудоустройство на полный (неполный) день, зарплата по договоренности.
13. Объявление от прямого работодателя, без посредников.
14. Премии за перевыполнение плана выплачиваются по итогам работы за месяц.

1. 在俄罗斯联邦，劳动关系由俄罗斯联邦劳动法典规定及调节。
2. 获得毕业证书的专业人士方可参加面试。
3. 工资为计件工资，奖金按季度发放。
4. 包工或服务合同上明确谁提供服务、谁支付服务费用。
5. 劳动合同上必须明确注明劳动结束时间。

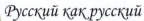

6. 非法劳动情况下可能无法获得劳动报酬。
7. 在旅行观光以及徒步旅游或水路旅游途中，全程陪同导游全程陪伴客人，保障其安全，解决其日常问题。
8. 你若想获得好的回报，就必须提高专业素养。
9. 要想合法地工作，须取得工作许可。
10. 我非常关心有无升迁的可能。
11. 按照服务合同，这份工作无法提供极为重要的社会劳动保障，如带薪的病休、休假及奖金。
12. 提供全日制（半日制）的工作机会，薪资面谈。
13. 招工方直接发布的消息，未经中介。
14. 超额完成计划的奖金按照每月工作成绩进行发放。

*Урок 15. Поиск работы. Договор и договорённость*

# Часть II. РАСШИРЯЕМ КРУГОЗОР

## 1. СТАТЬИ

### РАБОТА И ТРУД

В русском языке это синонимы. Но ведь мы знаем, что есть абсолютные синонимы (например, языковед и лингвист) и не абсолютные (например, убийца и киллер).

Даже не глядя в словарь, можно сказать, что абсолютными синонимами эти слова не являются. Почему-то «без труда нет добра», но при этом «работа не волк – в лес не убежит». Какой человек вам больше нравится: тот, который много трудился? Или тот, кто много работал? Провожая старика на пенсию, говорят: «Спасибо за ваш труд!», а не «Спасибо за вашу работу!» Наконец, есть два существительных: работник и трудник. Работник – тот, кто работает у работодателя и получает за это заработную плату». А трудник – человек, который живёт и работает в монастыре добровольно и бескорыстно. Или – почувствуйте разницу – Петров опубликовал свой труд, а Иванов опубликовал свою работу.

Эти примеры показывают, что люди ценят труд больше, чем работу. Труд – деятельность свободного человека, он имеет духовное и нравственное содержание, это творчество. А работа – повседневная деятельность, не имеющая целью полную самореализацию личности. Когда мы хотим подчеркнуть своё уважение к качеству и масштабу деятельности человека мы говорим «труд», а не «работа», «он много трудится», а не «он много работает». Это не значит, что «работать» значит «делать что-то плохо, некачественно». В этом слове нет отрицательной коннотации.

### КЕМ БЫТЬ?

В современном мире всё меняется быстро: вкусы, идеи, концепции, стили... Меняется и мода на профессии. В 1960-е годы в России самыми важными и популярными считались профессии инженера, врача, учителя. Уважением пользовались и военные специальности: лётчик, подводник, капитан корабля. Со второй половины 1990-х стали востребованы совсем другие профессии. Стало престижно быть юристом, экономистом, бухгалтером, менеджером, возглавлять какую-нибудь фирму, пусть даже маленькую.

Однако если все будут юристами, начальниками или экономистами, то кто будет учить детей, лечить больных, строить дома, создавать машины и самолёты? Возможен ли технический прогресс в стране, если в ней не развивается производство? Будет ли нравственно здоровым общество, в котором не уважают науку?

## Русский как русский

А теперь немного статистики: к непопулярным профессиям, по данным социологических опросов, относятся: тракторист, швея, пекарь, воспитатель, учитель. В список десяти самых непрестижных профессий попали таксист, токарь, слесарь, учитель, милиционер, строитель, агроном, животновод и... учёный.

### 2. ПОСЛОВИЦЫ И ПОГОВОРКИ

ТЕРПЕНИЕ И ТРУД ВСЕ ПЕРЕТРУТ. 只要功夫深，铁杵磨成针。
КОНЧИЛ ДЕЛО — ГУЛЯЙ СМЕЛО. 事毕一身轻。
ОТ РАБОТЫ КОНИ ДОХНУТ. 工作能累死人。
РАБОТА НЕ ВОЛК – В ЛЕС НЕ УБЕЖИТ. 干嘛急着工作，它又跑不了。
НЕ СПЕШИ ЯЗЫКОМ, ТОРОПИСЬ ДЕЛОМ. 光说不练假把式。

### 3. АНЕКДОТЫ

① Разговор в отделе кадров. Инспектор по кадрам спрашивает:

— Расскажите нам, что вы умеете делать.

— Ничего.

— Извините. Директор у нас уже есть.

② На собеседовании.

— Назовите ваши сильные стороны.

— Я слишком легко влюбляюсь.

— Э... Ну, допустим. А ваши слабости?

— Ваши голубые глаза.

③ — Чем отличается опытный специалист от молодого?

— Молодой специалист не умеет работать, а опытный умеет не работать.

④ Если вы слишком много работаете — заведите кота. Силой личного примера он перетянет вас на сторону истинных жизненных ценностей: покоя и умиротворённого созерцания（冥思）.

⑤ — Забудь всё, чему тебя учили в университете! — сказали мне при устройстве на работу.

— Без проблем! — ответил я, протягивая свой диплом со средним баллом 3,1.

⑥ (После собеседования) — К себе на работу мы вас не возьмём. Но будем платить тройной оклад, если вы устроитесь на работу к нашим конкурентам.

⑦ — У вас есть рекомендательные письма? — Да, конечно. Вот. — «Он очень хороший мальчик, возьмите его на работу...» Это что за письмо такое? — Это от мамы.

⑧ Сотрудник говорит шефу: — Знаете, моей зарплаты не хватает даже на то, чтобы жениться. — Да, я это знаю. И когда-нибудь вы скажете мне за это спасибо.

⑨ Муж приходит домой и говорит жене с улыбкой: А меня с работы уволили! — Я не поняла, а что ты довольный такой? — А остальных посадили.

⑩ — Представляешь, меня уволили за опоздание на работу. — На сколько опоздал? — На две недели.

## 4. ВИДЕОМАТЕРИАЛЫ. ФРАГМЕНТ КИНОФИЛЬМА

«Операция „Ы" и другие приключения Шурика» (Часть «Напарник»). Комедия. 1965.
Реж. Л. Гайдай.
Время: 3:48 — 12:20

— Вы это подтверждаете?

— Подтверждаем! Подтверждаем.

— Так... Значит потерпевший...На стройке работаете?

— Подрабатываю.

— Что значит "подрабатываю"?

— Учусь в Политехническом. Студент!

— На 15 суток!

— Ну, граждане алкоголики, хулиганы, тунеядцы, кто хочет сегодня поработать? На сегодня наряды: песчаный карьер – 2 человека. Карьер песчаный – 2 человека.

— Огласите весь список, пожалуйста.

— Песчаный карьер – 2 человека. Уборка улиц – 3 человека. Мясокомбинат... на сегодня нарядов не прислал. Есть наряд на строительство жилого дома, цементный завод...

— А на ликёро – водочный нет?

— Прошу. Осторожно. Прежде всего, я хочу познакомить вас с нашим замечательным коллективом, в который вы временно вливаетесь.

— На сколько вливается товарищ?

— На полную, пятнадцать!

— Ага! Полторы декады.

## Русский как русский

— С обедом не опаздывайте!

— Я уверен, что эти полторы декады пройдут у нас с вами в атмосфере дружбы и полного взаимопонимания.

— Ага.

— Пробка. Подарок из Африки. Да! Прошу сюда. Силой воображения представьте себе, какой жилмассив будет здесь создан. Только в нём одном будет установлено 740 газовых плит, то есть в 740 раз больше, чем было во всем городе до 1913 года. Прошу вас!

— Романтика. А если взять поэтажно весь объём работ, выполненный нашим СМУ за 1 квартал и поставить эти этажи один на другой, то получим здание… будет в 2 раза выше, чем всемирно известная Эйфелева башня, или втрое выше, чем знаменитая Нотр-Дам-де-Пари. Что означает «Собор Парижской Богоматери».

— Какой-какой матери?

— Парижской. Богоматери. Прошу. Наше СМУ (строительно-монтажное управление) построило такое количество жилой площади, которое равно одному такому городу, как Чита, десяти таким, как Хвалынск, или 32 Крыжополям①. Дух захватывает при одной мысли, что... чем в Америке. Таким образом, и Вы сможете внести свою посильную лепту в трудовые свершения нашего строительно-монтажного управления.

— Какое-какое управление?

— Монтажное управление.

— Я готов!

— Шурик!

— Да, Пал (Павел) Степаныч?

— Ну, Саня, вот тебе напарник.

— Наконец-то, Пал Степаныч, спасибо!

— Ну теперь поработаем.

— Сработаемся.

— Ну я вижу, вы сработаетесь.

— Встань, Шурик. Желаю вам успехов в труде и большого счастья в личной жизни.

— Благодарю за внимание.

— Послушай, у вас несчастные случаи на стройке были?

— Нет, пока ещё ни одного не было.

— Будут... пошли...

<... Господи, помилуй! ... Господи, помилуй!>

— Что там?

---

① Чита 赤塔，驻鄂斯坦共和国首府；Хвалынск 赫瓦伦斯克，萨拉托夫州城市；Крыжополь 克雷若波里，现今乌克兰的一个镇。

— Тсс!

— Слушайте, где вы пропадаете? Я вас по всему корпусу ищу. Работа же стоит.

— Работа стоит, а срок идёт. Ты не забывай, у тебя учёт в рублях, а у меня – в сутках.

## 5. ПОЧИТАЕМ ВМЕСТЕ

Прочитайте рассказ А. П. Чехова «Размазня»[1]. Как вы думаете, «легко на этом свете быть сильным»? Кто из героев этого рассказа вам симпатичен?

# ИГРЫ

Игра называется «Находка». У каждого человека есть минимум (а у некоторых и больше минимума) знаний, банальных для своей социальной группы. Например, любой русский школьник знает, что А. С. Пушкин написал «Капитанскую дочку», а Ф. М. Достоевский — «Преступление и наказание». Не надо быть музыкантом, чтобы знать, что ария «Достиг я высшей власти...» из оперы «Борис Годунов», а «Кармен» – это не только новелла Проспера Мериме, но и опера.

К этой игре надо готовиться заранее: составьте 10 пар карточек. Пара – это, например, композитор и его произведение, писатель и его герой, поэт и его стихотворение, художник и его картина... Главное – чтобы все карточки были одного формата. Итак, если игроков было 5, то у нас получилось 50 + 50 карточек, то есть всего 100, а пар – 50. Теперь мы перемешаем карточки из первой группы, потом раздадим каждому по 7 штук, а потом будем тащить карты из второй группы. Вытаскиваем – читаем – и тут надо опознать свою пару и крикнуть: «МОЁ!» Если вы не ошиблись, то оставляете пару себе. А если ошиблись, то платите штраф: отдаёте одну из составленных пар.

这个游戏叫"发现"。每人都具备自己所处的社会圈子所应掌握的最基础性常识（某些人的所知大大超出"基础"）。比如，任何一个俄罗斯学生都知道，普希金写了《上尉的女儿》，而陀思妥耶夫斯基——《罪与罚》。无须成为音乐家才知道歌剧《鲍里斯·戈都诺夫》中的那段咏叹调《我大权在握……》，而《卡门》不只是普罗斯佩·梅里美的小说，也是一部

---

[1] 契诃夫的短篇小说《窝囊》（Размазня）创作于1888年，小说中处于强势的主人在支付工资的时候将家庭女教师逼得走投无路，后者却不敢有只言片语的反抗。

### Русский как русский

歌剧。

　　游戏前需准备十副卡片。一副——这或许是作曲家及其作品、作家及其人物、诗人及其诗作、画家及其画作……重要的是所有卡片一样大小。这样,如果有五名玩家,那么我们就有50+50张卡片,即总共100张,50副。现在我们打乱第一组内所有的卡片,给每个玩家发7张。然后我们从第二组中抽取卡片。每抽一张卡片,读出来,玩家就要在自己的卡片中找到对应的那张,并喊:"我的!"如果您没弄错,那就收下这对卡片,如果您错了,那就得挨罚:交出自己手里的一张。

# Словарь

## А

- аббревиату́ра 缩写、简称
- абоне́нтская пла́та 用户费
- абсолю́тно 绝对地
- авто́бусный тур 乘巴士车旅行
- автоно́мный 自治的
- авторите́тность ж. 权威性
- ада́птор 转换头
- администра́тор 管理员、负责人
- айпа́д iPad 平板电脑
- айфо́н iPhone 手机
- акко́рд 和弦
- аккумуля́тор, вне́шний аккумуля́тор 蓄电池、充电宝
- акроба́т 杂技、特技演员
- а́ктовый зал 大礼堂
- а́кция 活动、股票
- алкого́ль м. 酒精、乙醇
- аллерго́лог 过敏症专家
- амбулато́рно 在门诊
- амфитеа́тр 阶梯式座位、半圆形梯形剧场
- ана́лиз кро́ви, мочи́, ка́ла 验血、验尿、验便
- анги́на 咽炎
- андро́ид Android 安卓系统
- анима́тор 以某个角色在聚会、晚会上主持的人
- аннота́ция 摘要、简评
- антибио́тик 抗生素
- антреко́т 排骨、煎牛排
- апартаме́нт 公寓、豪宅
- археоло́г 考古工作者
- архи́в 档案
- аспиранту́ра 研究生、研究生部
- ассоциа́ция 协会、联想
- а́стма 气喘、呼吸困难
- асфальти́ровать 铺柏油
- атрибу́т 属性、表征
- аттеста́ция 考查、鉴定

## Б

- ба́бник 色鬼
- бакала́вр, бакалавриа́т 本科生、本科教育
- бакале́я 食品杂货、食品杂货店
- бакте́рия 细菌、微生物
- балко́н 楼座、阳台
- баловство́ 宠、娇惯
- бана́льный 平庸的、陈腐的
- ба́нка (шпрот, майоне́за, компо́та) 一罐（西鲱鱼、沙拉酱、糖渍水果）
- бара́нка 面包圈
- бард 弹唱诗人

235

## Русский как русский

地道俄语

- бари́ста 咖啡师
- барье́р 障碍物、屏障、栅栏
- батаре́я 电池组、暖气组
- бахи́лы 鞋套
- безда́рно 无才、平庸地
- безду́шно 无情地、麻木不仁地
- безе́ 蛋白酥
- безмяте́жный 平静的、安逸的
- безупре́чный 毫无瑕疵的、完美的
- бельэта́ж 二楼座位
- бе́режно 小心翼翼地
- бескоры́стный 无私的
- бессо́нница 失眠
- бессре́бреник 廉洁的人
- бе́шено 疯狂地
- библио́граф 图书馆馆员、图书学家
- билетёр 检票员
- билья́рд 台球、桌球
- бино́кль м. 双筒望远镜
- биометри́ческий 生物统计学的、生物计量学的
- бирма́нский 缅甸（人）的、缅甸语的
- бис 再来一次
- бискви́тный 蛋糕胚的
- бифште́кс 煎牛排
- благоуха́ть 散发出……味道，发香气
- бла́нк 表格
- блокба́стер 大片
- бодри́ть 使振作、驱赶
- боеви́к 动作片
- бока́л 高脚杯
- боково́й 侧面的
- бомж 流浪汉
- бо́нус 红利、奖励金
- бо́нусный счёт 积分账户
- борщ 罗宋汤、红菜汤
- бо́улинг 保龄球
- брасле́т 手镯、链子
- бре́зговать 嫌弃
- бро́нзовый 青铜的
- брони́рование 预订、预留
- бронхи́т 支气管炎
- брошь ж. 胸针
- брусни́ка 越橘
- буквое́д 咬文嚼字的人
- бу́лка 白面包
- бу́лькать 发出汨汨声
- бульо́н 高汤，（用肉、鸡等煮成的）清汤
- бухгалте́рия 会计、会计学
- буше́ 夹心派
- быть на свя́зи 保持联络

## В

- ва́йбер Viber 一种智能手机跨平台网络电话即时通讯软件
- вака́нсия 空缺
- валида́тор 验票器、验证器
- валю́та 货币、外币
- вани́льный 香草的
- ва́хта 值班、岗位
- ва́хтовый ме́тод 定期轮休制（连班之后补休，常常是从事野外工作考察者的日程）
- вегетариа́нка 女素食主义者
- ве́ер 扇子、扇状
- вермише́ль ж. 细面条
- верхова́я езда́ 骑马
- весе́ннее равноде́нствие 春分
- ве́стерн 西部片、西洋的
- ве́шалка 挂衣架、（衣服上的）挂衣环
- взве́сить 称重、过磅
- ви́за 签证 однокра́тная (многокра́тная) 单次（多次）
- виртуа́льный 虚拟的、假想的
- виртуо́зно 精彩地、精湛地

- вича́т Wechat, 微信
- води́тельское удостовере́ние 驾照
- водопрово́д 水管
- возни́кнуть 产生、出现
- воню́чий 臭不可闻的
- воспале́ние 炎症、发炎, воспале́ние лёгких 肺炎
- вотса́п whatsApp 瓦次艾普软件
- вре́менная экспози́ция 临时展览
- вспы́шка 闪光、爆发
- встать на́ ноги 自立
- вы́бить /проби́ть 打印价签、收费单据
- вы́веска 招牌
- вы́вих 脱位、脱臼
- вы́дох 呼气、呼出
- выключа́тель м. 开关、断路器
- выно́сливый 坚韧的、韧性强的
- вы́печка 烘焙点心
- выпускни́к 毕业生
- высо́кое давле́ние 高血压 ни́зкое давле́ние 低血压
- вы́сшее образова́ние 高等教育
- вытира́ть 擦拭、擦干、擦净
- вя́лить 晾干、风干

## Г

- га́джет 配件、周边产品
- га́дость ж. 讨厌的东西、废物
- газ 燃气, га́зовая плита́ 燃气炉
- гаранти́йная мастерска́я 保修点
- гара́нтия 保障
- гарни́р 配菜
- гастри́т 胃炎
- гастроно́мия 美食、精通烹饪
- гвозди́ка 石竹、康乃馨
- гигие́на 卫生学、卫生措施
- гиперболиза́ция 扩大化、夸张
- гиперо́ним 上义词
- гипо́теза 假定、前提
- гипс 石膏
- гирля́нда 花条、一串串的装饰物、彩灯串
- гла́дить 烫平、熨平
- гли́на 粘土、陶土
- гололёд 薄冰、雾凇
- Гольфстри́м 湾流
- горе́ть 燃烧、发红
- горо́шек 豌豆、圆点
- гости́нец 小赠品、小礼物
- грани́тный 花岗石的
- гре́ческий 希腊的
- гре́чка 荞麦、荞麦粥
- грипп 流感
- гро́мкая связь 手机免提声音
- грузи́ться 装货、（程序）运行、装载
- грунто́вый 沙土的、土壤的
- грызть 啃、嚼、嗑
- гуля́ш 红焖牛肉块
- гурма́н 美食家
- гуси́ный 鹅的

## Д

- да́та опера́ции 办理日期
- дво́рник 扫院的、看院人
- дева́йс 装备
- дегуста́ция 品尝、鉴定
- деклари́ровать 宣布、声明
- декре́т 法令、指令
- демографи́ческий 人口统计的、人口学的
- депорта́ция 驱逐出境
- депре́ссия 抑郁、抑郁症
- десе́рт 甜品
- де́тский городо́к 儿童游乐园

## Русский как русский

- дефи́с 连字符、短划线
- диагона́ль м. 对角线、手机尺寸
- диале́кт 方言
- дипло́мник 做毕业论文的大学生
- диску́рс 讲话、话语
- диссерта́ция 学位论文
- дисциплини́рованность ж. 纪律性
- до востре́бования 邮局待领
- доба́вить в чёрный спи́сок 拉入黑名单
- доброжела́тельность ж. 善意、热忱
- до́ждик 小雨、彩带
- до́за 剂量
- докуме́нт действи́телен (недействи́телен) 证件有效（无效）
- домофо́н（单元门外呼叫住宅的）对讲机
- доста́вка 送达、搬运
- дохо́д 入账、进款
- дра́ма 戏剧、正剧、剧本
- дрожжево́е те́сто 发面团
- дрянь ж. 废物、破烂
- дура́к 傻子
- души́ца 牛至、牛至属

### Е

- еди́ный проездно́й 公交一卡通
- еди́ный це́нтр докуме́нтов 证照集中办理中心
- ёлка 新年枞树
- ёлочные игру́шки 新年枞树配饰

### Ж

- жа́воронок 云雀、百灵
- жа́рить 煎、烤、炸
- жето́н 币
- жонглёр 手技演员

### З

- заблаговре́менно 预先地、事前、及时地
- заблоки́ровать но́мер 冻结号码
- заве́рить (что) по́дпись, докуме́нт, ко́пию 确认（什么）签字、文件、复印件正确无误
- зави́вка 卷发、烫发, завива́ть 弄卷、卷曲
- задо́лженность ж. 欠款、债务
- закла́дка 磁力贴
- закле́ить 糊住、粘住
- зало́г 押金、抵押
- заме́тка 简讯、标记
- замо́к 锁
- заморо́зка 冷冻食品
- за́навес 幕布、帘子
- за́пись на собесе́дование 预约面试
- Заполя́рье 北极地区
- запо́р 便秘
- заря́дное устро́йство, заря́дка, поста́вить на заря́дку 充电装备、充电器、充上电
- затрудни́ть 使为难、麻烦
- зачёт 考查、及格
- зая́вка на... 维修申请单
- зая́длый 有瘾的、酷爱
- звёздочка 星号键
- зе́бра 斑马线
- зерка́льно 颠倒是非地
- зерно́ 种子、谷物

### И

- иван-чай 柳兰
- игнори́ровать 忽略、漠视
- идентификацио́нный но́мер 识别代码
- иера́рхия 官阶、级别
- иждиве́нец 被赡养者
- извлека́ть 取得、提炼、萃取

- изда́тельство 出版社
- изю́м 葡萄干
- инде́йка 火鸡
- инстру́кция 规程、细则
- инсцени́ровать 改编为剧本、假装
- интелле́кт 智力、智能、才智
- интерва́л движе́ния 每趟车的间隔
- инфанти́льный 幼稚的、患幼稚病的
- и́род 残暴者、恶棍（源自 Ирод 希律王）
- испыта́тельный срок 试用期、考察期
- исче́знуть 失踪

## К

- кал 粪便
- канализа́ция 下水道、阴沟
- канто́нский 广东的、粤语
- кардио́лог 心脏病学家、心脏病大夫
- каре́та 轿式马车
- ка́риес 龋洞
- карп 鲤鱼
- ка́рта «Тро́йка» 公交卡"三套马车"
- ка́рта дебето́вая /креди́тная 借记卡/信用卡
- ка́рта па́мяти 存储卡
- ка́рта постоя́нного клие́нта 会员卡
- карто́н 硬纸板、马粪纸
- карше́ринг 共享汽车
- катало́г 目录
- кача́ть 摇晃
- квалифика́ция 专业素养、熟练程度
- квест 冒险游戏、密室逃脱
- кера́мика 陶器、陶土
- кешбэ́к 返现
- кла́няться 鞠躬、向……致意
- клей 胶水、浆糊
- клик 点击（鼠标）、呼喊声
- клише́ 陈词滥调
- кло́ун 小丑、丑角
- ключ 钥匙
- кова́рство 阴险、奸诈
- колесо́ обозре́ния 摩天轮
- ко́лледж 学院，专科学校
- коллективиза́ция 集体化
- колл-це́нтр 呼叫中心
- колори́т 色调、风情
- колоти́ться 剧烈跳动，碰
- кольцева́я ли́ния 环线
- кольцо́ 环、圈、戒指
- колядова́ть 圣诞或新年时，挨家挨户去唱节日祝福歌，得到款待及馈赠
- коме́дия 喜剧
- коми́ссия 手续费
- коммуника́бельность ж. 易于共事，善于合作
- коммуникати́вный 交际的
- комплиме́нт 恭维话、赞美之词
- кон па́нна со сли́вками 康宝蓝
- конди́терская 糖果糕点铺
- кондиционе́р 空调
- коннота́ция 含义、伴随意义
- конспе́кт 摘要、笔记、梗概
- консульта́нт по персона́лу 人力资源顾问
- контра́кт 合同
- контро́льная рабо́та 小测验
- конья́к 白兰地
- копти́ть 熏
- корешо́к 根茎、草药（根）
- коро́бка (конфе́т, пече́нья) 一盒（糖果、饼干）
- короткометра́жный фильм 微电影、短片
- ко́рочки 证件、毕（结）业证
- корре́ктор 涂改液、修正笔、修正带、校对员
- котле́та 肉饼、菜饼
- коча́н 一棵，叶球
- коэффицие́нт 系数、因数
- кран 水龙头

## Русский как русский

- кредитный лимит 贷款额度
- крем белковый/масляный/ заварной 蛋白霜, 奶油霜, 打发的奶霜
- криминальный 刑事的、犯罪的
- кроссовки 运动鞋、旅游鞋、越野鞋
- крошка 粉末、碎屑
- крупа 米粒
- кунжутный 芝麻的
- курган 古墓, 冢墓
- куриный 鸡的、鸡肉的
- курсовая работа 学年论文
- курьер 信使、快递员
- кутья 蜜粥 (多用米加上蜜、葡萄干熬成, 葬礼宴上待客用)
- кухонный шкаф 橱柜

### Л

- лабораторная работа 实验课
- лежать пластом 瘫倒
- лексикография 词典学
- лексикология 词汇学
- лекция 讲座
- лесть ж. 谄媚
- ликёр 利口酒, 烈性的甜酒
- линейка 尺子、行、直线
- лифт 直升电梯
- лицемер 伪君子、伪善者
- лицензия 许可证、特许
- личное присутствие 本人在场
- ложа 厢座, 包厢
- локальная сеть 局域网
- лосось м. 三文鱼、鲑鱼
- льгота 优惠
- люстра 枝形吊灯

### М

- магистрант, магистратура 硕士研究生, 硕士学制
- мазь ж. 软膏
- малина 树莓、马林果
- манка 碎麦米粥
- маньяк 躁狂者、狂人
- маркер 记号笔、白板笔
- маршрутка 中巴
- матрас 床垫
- мелодрама 情节剧
- место издания 出版地
- метла 扫帚
- мешок 口袋
- миграционная карта 移民卡
- миграционный бланк 入境登记表
- миграционный 迁移的、移民的
- миграция 迁移、移民
- микстура 药剂、混合剂
- мимоза 含羞草, 金合欢
- мобильник, мобила 手机
- морж 海象、冬泳者
- морс 果汁水、饮料
- морфология 词法
- мошенник 骗子
- мусор 垃圾
- мыльная опера 肥皂剧

### Н

- набойка 鞋后掌
- навар 浓汤、浮油
- навигатор 浏览器、导航仪
- наволочка 枕套
- наезжать 撞上、碰上、来到
- наложенный платёж 货到付款

- намазать 涂抹、弄脏
- наполеон 拿破仑（千层酥）
- направление 介绍信、派遣证
- нарколог 麻醉师
- наряжать 打扮、装饰
- наследство 遗产
- настойка 浸酒、酊剂
- настройки 设置
- натюрморт 静物画、静物写生
- научная литература 科学文献
- наценка 提价、加价
- начинить 填馅儿，начинка 馅料
- невропатолог 神经科医生
- нелегальный 不合法的
- неполный день 非全日制工作
- несовершеннолетний 未成年人的
- неявка 缺席、缺勤
- номер и дата договора 合同编号与日期
- номер лицевого счёта 个人账户账号
- ночёвка 过夜
- ночь музеев 博物馆之夜
- нянчить 照顾、照看

## О

- обезьяна 猴子、猿猴
- обмен 兑换
- обогреватель м. 加热器、电暖器
- обои 壁纸
- овсянка 燕麦米、燕麦粥
- одеяло 被子
- однодневка 蜉蝣，昙花一现的事物
- односпальная, двуспальная кровать, двухъярусная кровать 单人床、双人床、双层床
- одобрительно 赞许地、赞成地
- одышка 喘息，呼吸困难
- окочуриться 死亡
- окрошка 冷杂拌汤
- окулист 眼科医生
- окунь м. 河鲈鱼
- оливье 俄式沙拉（奥利维尔沙拉）
- опера 歌剧
- оперетта 轻歌剧
- опись вложения 物品清单
- оплата труда 劳务费
- опция 可选项、备选
- оригами (неизм ср., 源自日语) 折纸
- осётр 鲟鱼
- основное общее образование 普及教育
- остаток 余额、余数
- острая респираторная вирусная инфекция (ОРВИ) 急性呼吸道病毒感染
- острое респираторное заболевание (ОРЗ) 急性呼吸道疾病
- отбивная（锤松后的）肉排
- ответственный 负责的，ответственность ж. 责任心
- отдельный номер 单间
- отель м. 酒店
- откладывать 储蓄
- отклеиться 脱落
- отоларинголог (简称ЛОР) 耳鼻喉科医生
- отрезать /нарезать 切下、剪下、割下（一块）、切片、划分
- оттепель ж. 冰雪消融的日子、解冻
- отчёт по операции 收支明细

## П

- пакет (молока, кефира) 纸盒、袋装（牛奶、酸牛奶、开菲儿）
- пантомима 哑剧
- парадная лестница 主楼梯，正门楼梯
- паразит 寄生虫

## Русский как русский

- партéр 池座、正厅
- парфюмéрный 化妆品的、浮华的、好打扮的
- пáспортно-вúзовая слýжба 护照及签证办理
- патологоанáтом 病理解剖学家
- пáчка (чая, макарóн, сáхара, печéнья, сигарéт, мáсла) 一包（茶叶、通心粉、糖、饼干、烟、黄油）
- первосвящéнник 最高司祭、最高僧长、最高主教
- перевóд 转账、翻译
- перевязка 包扎
- перезвонúть – перезвáнивать 重拨一次电话
- перелóм 骨折
- пересáдка 换乘
- переселúться 搬家，换座位
- перúод выписки 账期
- периóдика 期刊
- персонáльная выставка 个人展
- песóчное тéсто 死面团（没有加酵母）
- печéнье 饼干
- пивнáя 啤酒馆
- пилáтес 普拉提
- пирáт 海盗、强盗
- пирóг 大馅饼
- пирóжное 点心、小蛋糕
- пúцца 披萨
- пищеварéние 消化
- плагиáт 剽窃、抄袭
- плакáт 宣传画、告示
- планшéт 平板电脑、图板
- платёж 付款
- платфóрма 站台
- плацкáрта 卧铺
- плевáться 吐痰、唾弃
- плёнка 膜、胶片
- плóмба 镶补物、铅封
- повеселúться 快活一阵，开开心

- повтóрное нарушéние 再次违章
- подирáть 挑选、配上
- подзéмный перехóд 地下通道
- подковáть 钉马掌、深造
- пóдлый 下流的, пóдлость ж. 下流、卑鄙
- подметáть 打扫干净、扫……下面，买空
- поднóс 托盘
- пододеяльник 被罩
- подóшва 鞋底、鞋掌
- подполкóвник 中校
- подрабóтка 挣外快
- подстрúчь 剪短、剪齐、修剪一下
- подтверждéние 确认
- позитúвный, позитúвность ж. 正面，积极
- полнометрáжный 标准长度的影片、正片
- пóлный день 全日制工作
- полоскáть 涮、漱
- полотéнце 毛巾
- полуфабрикáт 半成品
- помúнки 葬后宴
- помóйка 垃圾堆、泔水池
- понóс 腹泻
- попкóрн 爆米花
- порошóк 粉末、药粉
- пóручни 扶手、栏杆
- посрéдник 中间人、经纪人、媒介
- постáвить печáть 盖章
- постоянная экспозúция 常设展览
- посудомóечная машúна 洗碗机
- потрáтить бáллы 使用积分
- потрéскаться 爆裂
- пóхороны мн. 葬礼、出殡
- поцарáпаться 划出、剐出道子
- прáведник 有德者、正人君子
- предáтельский 叛变的
- предоплáта (пóлная, десятипроцéнтная, двадцатипроцéнтная) 预付（全额，全额的

- 10%、20%）
- предприи́мчивый 精明强干的、有进取心的
- предста́ть 出现在……眼前
- предупреди́ть 警告
- претенде́нт 申请者、主张人
- прибо́р 仪器、仪表
- приви́вка 接种疫苗、嫁接
- приём платеже́й 付款方式
- призва́ть в а́рмию 征兵
- прика́з о зачисле́нии 录取书、录用书
- прика́з 命令、指令、通知
- приключе́ния на дере́вьях 树上拓展
- приложе́ние, обуча́ющее приложе́ние 应用，学习软件
- приме́рочная 试衣间
- приорите́т 优先权
- приса́живаться 坐下、坐一会儿
- приста́вка 附加装置，前缀
- прити́хнуть 沉寂、安静下来
- прито́к 涌入、增长
- причёска 发型
- про́бка 保险丝、软木塞、堵塞
- прова́йдер 供应商
- прове́рить бала́нс 查余额
- прово́дка 电线网、布线
- прогрева́ние 热敷
- промоко́д 折扣优惠码、券
- пропи́ска 户口、登记
- про́пуск 通行证
- про́рубь м. 冰窟窿
- прости́тельный 可饶恕的、情有可原的
- простре́чие 俗话、俚语
- простыня́ 褥单
- процеду́рный кабине́т 治疗室、处置室
- проце́нт за обслу́живание 提成
- проце́нтная ста́вка 利率
- пря́ник 蜜糖饼
- психиа́тр 精神病医生
- путеводи́тель 导游
- пшени́ца 小麦
- пшёнка 小米、黍米
- пылесо́сить 用吸尘器吸尘
- пьедеста́л 台座

## Р

- равноду́шный 漠然的
- разве́дчик 侦察兵
- развесно́й / фасо́ванный 称重的、论件的
- разно́счик 发送者、货郎
- разозли́ться 生气、发怒
- разряди́ться 电池耗光
- ра́ковина 水槽、贝壳
- расклад́ушка 折叠床、行军床
- раскле́йщик 张贴者
- расписа́ние заня́тий, экза́менов 课程表，考试安排
- расписа́ние 时间表
- располага́ться 安顿、布置
- распрода́жа 出清、抛售、甩卖
- распространи́тель м. 散布者、传播者、推销员
- распространя́ться 传播、推广
- расстро́йство желу́дка 肠胃紊乱
- расстро́иться 溃乱、衰败、伤心
- расхо́д 支出、费用
- расце́нка 定价、计件工资
- рво́та 呕吐
- рёбрышко 肋骨、筋条
- регистра́ция зае́зда / отъе́зда 办理入住、离店手续
- регистра́ция и перерегистра́ция 注册与重新注册
- рези́нка 皮筋、松紧带
- рези́новый 橡皮的、橡胶的

- ре́йсовый 航班的、固定班次的
- реквизи́т 必填项目、客户基本信息
- ремо́нт 维修、装修
- рентге́н X光、伦琴射线 рентгеногра́фия 伦琴射线照相术
- репети́тор 家教
- репута́ция 名望、声誉
- ре́пчатый 扁球形的
- ретроспекти́вный 追溯的、回顾的
- ре́тушь 修（底）片，修饰
- рефера́т 文章或书籍、资料的概述、摘要
- рецензе́нт 评论者、审阅者
- решётка # 号键
- рове́сник 同龄人
- розе́тка 插座、花结
- ромко́м (романти́ческая коме́дия) 浪漫喜剧
- роня́ть 掉落，摔
- рукопожа́тие 握手
- ру́чка (ша́риковая, гелевая, ручка-шпион) 笔（圆珠笔、中性笔、隐形笔）
- рю́мка 带脚的酒杯
- рю́мочная 小酒馆（用小杯喝烈酒的酒馆）

## С

- са́ло 板油、腌猪油
- самовы́воз 自提
- самостоя́тельная рабо́та 课堂独立完成的小作业（老师为了解学习情况，往往不打分，也不影响总成绩）
- самса́ 烤包子
- санскри́т 梵文
- санте́хник 水暖工
- свеко́льник 甜菜汤
- свёкор 公公, свекро́вь м. 婆婆
- сверше́ние 成就、实现
- свобо́дный гра́фик 弹性工作制
- своевре́менный 及时的，несвоевре́менный 不按时的、不合时宜的
- сде́льная, повреме́нная, почасова́я (опла́та) 计时工资制、计小时工资制、计件工资制
- сема́нтика 词义、语义学
- сёмга 鲑鱼
- семина́р 讲习班
- сериа́л 连续剧
- се́рость ж. 灰色，单调乏味
- серпанти́н 弯曲的彩带、蜿蜒的山路
- сертифика́т 证书、凭证
- се́рьга 耳环、耳坠
- се́ссия 考期
- сиде́ть на ше́е (у кого) 靠某人养活
- сидя́чий 坐席
- симпо́зиум 讨论会、座谈会
- симпто́м 症状、病兆
- си́нтаксис 句法、句法学
- синте́тика 合成材料、合成纤维
- ска́йп Skype
- скалодро́м 攀岩馆
- сканда́лить 寻衅滋事
- ска́терть ж. 桌布、台布
- ски́дка 折扣
- ски́нуть вы́зов (ски́нуть звоно́к) 不接（挂掉）
- ско́рая по́мощь 急救车
- скре́пка 别针、回纹针
- сладкое́жка 爱吃甜品的人
- сле́сарь м. 钳工、维修工
- сли́вки 鲜奶油、奶皮
- сли́пнуться 粘在一起
- слоёное те́сто 起酥面团
- сма́йлик 笑脸符号
- смартфо́н 智能电话
- смека́лка 机灵、聪颖
- сме́нный гра́фик 倒班制
- сморка́ться 擤鼻涕

- смородина 黑加仑
- СМС (эсэмэска) 短信
- СМС-уведомление 短信通知
- снимок 片子
- собеседование 面试
- сова 猫头鹰
- совпадение 巧合
- сода 纯碱、小苏打
- Создатель м. 造物主
- солить 加盐、腌
- сопровождаться 陪同、伴随、引发
- состариться 衰老
- сосулька 冰柱
- сотрясение мозга 脑震荡
- справка о доходах 收入证明
- справочная литература 参考书
- среднее образование (общее и специальное) 中等教育（普及教育及职业教育）
- срок действия 有效期
- ставка 全薪，полставки 半薪
- статус 地位、身份、状况
- статья 政论或者科研方面篇幅不长的文章，条款、项目
- стационарно 住院
- степлер 订书机
- стильный 别具风格的
- стипендия 助学金
- стирать 洗
- стоматолог 口腔科医生
- стопка 盛高度酒的小酒杯
- страховка 保险 страховой полис 保险单
- стресс 精神压力
- студенческий билет 学生证
- судак 梭鲈鱼
- сустав 关节
- сушка （烤得极其干的）小面包圈、晾干
- сходство 相似
- съедобный 可吃的、可口的
- сыпь ж. 疹、斑疹

## Т

- таблетка 药片
- табурет 凳子
- таз 盆, тазик 小盆
- таможенная декларация 报关单
- тапочки 便鞋、拖鞋（指小）
- тариф 定价、费用
- татарский 鞑靼的
- театрал 戏迷
- теннисный корт 网球场
- терапевт 内科医生
- теремок 小阁楼、顶楼
- терминал 终端设备、航站楼
- террорист 恐怖主义者
- тетрадрахма 古希腊银币
- тетрадь тонкая/общая; в клетку/в линейку 练习簿（薄的、厚的）；小方格本、横线本
- техникум 中等技术学校
- тир 靶场
- тошнота 恶心、干呕、厌恶
- травма 外伤, травмпункт 外伤处置室, травматологическая клиника 外伤医院
- травяной чай 草茶
- трагедия 悲剧
- трансфер 转机、转账
- трасса 路线、公路
- требование 索书单、要求
- трезвый 清醒的
- треска 鳕鱼
- третье лицо 第三方
- треугольник 三角形、三角板、三角关系
- триллер 惊悚片
- туберкулёз 结核病

## Русский как русский

- тупи́к 死路、绝境
- турнике́т 闸机、旋转栅门
- турни́р по го 围棋循环赛
- туши́ть 焖
- тюльпа́н 郁金香

## У

- убо́рка 扫除、清理
- убо́рщица 清洁女工
- уведомле́ние о вруче́нии 签收回执
- удалённая рабо́та 远程工作、居家办公
- удаля́ть зуб 拔牙
- удостовере́ние ли́чности 身份证明
- удочери́ть 收为养女
- уко́л 针剂
- укороти́ть 改短、压缩
- унита́з 抽水马桶
- упомина́ться 提及、列入
- упря́жка 组、群（套在一起的几匹马或者几只狗）
- успокои́тельный 令人安心的、镇静的、安神的
- усынови́ть 收为养子
- утону́ть 沉没、沉溺于
- утю́г 熨斗
- уха́ 鱼汤
- уче́бная литерату́ра 教学用书
- учи́лище （中等专业或高等专业）学校

## Ф

- фа́йлик 文件袋、档案袋
- фана́т 粉丝、狂热者
- фарш 肉馅
- филфа́к 语文系
- фи́льм у́жасов 恐怖片

- флома́стер 彩色水笔，马克笔
- фо́кусник 魔术家
- фона́рик 小灯、灯笼、手电筒
- фонта́н 喷泉
- формуля́р 卡片、登记卡
- фо́рточка 通风小窗、气窗

## Х

- халва́ 酥糖
- ха́ски *м. неизм.* 哈士奇
- хвост 尾巴、未能按期完成的学业（如考试、测验）
- хиру́рг 外科医生
- хло́пать 啪啪作响，鼓掌
- хозя́йственное мы́ло 洗衣皂
- хо́стел бэд-энд-бре́кфаст 提供住宿加早餐的旅舍
- хрен 洋姜、辣根
- хризанте́ма 菊花
- хрусте́ть 咯吱咯吱响
- хря́щик хрящ 软骨、脆骨的指小
- худо́жественная литерату́ра 文学书籍

## Ц

- целеустремлённый, 有目的的，坚定目的性的
  целеустремлённость *ж.* 目标明确
- це́нные отправле́ния 保价邮寄
- цирк 马戏
- цита́та 引文

## Ч

- чабре́ц 百里香
- часту́шка 四句头（俄罗斯民间戏歌）
- чебуре́к （高加索等地的）羊肉馅饼

- чёлка 额发、刘海
- черника 黑果越橘，欧洲越橘
- черновик 草稿、原图
- черта 界限、特点
- чесаться 搔痒
- чехол 手机套、手机壳
- чешуйка 一片鳞片 (чешуя 鱼全身的鳞片)
- чинить 修理，小修小补
- читальный зал 阅览室
- читательский билет 阅览证

## Ш

- шаурма 中亚烤肉卷饼
- шашлык 烤肉串
- шекель м. 谢克尔（以色列币）
- шифр книги 索书号
- шкатулка 匣子、锦匣
- шлем 头盔
- шнурок 鞋带、线绳
- шоссе 公路
- шпроты 油浸熏制鲱鱼罐头
- штормовое предупреждение 风暴预警
- штраф 罚款
- штука 一个、一件

## Щ

- щелчок 咔嚓声、弹指声
- щи 菜汤（不加红菜头）

## Э

- эзотерический 密宗的
- эйфория 精神愉悦
- эклер 奶油卷
- эксплуатация 应用、开发、经营
- экстравагантный 怪癖的、古怪的
- экстрасенс 有特异功能者
- экстрим 极端、极限运动
- электрик 电工
- электричка 电气列车
- электроплита 电炉、电热板
- электросеть (сеть) ж. 供电网，电力网
- эрудированный 博学的、有学问的
- эскалатор 自动升降梯
- этикет 礼仪
- этимология 词源学
- этнографический 民族学的、民族志学的

## Ю

- юниор 青少年运动员，新手

## Я

- «Яндекс-деньги» Yandex 钱包
- яичница 煎蛋